Lo que la gente está comentando sobre este libro:

"Este libro te llegará al corazón, te ayudará a ser más emprendedor, a dar más y a ser mejor. En resumen, te animará a vivir una vida mejor".

—Anthony Robbins, autor del libro, *"Awaken the Giant Within and Unlimited Power".*

"Este libro, *"Descubre tu Potencial Ilimitado"*, te estimulará y te pondrá a prueba de modo que puedas alcanzar esos sueños que parecen imposibles".

—Dr. Robert H. Schuller, pastor y fundador de *CRYSTAL CATHEDRAL MINISTRIES.*

"Te garantizo que las historias que contiene este libro te inspirarán y te ayudarán a creer más profundamente en tus sueños y a su vez, te motivarán para emprender la acción necesaria para hacer que estos se conviertan en realidad". ¡Definitivamente, recomiendo este libro!"

—Jack Canfield, coautor de la serie #1 del New York Times, *"Sopa de pollo para el alma".*

"Existen tres clases de personas: las que hacen que las cosas sucedan, las que ven las cosas suceder, y las que se preguntan qué pasó. Cynthia Kersey hace que las cosas sucedan y yo lo he visto de primera mano. *"Descubre tu Potencial Ilimitado"* es un libro que debe leer todo aquel que quiera hacer que las cosas sucedan en su vida. Garantizado que va a ser un best-seller".

—Kemmons Wilson, fundador de la cadena de hoteles *Holiday Inn.*

"Descubre tu Potencial Ilimitado" es un libro inspirador que demuestra con ejemplos de la vida real, cómo romper con la monotonía que hace difícil alcanzar el éxito".

—Ruth Stafford Peale, presidente de *Guideposts Inc.*

“*“Descubre tu Potencial Ilimitado”* contiene un mensaje que trasciende las barreras del tiempo, construye de manera maravillosa el puente entre “lo que es” y “lo que puede llegar a ser.” Definitivamente vale la pena el tiempo que dediquemos a leerlo”.

—Rick Goings, presidente de *Tupperware Corporation.*

“Si estás listo para descubrir el *potencial ilimitado* que reside dentro de ti, lee, absorbe y aplica la sabiduría maravillosa que te comparte este libro”.

—Mark Victor Hansen, coautor de la serie #1 del New York Times, *“Sopa de pollo para el alma”*.

“Sea que estés iniciando tu carrera o enriqueciendo tu profesión, los siete pasos inequívocos de Cynthia Kersey te llevarán a lograr el máximo de tus posibilidades. *“Descubre tu Potencial Ilimitado”* es un libro que debería leer toda persona que desee hacer la gran diferencia en su trabajo”.

—Ken Kragen, productor y gerente de personal

“Descubre tu Potencial Ilimitado” es un libro extraordinario. Sinceramente creo que Cynthia Kersey ha escrito para esta generación el reemplazo del clásico *“Piense y Hágase Rico”*, escrito por Napoleón Hill.

—Scott DeGarmo, empresario y anterior jefe editorial de la revista *“Success”*.

“La habilidad para descubrir el *potencial ilimitado* que subyace en nuestro interior es quizá la cualidad más importante del éxito y el potencial humano. Este libro demuestra una serie de pasos sencillos, pero a la vez definitivos, que te ayudarán a construir tu valor y tu capacidad de resistencia hasta el punto en el que puedas lograr cualquier meta que te propongas”.

—Brian Tracy, escritor y conferencista.

"Lee este libro de profunda e inspiradora sabiduría y tu espíritu logrará llegar a lo más alto de las posibilidades".

—Lou Holtz, anterior jefe de entrenadores de Notre Dame.

"Este libro constituye una receta excelente para inspirar a todos los que trabajan a cualquier nivel, para ayudarles a fijar metas excelentes y enseñarles la importancia de nunca desistir".

—Billy Payne, fundador y presidente del comité para los Juegos Olímpicos de Atlanta.

""*Descubre tu Potencial Ilimitado*" te inspirará a vivir con pasión y te ayudará a ir tras las metas que tu corazón anhela con total convicción. A través de este libro vas a descubrir la manera de enfrentar los obstáculos y obtener lo que desees en la vida".

—Millard Fuller, fundador y presidente de *Habitat for Humanity International.*

"¡Este libro me encanta! He tenido la oportunidad de observar la dedicación de Cynthia Kersey para lograr todo lo que se ha propuesto. Ya veo esta gema en la lista de los mejor vendidos del New York Times".

—Paul Orfalea, fundador y presidente de *Kinko's Inc.*

"Este libro es una verdadera inspiración; no es uno de esos libros tipo "alcanza el éxito", sino más bien un testamento del poder del espíritu humano".

—Anita Roddick, fundadora de *The Body Shop.*

""*Descubre tu Potencial Ilimitado*" es un libro lleno de historias inspiradoras, anécdotas llenas de vida y sugerencias prácticas para el desarrollo personal. Definitivamente es una obra para leer y poner en práctica".

—Thomas S. Monaghan, fundador y presidente de *Domino's Pizza, Inc.*

““*Descubre tu Potencial Ilimitado*” es un libro de obligatoria lectura para todo aquel que quiere vivir una vida al máximo de su potencial”.

—Quincy Jones

““*Descubre tu Potencial Ilimitado*” enseña cómo vivir una vida sin limitaciones”.

—Justice Lea Sears, Corte Suprema de Georgia.

Cynthia Kersey

Descubre tu potencial ilimitado

¡45 historias impactantes de
triunfo y perseverancia
en gente como tú!

TALLER DEL ÉXITO

Descubre tu potencial ilimitado

Título en inglés: Unstoppable
Traducción: Taller del Éxito Inc.

Publicado por:
Taller del Exito, Inc
1669 N.W. 144 Terrace, Suite 210
Sunrise, Florida 33323
Estados Unidos

Editorial dedicada a la difusión de libros y audiolibros de desarrollo personal, crecimiento personal, liderazgo y motivación.

Diseño de portada: Diego Cruz

ISBN: 1-607380-09-9

Printed in the United States of America
Impreso en Estados Unidos

Primera edición, 2009
Primera reimpresión, Febrero de 2010

Este libro está dedicado a las personas que han establecido el compromiso de perseguir su pasión y llamado singular con valor y determinación. ¡Admiro el esfuerzo de cada una de ellas! Espero que cada página te dé ánimo y se convierta en una herramienta que te ayude a hacer más fácil el viaje.

RECONOCIMIENTOS

Este libro ha tomado más de dos años para completarse. Incluye incontables horas de investigación, entrevistas, redacción, edición y compilación. Ha sido una obra realizada con amor y es el resultado del esfuerzo combinado de mucha gente. Me gustaría agradecer especialmente a las siguientes personas:

A Dave Kersey, y a mi hijo, Benjamin. Las palabras no pueden expresar todo mi aprecio por haberme dado la libertad de perseguir mi sueño y por darme el apoyo emocional para perseverar en lo que parecía ser una tarea de nunca acabar. Su amor y su fe en mí son mi fuerza. Sin su apoyo y altruismo esta obra no se hubiera podido terminar.

A las personas que me concedieron el privilegio de entrevistarlas y convinieron en hacer parte de este libro. Muchos de ustedes se han convertido en amigos especiales y son un recordatorio constante de todo lo que es posible para cualquier persona que se compromete a descubrir *su potencial ilimitado*. Gracias por compartir sus historias de vida y por sus sobresalientes ejemplos de pasión y compromiso.

A mis padres, quienes durante toda su vida me dieron su amor y apoyo.

A mis queridos amigos, quienes creyeron en mí y en este trabajo desde el mismo principio. Gracias por su ánimo y retroalimentación continua.

A Denise Koepke, mi querida amiga, quien leyó y releyó estas historias incontables veces. Gracias por suministrarme retroalimentación de incalculable valor y por su apoyo y entusiasmo infinitos para con este proyecto. Gracias por su cariño, apoyo y amistad.

A Jeffrey Reiss y Michael Gerber, por su entusiástico apoyo a mi libro y por llevar estas impresionantes historias a la televisión.

A Bárbara Extract, quien contribuyó con su valiosa experiencia en la edición. También a Sharon Goldinger, por su maravilloso trabajo de edición y copia. A Karen Erbach, mi asistente de investigación, quien acogió este proyecto con entusiasmo y me ayudó a identificar a numerosos individuos que desplegaron su *potencial ilimitado*. A A.T. Birmingham-Young del *"Giraffe Project" ("Proyecto Jirafa")*, quien me suministró muchas historias en potencia, incluyendo las de Laura-Beth Moore y Rocky Robinson, quienes "han mantenido su cuello en alto (como jirafas)" para el bien común. A Doreen Neser, el mejor bibliotecario, por suministrarme apoyo cuando agonizaba intentando seleccionar el título correcto.

A Paul Orfalea, fundador de *Kinko's Inc.*, por su amistad y disposición para hacer una llamada, escribir una carta y extender su apoyo en muchas maneras en beneficio de este proyecto.

A Dominique Raccah, mi agente editorial, y a todo el equipo de *Sourcebooks*. Gracias por creer en mi libro y por su duro trabajo y compromiso para hacer de este un éxito.

Mi más sincero aprecio y agradecimiento para quienes leyeron la primera y la segunda copia en borrador de este manuscrito y por ofrecer sus comentarios sobre cómo mejorarlo. Su contribución fue de incalculable valor. Robin Anthony, Kathleen Breining, Susan Bregman, Kenny Binnnings, Rob Cain, Pam Cox, Randy Doyle, Dorothy Forbes, Millard Fuller, Terie Hall, Christopher Hegarty, Phyllis y Jim Hughett, Pam Jones, Denise Koepke, Barry Lou, Marianna Murane, Linda y Josiah Neff, Rick Normington, Meg O'Brien, Sherry Phelan, Dan Poynter, Anita Shaw, Blaise Simqu, Maureen Slater, Bob & Therese Wootton, Pam Ward, y a mi sobrina y sobrinos, James David, Leslie y Stephen Hughett por escuchar con entusiasmo mis historias.

Y finalmente, a mi querido amigo Millard Fuller. Tú eres mi modelo a seguir y mi mentor. Mi vida cambió para siempre gracias a haberte conocido. Tu vida es un ejemplo de cristianismo en acción y estaré eternamente agradecida por tu apoyo, ánimo y amistad.

> "Algunas personas aparecen en nuestra vida y luego se van silenciosamente; otras permanecen con nosotros por algún tiempo pero nos dejan huellas imborrables que permanecen en nuestro corazón y desde entonces no volvemos a ser los mismos".
>
> —Anónimo

CONTENIDO

INTRODUCCIÓN

Tu herencia:
!Tu potencial Ilimitado!

¿Cómo fue posible que una mujer sin dinero, ni experiencia en la industria, ni título profesional, pueda crear un producto que venda más de USD $5 billones, algo que no habían hecho los gigantes de la industria?

¿Qué hizo que un estudiante universitario en tan solo una semana resolviera un problema matemático que había tenido perplejos por décadas a los matemáticos más sobresalientes?

¿Cómo fue que un jugador de béisbol poco destacado que no podía batear una bola medianamente buena se convirtió en una estrella de las ligas mayores?

¿En qué forma un hombre joven considerado "no empleable" por las agencias del gobierno se transformó en el agente de ventas más conocido y recibiera el más alto honor concedido por su empleador?

¿Qué hizo que un adolescente dejara su tierra natal en África y completara un peligroso viaje de 3,000 millas y de dos años de duración, yendo a pie sin absolutamente nada de dinero ni otros recursos?

Tú vas a encontrar la respuesta a estas preguntas en las historias que estás a punto de leer. Son relatos que tratan acerca del *potencial humano*, de personas que han vencido el miedo, la duda y la adversidad para alcanzar lo que el resto del mundo consideraría "imposible".

Tales logros "imposibles" se han repetido una y otra vez a través de la Historia. Donde muchos de nosotros solo hemos visto limitaciones, otros han pasado adelante con valor e imaginación, han ido explorando mundos desconocidos, han alcanzado grandes sueños, han ignorado las alarmas que les han dicho que "eso" no es posible de lograr. La evidencia del *potencial humano ilimitado* está en todas partes. Hemos curado enfermedades, inventado miles de máquinas que ayudan a ahorrar tiempo, labrado caminos para llegar a las montañas más encumbradas, creado redes globales de comunicación. ¡Hemos alcanzado la luna!

Ningún obstáculo ha sido demasiado grande para aquellos que utilizan ese *potencial humano ilimitado.*

BENEFICIOS DE CONTAR CON UN POTENCIAL ILIMITADO

El progreso no es el único beneficio del *potencial ilimitado del ser humano*; dicho *potencial* también ha llevado a muchos a alcanzar sus sueños, ha unido comunidades, y ha hecho que algunos hayan podido inspirar a otros para hacer intentos que al final han resultado exitosos.

Desde el logro más grande que se haya hecho en el mundo hasta las metas personales que alcanzamos a diario, el *potencial ilimitado* del ser humano es la fuerza que irrumpe a través de las barreras de la duda, del negativismo, de las restricciones autopercibidas y nos impulsa a persistir para alcanzar nuestras metas en la vida.

¿Pero, cómo desarrolla uno ese *potencial ilimitado* e incontenible? ¿Está solo al alcance de aquellos que tienen habilidades excepcionales? ¿Debe uno nacer con un don especial? Este libro se ha hecho con base en la investigación que he desarrollado para contestar estas preguntas. Luego de revisar e investigar completamente las historias de cientos de candidatos para escribir "*Descubre tu Potencial Ilimitado*" encontré una resonante respuesta: *no.* Tales individuos no son unos "superhéroes". La mayoría de ellos son como tú y yo, y han experimentado frustraciones y desilusiones. Sin embargo, aún en esos momentos, ellos han demostrado algunas cualidades y características que los distinguen y los separan de los demás. Y son dichos atributos los que les han permitido continuar adelante en circunstancias en las que los demás habrían desistido.

Siete características que desarrollan las personas que utilizan su *potencial ilimitado*:

1. Se dedican plenamente a su verdadero *propósito.*
2. Van tras la *pasión* de su corazón.
3. *Creen* en sí mismos y en sus ideas.
4. Se *preparan* para enfrentar los desafíos.
5. Piden ayuda y crean un *equipo* de apoyo.
6. Buscan soluciones *creativas.*
7. *Perseveran* a pesar de los desafíos.

Afortunadamente cualquiera que tenga la voluntad de hacerlo, puede desarrollar estas cualidades y características. Con el fin de ayudarnos a lograrlo, este libro dedica un capítulo entero a cada uno de esos atributos. Los capítulos se han ilustrado utilizando perfiles de gente que ha desarrollado dichas cualidades. La mayoría de las personas citadas poseen más de una de ellas; sin embargo, he puesto cada historia en la sección donde mejor se demuestra cierta cualidad o característica específica.

Además de incluir perfiles de personas que se han convertido en líderes, cada capítulo incluye una sección especial denominada "*En tus propias palabras*", la cual contiene algunas citas, pequeños detalles para considerar, poemas y hasta caricaturas que ayudan a afirmar el tema de cada sección. Tú vas a conocer, a través de distintos formatos, a muchas personas que lograron convertir su sueño en realidad. Cada una de ellas tiene una historia diferente por contar, así como sus resultados *ilimitados.*

Los antecedentes, las metas y los desafíos de cada una de las personas citadas en este libro representan una amplia gama de la experiencia humana y algunas de las mencionadas aquí son famosas; otras, son de las cuales probablemente nunca hayas escuchado. Algunos de ellos lograron crear sus propios negocios, otros lograron la excelencia en algunos campos particulares y otros hicieron la diferencia para las comunidades a las que pertenecían. Sin embargo, todos ellos tuvieron que enfrentar las críticas y los comentarios desalentadores de quienes catalogaron sus sueños como "poco realistas".

Algunos tuvieron una educación superior, mientras que otros tuvieron poca o ninguna educación. Todos ellos trabajaron arduamente, en ocasiones durante muchos años, con el fin de alcanzar sus metas. Muchos de ellos tuvieron que superar inicios de mucha pobreza, privaciones y hasta abusos. Pero todos ellos se enfocaron continuamente en sus esperanzas para el futuro, en vez de concentrarse en los infortunios del pasado.

Sin embargo, el hilo común en todas estas personas es que han enfrentado la adversidad. Tuvieron que luchar, sufrieron tropiezos, resistido reveses y fracasos, pero se esforzaron por salir adelante. Su sueño exigió de ellos que dieran su todo, y lo hicieron. Los desafíos y las dificultades que enfrentaron parecían insuperables, pero aún así, lograron sobreponerse. Y a medida que vencían cada obstáculo se fortalecían, se hacían más seguros y más merecedores de lograr sus sueños.

El aprender acerca de las historias de estos soñadores incontenibles puede despertar en nosotros nuestro potencial para soñar de nuevo, puede hacer que trabajemos por esos sueños, hasta verlos cruzar por la línea de meta. Estas historias ilustran que cualquier persona, no importa cuáles sean sus circunstancias, puede alcanzar sus anhelos y vencer cualquier obstáculo, si tan solo se compromete a lograrlo, descubriendo y utilizando su *potencial ilimitado.* Las cualidades que aseguraron el éxito de estos protagonistas pueden ser aprendidas y desarrolladas por todo el que se lo proponga.

Ese aprendizaje puede comenzar por medio de leer historias, las cuales pueden inspirarnos e instruirnos. Son relatos cortos que no van a tomar más de cinco minutos de nuestro tiempo. Sin embargo, durante este tiempo se hallan las claves para renovar esos sueños desistidos y para proyectar nuevos sueños. Estas historias nos dan las claves necesarias para que podamos poner en acción nuestros anhelos y son las claves para descubrir el *potencial ilimitado* que todos tenemos.

PUEDES CREAR ESE SER CON POTENCIAL ILIMITADO: ¡TÚ!

Al final de cada capítulo verás la sección “Tu plan personal de acción”. Allí encontrarás ejercicios y una guía paso a paso que te indicarán cómo desarrollar cada una de las características propuestas.

Tal vez tu meta no sea la de acabar con el hambre en el mundo, o ser el dueño de una compañía multimillonaria, o ser portada de la revista *Time.* Tal vez tus aspiraciones y deseos estén dirigidos hacia comenzar un nuevo negocio, hacer un cambio de profesión o participar en trabajo voluntario en tu comunidad. Tal vez hayas estado deseando ser miembro de la junta escolar, o participar en una carrera de cinco kilómetros, o emprender tu pasión por la música, la cual quizás tuviste que abandonar por perseguir otros fines más prácticos. El tamaño de la meta no es lo que detiene tu potencial, sino que dicho potencial se refleja en quien tiene una meta identificada, algo que *realmente* sea de su interés, y que esté dispuesto a no renunciar hasta cuando esa meta sea alcanzada.

Todo lo que vas a necesitar para este viaje es un cuaderno, un lápiz y un corazón abierto. Las personas que estás a punto de conocer serán tus maestros, mentores y amigos. Son modelos de carne y hueso que han demostrado lo que se puede lograr con convicción y voluntad fuertes. Al igual que tú, cualquiera que sea la situación en la que te encuentras ahora, ellos también han tenido que enfrentar este mismo tipo de situaciones, quizás obstáculos aún mayores que los tuyos, y sin embargo, continuaron adelante. Sus experiencias confirman la idea que, si simplemente no nos damos por vencidos, venceremos. Cada obstáculo que encontramos es un paso necesario y natural en el camino para alcanzar nuestros sueños.

Aprende de estas experiencias; encuentra ánimo en el éxito que ellos alcanzaron. Sus ejemplos abrirán nuevas posibilidades en tu vida cambiando tu enfoque en los problemas, dando paso a una perspectiva concentrada en las soluciones. Estas historias pueden suministrarte una convicción inquebrantable que te ayudará a vencer los obstáculos y a lograr cualquier cosa que te propongas.

CARACTERÍSTICA NÚMERO UNO

EL PROPÓSITO QUE ENCIENDE NUESTRO *POTENCIAL ILIMITADO*

Las siete personas que vas a conocer en este capítulo demuestran vívidamente cómo el propósito es el combustible que enciende nuestro *potencial ilimitado.* Cada una de estas personas se concentró en algo que les motivara desde su fibra más profunda. Cuando se presentaron los obstáculos, se valieron del poder de su propósito para impulsarse y superar las dificultades. Sus metas eran demasiado importantes como para dejar que algo los detuviera.

En nuestro viaje, comprobaremos cómo el propósito juega un papel significativo en alcanzar el deseo de nuestro corazón. Si todavía no has identificado cuál es ese propósito, no estás solo. La mayoría de las personas no lo ha encontrado.

Al final de este capítulo encontrarás la sección "Tu plan personal de acción". Esta es una guía que te ayudará paso a paso a identificar tu propósito. Una vez que lo entiendas, podrás descubrir y utilizar ese *potencial ilimitado* que habita en ti.

> "Los obstáculos no me derrotan,
> Cada obstáculo afirma mi resolución,
> El que se adhiere a una estrella no logra cambiar su mente".
> —Leonardo da Vinci

Comienza hoy y disfruta el viaje creando ese ser con *potencial ilimitado*: !Tú!

"El mayor recurso natural en el mundo no es el agua, ni tampoco los minerales, no se encuentra en los bosques ni en las llanuras. El mayor recurso natural es el espíritu que reside en cada persona que descubre su potencial ilimitado. Y ese potencial nos beneficia a todos."

—CYNTHIA KERSEY

* * *

"ELLA DISTRIBUYÓ EL SOBRE DE LA COMPASIÓN"

Los correos en masa que nacieron del corazón de una madre

Cada semana, Linda Bremner envía mil cartas a niños que ella no conoce. A los padres, por lo general, no les gusta mucho la idea que sus hijos reciban cartas de una mujer desconocida. Pero no a estos padres y madres. Los niños escriben cartas de agradecimiento en respuesta y también lo hacen sus padres. Las cartas de Linda les da a los niños esperanza, los mantiene vivos por un poco más de tiempo o sencillamente les alegra el día, cuando ven al cartero llegar diariamente con la correspondencia.

Así es como comenzó —el correo diario. En noviembre de 1980, el hijo de Linda, de ocho años, Andy, fue diagnosticado con el linfoma de Hodgkin. Al regresar a casa, después de su primera estadía en el hospital, le esperaban docenas de tarjetas y cartas de amigos y parientes.

"Sin importar cuán mal se hubiera sentido antes de la llegada del cartero", recuerda Linda, "siempre se sentía mucho mejor después".

Sin embargo, de forma inevitable, el diluvio de tarjetas y cartas se redujo, y así también, el espíritu de Andy empezó a apagarse. Preocupada, Linda le escribió una nota y se la envió por correo firmada por "Tu corresponsal secreto". Andy se alegró. Después de eso Linda no dejó un solo día en que no le enviara un mensaje a su pequeño hijo.

Cierto día, después de hacer esto durante casi un mes, Linda encontró a su hijo dibujando dos unicornios. Él dijo: "Es para mi corresponsal secreto." Esa noche, después de llevar a Andy a dormir, Linda recogió el dibujo. En la parte final, Andy había escrito: "PD. Mami, te amo."

¡Andy había sabido todo el tiempo quién había enviado las cartas! Pero eso no era lo que importaba. Aquello era lo que lo hacía feliz y levantaba su ánimo. La preciosa vida de Andy terminó menos de cuatro años después; murió el 31 de agosto de 1984.

Linda recuerda: "A pesar de tener a otros dos hijos maravillosos, la angustia y el dolor de perder a Andy era insoportable. Sentía que mi vida se había terminado porque la vida de él se había acabado". Luego, mientras ordenaba las cosas de su hijo, encontró en su closet una caja de zapatos. Dentro de la caja estaba su libreta de direcciones donde aparecía una lista de los amigos que había hecho en "el campamento de cáncer" no mucho antes de fallecer. La libreta le dio a Linda la idea que a Andy le hubiera gustado que ella fuera la "corresponsal secreta" de sus amigos enfermos, de la misma forma en que ella lo había sido para él.

De modo que Linda decidió enviar una tarjeta a cada uno de los niños que aparecía en la libreta de Andy. Antes que hubiera abarcado toda la lista, un niño de doce años le escribió una carta de agradecimiento. En su carta él dijo: "Nunca pensé que alguien supiera que estaba vivo". Aquellas palabras hicieron que Linda se diera cuenta que alguien, aparte de ella, estaba atravesando por un terrible dolor. Lloró intensamente. Esta vez no por ella misma, ni por Andy, sino por aquellos niños solitarios que necesitaban que alguien se interesara por ellos.

Justo después de responder la carta de ese niño, Linda recibió una nota similar de otro niño en la lista de Andy. Y así fue. De esa forma Linda adquirió su llamado, un propósito que le dio significado y pasión por la vida. Ella juró que desde allí en adelante escribiría a todos los niños que lo necesitaran hasta cuando ellos dejaran de escribirle de vuelta.

Sus tarjetas y cartas eran cortas, positivas y siempre agregaban un toque personal. Los niños respondían continuamente y también lo hacían sus padres, agradeciéndole por renovar los ánimos de sus hijos. Así, Linda consiguió que algunos amigos y vecinos le ayudaran a realizar su misión. De esa manera empezó a surgir una organización de personas que escribían cartas. Estas personas denominaron a su grupo *Love Letters, Inc. (Cartas de amor Inc.)*

Linda, junto a su pequeño grupo de voluntarios trabajó incansablemente para ayudar a los niños a hacer frente a los malos tiempos. Con todo, *Love Letters* pronto descubrió que había una miríada de desafíos y de obstáculos por superar. La demanda por sus servicios se hizo grande y sin embargo, los recursos de ellos eran limitados. No se enviaba una sola carta donde no hubiese la preocupación por la fuente del dinero para su sello postal y envío. Trabajando en un espacio cedido temporalmente como donación, el grupo sobrevivió semana a semana producto de las donaciones de estampillas, de dinero y de suministros de oficina que la comunidad y grupos (como el Club Rotatorio y la Cámara de Comercio local) hacían disponibles.

Entonces *Love Letters* escribió a más de cuarenta organizaciones solicitando subsidios y donaciones. Cada una de las aplicaciones fue rechazada. Sin embargo, *Love Letters* nunca dejó de contestar un correo. Los niños significaban demasiado para Linda y sus treinta y cinco voluntarios. De alguna manera ellos se las arreglaban para salir adelante –vendían un pastel, camisetas o simplemente revisaban lo que quedaba en sus bolsillos.

Hoy en día, más de diez años después que Linda escribiera su primera carta a un niño que ella nunca conoció *Love Letters Inc.*, envía más de 60,000 piezas de correo al año. Los recursos económicos del grupo todavía son insuficientes pero su determinación es abundante. 35 voluntarios contribuyen de forma colectiva más de 400 horas a la semana en la actividad del correo. Adicional a enviar cartas a unos 1,100 niños a la semana, envía entre 90 y 110 regalos de cumpleaños cada mes. Para los niños que atraviesan un periodo particular de dificultad, *Love Letters* se asegura que les llegue algo en el correo todos los días. Cada año, *Love Letters* deja de tener en su lista a unos 200 niños que se mejoran o desafortunadamente mueren. Pero tristemente, *Love Letters* siempre tiene nombres nuevos para añadir a su lista de correo.

Linda invierte entre 70 y 80 horas a la semana para hacer que *Love Letters* continúe funcionando. Cuando el cansancio amenaza con vencerla, el teléfono suena –es el padre de otro niño que llama para agradecer y decir lo importante que es este programa.

Linda dice: "Eso hace que yo rejuvenezca, porque yo misma he experimentado de primera mano el poderoso efecto que tiene una carta de amor para sanar un alma abatida".

A pesar que ella da mucho, recibe mucho más a cambio: una razón para vivir, un medio para amar, un sentido de propósito.

> "Continuaré haciendo lo que hago por el resto de mi vida, porque sé que es importante. He visto a los niños llorar, he visto a los niños sonreír. Me gustan las sonrisas y para mí es importante saber que yo he contribuido a que se sientan mejor y que puedan sonreir".
>
> —Linda Bremner

"Si puedo hacer que un corazón deje de doler,
No habré vivido en vano;
Si puedo sanar el dolor de una vida,
O siquiera aliviarlo,
O ayudar al petirrojo que ha caído
A llegar a su nido de nuevo,
No habré vivido en vano".

—EMILY DICKINSON

Poema: "Si puedo hacer que un corazón deje de doler"

* * *

"UNA MISIÓN EN MARCHA"

Un Ulises descalzo y su viaje increíble

Poseía un suministro de alimentos para cinco días de viaje, una Biblia y el libro *"El progreso del peregrino"* (sus dos tesoros), una pequeña hacha para su protección y una cobija. Con estas provisiones, Legson Kayira emprendió el viaje de su vida. Habría de viajar desde su aldea tribal en Niasalandia a través del desierto de África oriental hasta El Cairo, donde abordaría un barco hacia América, con el fin de obtener formación universitaria.

Era octubre de 1958. Legson estaba entre los 16 y 17 años de edad; su madre no estaba muy segura del dato exacto. Sus padres eran iletrados y no tenían idea de dónde estaba ubicada América o a cuanta distancia quedaba y escasamente dieron su bendición para que su hijo emprendiera el viaje.

Para Legson, este viaje era el resultado de un sueño –que alimentó su determinación para adquirir educación. Quería ser como su héroe Abraham Lincoln, quien había surgido de entre la pobreza para convertirse en presidente de los Estados Unidos, y quien una vez en la presidencia, luchó incansablemente por la liberación de los esclavos. Legson quería ser como Booker T. Washington, quien se había liberado de los grilletes de la esclavitud para convertirse en un gran reformador de la educación en América, dando así dignidad y esperanza a su raza.

Del mismo modo que sus grandes modelos, Legson quería servir a la humanidad, para hacer la diferencia en el mundo. Para lograr su meta, necesitaba primero adquirir educación de la mejor calidad, y sabía que el mejor lugar para adquirirla era América.

Olvide que Legson no tenía ni un centavo para pagar su boleto de viaje.

Olvide que no tenía ni la menor idea de la universidad a la que asistiría o siquiera si sería aceptado.

Olvide el hecho que El Cairio estaba a más de 3,000 millas de distancia y en medio habían cientos de tribus que hablaban más de 50 idiomas diferentes, ninguno de los cuales hablaba Legson.

Olvide todo eso. Legson lo hizo. Tenía que hacerlo. Él sacó de su mente todo lo demás, excepto su sueño de llegar a la tierra donde podría labrar su propio destino.

Legson nunca antes había demostrado semejante determinación. En ocasiones, cuando era niño, había utilizado su pobreza como excusa para no hacer su mejor esfuerzo en la escuela, ni en ningún otro aspecto de su vida. *"Solo soy un niño pobre, ¿qué puedo hacer?"*

Como en el caso de muchos de sus amigos en la aldea, era fácil para Legson concluir que el estudio era una pérdida de tiempo en el caso de un niño pobre de la población de Karongo en Niasalandia. No obstante, en los libros que le dieron los misioneros, descubrió a Abraham Lincoln y a Booker T. Washington. Estas historias le inspiraron para obtener una visión más amplia de la vida, y comprendió que para lograr algo significativo, el primer paso era conseguir educación. Así fue como concibió su idea de ir caminando hasta El Cairo.

Luego de viajar cinco días completos por el terreno accidentado de África, solo había avanzado 25 millas. Su provisión de alimentos ya se había terminado, su agua se estaba agotando, y no tenía dinero. Viajar la distancia restante de 2,975 millas parecía imposible. Sin embargo, dar la vuelta significaba rendirse y resignarse a una vida de pobreza e ignorancia.

Entonces se prometió a sí mismo: "No me detendré hasta que llegue a América, o hasta que muera intentándolo". De modo que continuó su camino.

En ocasiones caminó al lado de personas desconocidas. Pero la mayor parte del tiempo caminó solo. Cada vez que entraba en una nueva aldea, lo hacía con cautela. No sabía si los nativos eran amigables o no. En ocasiones encontraba trabajo y techo, pero durmió muchas noches bajo las estrellas. Consumía frutos silvestres y bayas y, otras plantas comestibles. Empezó a perder peso y a debilitarse.

En cierto momento, le atacó una fiebre alta y cayó gravemente enfermo. Algunos extranjeros hospitalarios lo acogieron y le dieron un lugar para que descansara y convaleciera, además le suministraron algunas medicinas a base de hierbas. Legson se sentía cansado y desmotivado. En ese momento consideró la idea de regresar a casa. Pensaba que tal vez era mejor regresar que continuar arriesgando su vida en ese descabellado viaje.

Pero en cambio, Legson se refugió en sus dos libros, en ellos leyó algunas palabras que le eran familiares, las cuales renovaron su fe por ir tras su meta. De modo que continuó adelante. El 19 de enero de 1960, quince meses después de emprender su arriesgado viaje, Legson ya había atravesado casi mil millas hasta Kampala, la capital de Uganda. Ahora se sentía mejor, su cuerpo se había desarrollado más y había aprendido buenas tácticas de supervivencia. Una vez en Kampala, permaneció allí durante seis meses, realizando trabajos de oficios varios y aprovechando cada rato libre para ir a la biblioteca local para leer cuantos libros podía.

En esa biblioteca Legson encontró por casualidad un directorio ilustrado de las universidades americanas. Cierta ilustración en particular captó su atención. Era una foto de una institución que se veía majestuosa, pero a la vez amigable, bajo un cielo azul profundo, adornada con fuentes y prados, y rodeada de hermosas montañas, similares a las montañas que había dejado atrás en su natal Niasalandia.

Era la universidad Skagit Valley College en Mount Vernon, Washington. Esta era la primer imagen concreta en lo que parecía una esfuerzo imposible. De inmediato, Legson escribió al decano de la universidad, explicándole su situación y solicitándole una beca. Temiendo no tener una respuesta positiva de Skagit, Legson decidió escribir a tantas universidades como su presupuesto se lo permitiera.

Pero eso no era necesario. El decano de Skagit quedó tan impresionado con la determinación de Legson que no solo le concedió ser admitido sino que le ofreció una beca y un trabajo que le permitiría pagar sus gastos de alimentación y alojamiento.

Así, encajó otra pieza en el rompecabezas del sueño de Legson. No obstante, todavía tendría que enfrentar muchos obstáculos en su camino. Legson necesitaba un pasaporte y una visa. Pero para obtener su pasaporte necesitaba un registro civil donde constara su fecha de nacimiento. Peor aún, para conseguir una visa necesitaba un tiquete de ida y vuelta a los Estados Unidos. De nuevo, tomó papel y lápiz y escribió a los misioneros que le habían enseñado en su niñez. Ellos le ayudaron a conseguir un pasaporte mediante sus contactos en el gobierno. Sin embargo, Legson carecía del tiquete de avión necesario para aplicar por la visa.

Sin sentirse amilanado, Legson continuó su viaje hacia EL Cairo, pensando que de algún modo conseguiría el dinero que necesitaba. Tenía tal confianza que de lo último de sus ahorros compró un par de zapatos para no llegar a la universidad de Skagit descalzo.

Los meses empezaron a pasar y el relato de su valeroso viaje empezó a circular. Para el tiempo en que llegó a Khartoum, exhausto y sin un centavo, la leyenda de Legson Kayira había cruzado el océano desde el continente africano hasta Mount Vernon, Washington. Los estudiantes de Skagit Valley College, con la ayuda de algunos ciudadanos de la localidad, enviaron USD $650 para comprar el tiquete de Legson hacia América.

Cuando Legson supo de este acto de generosidad, cayó arrodillado y exhausto, pero lleno de gozo y gratitud. Entonces, en diciembre de 1960, más de dos años después que emprendiera su viaje, Legson Kayira llegó a Skagit Valley College. Llevando sus dos libros atesorados pasó a través de la inmensa entrada de la institución.

No obstante, Legson no se detuvo una vez se graduó. Más bien, continuó realizando su viaje académico. Llegó a convertirse en profesor de Ciencias Políticas de la Universidad de Cambrigde en Inglaterra, como también en un respetado autor.

Como sus héroes, Abraham Lincoln y Booker T. Washington, Legson Kayira se sobrepuso a sus orígenes humildes y construyó su propio destino. Hizo la diferencia en el mundo y se convirtió en un faro majestuso cuya luz permanece como guía para que otros la sigan.

> "Aprendí que yo no era, como muchos de los africanos piensan, víctima de mis circunstancias, sino que yo soy el amo sobre ellas".
>
> —Legson Kayra

"Esta es la forma de saber si tu misión en la tierra ha terminado: Si estás vivo, todavía no has terminado".

"No temas que la vida termine, sino más bien,
que nunca tenga principio".
—Cardenal Newman

* * *

"El hogar es el lugar donde el corazón se siente en casa"

Cambiando una fortuna por un martillo y una sierra

Si el sueño americano significa comenzar con nada y acumular una gran cantidad de riqueza y bienes, entonces la historia de Millard Fuller encaja muy bien con esa descripción. Sin embargo, cuando el sueño de Millard se convirtió en una pesadilla, él decidió que era el momento de redefinir su visión.

A la edad de 30 años, Millard ya había conseguido su primer millón de dólares, pero tenía la ambición de ganar diez, y tenía las circunstancias para lograrlo. Tenía una casa lujosa, una cabaña al lado de un lago, 2,000 acres de tierra, lanchas de velocidad, autos de lujo. Pero también tenía dolores en el pecho, una esposa y dos hijos jóvenes que rara vez lo veían porque siempre estaba trabajando. Su imperio iba en asenso pero su familia y su matrimonio se iba desmoronando. Eso es lo que le sucede a miles de hombres y mujeres que se van tras las riquezas y el poder. No obstante, Millard fue uno en un millón de millonarios que tuvo el valor para cambiar.

Cierto día mientras estaba en su oficina, un ataque al corazón lo tomó por sorpresa. Pero no uno de esos ataques que envuelve coágulos y el taponamiento de las arterias, sino más bien un ataque de la clase que da con mucho dolor en el cual metafóricamente hablando la vida se detiene y se inunda. Eso ocurrió el día en que Linda, la esposa de Millard, anunció que ella sentía que ya no tenía esposo y que ya no estaba segura de si lo amaba, y que se iba a ir para Nueva York a consultar a un ministro. Millard se sintió devastado. Él le había dado a ella todo lo que el dinero puede comprar, ¿cómo era posible que Linda no lo amara?

Millard recuerda: "La semana siguiente fue la semana más solitaria y agonizante de mi vida". Se dio cuenta que construir su negocio le había costado todo lo que verdaderamente le interesaba. Él llegó a darse cuenta de esto cierta noche, cuando veía una película, en la que apareció la frase: "Una vida que se planea es solo una vida que ha de ser soportada". Una vida planeada –eso es exactamente lo que él estaba viviendo. Solo que había olvidado incluir un propósito significativo en el plan.

De inmediato llamó a Linda y le rogó que se pudieran ver. Ella aceptó la oferta no muy complacida, pero él de inmediato tomó un avión para encontrarse con ella en Nueva York. Los siguientes días estuvieron llenos de lágrimas. Ambos derramaron su corazón e hicieron el compromiso de reconstruir sus vidas sobre la base de algo que valiera la pena. Millard explica: "A medida que hablábamos de nuestro futuro tuvimos una fuerte sensación de la presencia de Dios. Sentimos que Él nos estaba llamando a experimentar una nueva forma de vida". A fin de prepararse para esa nueva vida, cualquier cosa que eso fuera, Linda y Millard sintieron que era necesario deshacerse de las mismísimas cosas que habían permitido que se interpusieran entre ellos como pareja y con Dios –su negocio y sus posesiones materiales.

Vendieron todo –el negocio, las casas, los botes, e hicieron donaciones a las iglesias, a las universidades y a obras de caridad. Los amigos de Millard pensaron que se había vuelto loco, pero él nunca se había sentido más en sus cabales. De hecho, se estaba sintiendo cada vez mejor. ¿Qué iba a hacer después?

La respuesta vino en una visita a Clarence Jordan, un conocido teólogo. Clarence había iniciado una comunidad cristiana llamada Koinonia, cerca de la ciudad de Americus al sur occidente de Georgia, 140 millas al sur de Atlanta. Clarence le mostró a Millard las chozas deterioradas al lado de los caminos polvorientos en el paisaje del campo. Estas casuchas, llenas de goteras, las cuales no tenían ni servicio de acueducto o calefacción, eran el hogar de cientos de familias pobres y la escena se duplicaba miles de veces en los Estados Unidos y más allá, puesto que el 25% de la población del mundo, es decir, más de 1,300 millones de personas, viven en lugares por debajo de los estándares o no tienen un hogar.

Como expresión de su fe cristiana, Millard, Clarence y muchos otros asociados empezaron a construir casas para estas personas necesitadas, al principio una casa o dos, pero después más y más. Tristemente, Clarence Jordan murió de repente de un ataque al corazón cuando la primera casa estaba en proceso de construcción. Sin embargo, Millard y sus compañeros continuaron construyendo durante cuatro años y medio más en Koinonia.

Conmovido por el poderoso impacto que aquellas casas sencillas pero dignas tenían en las familias que las recibían, Millard deseaba ver si los conceptos aplicados en el sur de Georgia podían ser aplicados en otras partes del mundo. Por lo tanto, Millard y Linda viajaron a Zaire, en África Central, y en asociación con la organización regional de la iglesia protestante, construyeron exitosamente casas para las familias alrededor del país. Esto lo continuaron haciendo por tres años. Convencidos que habían desarrollado un concepto que podría funcionar en el mundo entero regresaron a Georgia en 1976, donde Millard lanzó *Habitat for Humanity International.*

En alguna ocasión Millard había tenido la meta de ganar diez millones de dólares. Ahora tenía una nueva meta. ¿Se podía atrever a pensar que podría construir casas para 10 millones de personas? ¿Por qué no? ¿Por qué no inclusive más? Millard y Linda vieron su misión en una verdad basica universal: "Toda persona con sueño en la noche debería tener al menos un lugar sencillo y decente donde recostar la cabeza". Millard considera que suministrar hogares es "bondad elemental y amor en acción –la mismísima esencia de la fe verdadera".

El concepto detrás de *Habitat for Humanity* es simple. Al principio, los escépticos lo consideraron como poco realista, hasta descabellado. Se basa en préstamos sin interés y sin generar ganancias –algo que los pesimistas dijeron que era "anti-americano y que nunca funcionaría". Pero *Habitat* funciona. Les da a las personas que tienen una vivienda deficiente y un ingreso limitado la oportunidad, por primera vez en su vida de comprar casas con cuotas que ellos pueden pagar.

Para construir las casas, *Habitat for Humanity* se apoya en el trabajo voluntario, en el cual participan personas que no tienen experiencia en construcción. El dinero y los materiales son donados por varias organizaciones, corporaciones e iglesias. Y personas de toda clase de profesiones donan su tiempo y sus destrezas. Sin embargo, *Habitat* no es una organización de caridad. Las familias que se benefician del programa de vivienda también trabajan cientos de horas construyendo sus propias casas para sí mismas y para sus vecinos. Cuando los nuevos propietarios, empiezan a hacer sus pagos para pagar la hipoteca sin interés, *Habitat* utiliza el dinero para construir más casas.

¿Por qué han contribuido tantas personas y organizaciones a esta causa? La razón es que los resultados que se obtienen son claramente tangibles. Con frecuencia, las necesidades del mundo parecen tan grandes que lo que hace un individuo pareciera no hacer ninguna diferencia. Con *Habitat,* los voluntarios trabajan lado a lado con quienes van a llagar a ser los nuevos propietarios. Una vez la casa es terminada, todo el mundo comparte el orgullo y la alegría de los nuevos propietarios.

La meta de *Habitat for Humanity* es eliminar la deficiencia y la falta de vivienda en todas partes. Millard dice: "He descubierto que la firmeza de las metas mueve a las personas, y cada año nos asombramos de los milagros que se derivan de dicha firmeza". Con el plan decidido de Millard, ha construido más de 60,000 casas en el mundo, suministrando a más de 300,000 personas un hogar seguro, digno y asequible. *Habitat for Humanity International* tiene más de 1,400 filiales locales en todos los 50 estados y más de 250 afiliados internacionales. *Habitat* coordina más de 800 programas de construcción en 51 países.

No obstante, *Habitat for Humanity* construye más que casas –construye familias, comunidades y esperanza. "El poseer una casa, con frecuencia es el primer paso para que una familia rompa el ciclo de desesperación y futilidad", explica Millard. "Representa vecindarios salvados de los distribuidores de drogas y de la miseria de casas que soportaron huracanes, terremotos e inundaciones".

Habitat for Humanity también ha unido a muchas personas de todos los sectores económicos, creencias religiosas, clases sociales y grupos raciales. Casi toda persona en los Estados Unidos ha visto las fotografías del ex presidente Jimmy Carter y su primera dama Rosalynn Carter vestidos con overoles, clavando puntillas y aserrando vigas al sol de un medio día. Millard consiguió el apoyo de ellos con simplemente preguntárselo. "Le envié 15 propuestas al presidente, esperando que al menos aceptara una o quizás dos", dijo Millard, "para mi sorpresa, el presidente Carter las aceptó todas".

Los Carter son tan solo dos de las figuras sobresalientes que se han unido a la causa para donar su tiempo, prestar dinero y dar apoyo a *Habitat.* Cientos de miles de otros voluntarios, dignos de admirar, también dedican incontables horas a remover escombros, instalar paredes de yeso y pintar.

Hacia el final del siglo XX *Habitat for Humanity* quería ser el mayor constructor de casas en el mundo, en términos de número de casas construidas. Todos los ladrillos y el cemento que se invierten en una casa de *Habitat,* no componen simplemente la construcción de una casa, significa la construcción de nuevas vidas. Y todo comenzó con un hombre y una mujer que estuvieron dispuestos a cambiar sus riquezas materiales por algo mejor. Millard y Linda consideran que son dos de las personas más ricas en el mundo.

> "Nuestra visión de eliminar el déficit de vivienda nos lleva a superar los numerosos obstáculos que encontramos a nuestro paso. Y con la ayuda de Dios, cumpliremos nuestra meta, una casa a la vez".
> —Millard Fuller

"En una ocasión le pedí orientación a mi consejero sobre mi vocación. Le pregunté: "¿Cómo puedo saber si Dios me está haciendo un llamado y para qué es ese llamado?" Él contestó: "Lo sabrás por tu felicidad. Es decir, si eres feliz con la idea que Dios te está llamando para servirle a Él y a tu prójimo. Ello será la prueba de tu vocación.""

—MADRE TERESA

* * *

"EJERCITANDO SU VISIÓN"

En el mundo de la buena condición física, ella rehusó pensar en pequeño

Hoy en día vivimos en un mundo de gente delgada –un mundo de supermodelos con aspecto de anoréxicas, estrellas de cine en forma, y continua publicidad de que la belleza comienza si se tiene talla 5.

Pero muchas mujeres no pueden siquiera recordar si alguna vez tuvieron talla 5. Por años muchas de ellas han visto que su peso supera la marca 100 kilos y que continúa en aumento. Se dan por vencidas cuando intentan encontrar ropa que les quede bien. Y las clases de ejercicios de hoy en día, con todos sus movimientos rápidos e intensidad, no solo son imposibles de seguir, sino que hasta se vuelven humillantes.

Sharlyne Powell lo sabe muy bien. En 1983, a la edad de 42 años, era talla 24 y vivía una vida muy ocupada, criando su familia en Yakima, Washington, como para siquiera ir al gimnasio. En ese tiempo Sharlyne vio a su madre morir –lenta y dolorosamente– de flebitis. Entonces Sharlyne observó a sus dos hijos gemelos, se miró a sí misma en un espejo, y se preguntó si allí estaba viendo su propio futuro. En ese momento, ella supo que tenía que hacer algunos cambios.

Armándose de valor, Sharlyne empezó a asistir a unas clases de aeróbicos. Durante los siguientes seis meses, ella visitó todos los centros de aeróbicos en Yakima. En todos los casos, ella *siempre* era la persona más robusta y no podía mantenerse al ritmo de la instructora que era increíblemente flexible. Los aeróbicos de bajo impacto estaban todavía años luz en 1983. Sin más opciones, Sharlyne decidió que la única manera de estar en forma era iniciando su propia clase a su propio estilo.

Sharlyne dijo: "Me imaginé que en mi ciudad deberían haber por lo menos otras cinco mujeres que no eran talla cinco y a quienes también les gustaría ejercitarse". De modo que pidió prestados USD $200 de su esposo, alquiló un salón y se puso a la tarea de buscar un instructor que no se mofara de sus ideas y que no le dijera lo que todos los demás le habían dicho: "Las mujeres gordas no hacen ejercicio. Son demasiado perezosas".

Cuando al final encontró a un instructor para conducir la clase, puso un aviso en el periódico invitando a mujeres de talla grande y extra grande a venir a su clase la semana siguiente. Sesenta mujeres se presentaron.

Sharlyne recuerda: "Hubiera estado feliz si tan solo cinco se hubieran presentado". Pero cuando dos semanas después la clase aumentó a 150 personas, Sharlyne tuvo que aumentar las clases a una frecuencia de dos veces al día. En ese momento ella sintió que iba por buen camino.

Pero dos meses más tarde, las puertas se cerraron.

Ella admite: "Había cometido un error fundamental. Lo que yo ofrecía era esencialmente lo mismo que ofrecían otros programas –los mismos instructores delgados, el mismo estilo, el mismo todo".

Aunque las clases habían intentado ser un lugar de apoyo y seguro para mujeres de tallas grandes, los ejercicios eran tan intensos y frustrantes como en los otros lugares. Las mujeres se sentían frustradas y desanimadas.

Para muchas personas el hecho que Sharlyne había cerrado las puertas en dos meses solo confirmaba lo que todo el mundo le había dicho –las mujeres con sobrepeso no hacen ejercicio. Pero Sharlyne no creía eso. Ella creía que las mujeres de tallas grandes harían ejercicio si ella podía ofrecerles algo diferente. Dijo: "Me di cuenta que podía desistir de mi idea o intentarlo de nuevo, pero esta vez hacerlo de la forma en que yo quería hacerlo. Ahora tenía que aprender y convertirme yo misma en una instructora".

Sharlyne estudió todo lo que encontró sobre ejercicio y figura. Asistió a clases, observó a instructores y entonces adaptó sus movimientos a las necesidades de un cuerpo de talla grande. Sharlyne, junto con una compañera, empezaron a probar con los ejercicios ellas mismas. Cuando ella y su amiga se sintieron listas para enseñar, Sharlyne abrió de nuevo las clases en el mismo salón, lo llamó *"El club de ejercicios de las mujeres de talla grande"*.

La primera semana se presentaron 110 mujeres. Dos meses después, el número había aumentado a 250. Entonces Sharlyne empezó a temer que tuviera que descartar el ingreso de más personas. Pidió a su esposo un préstamo de USD $10,000, esta vez para comprar un sitio más grande. Consiguió un lugar construido de 7,000 pies cuadrados en un acre de tierra.

El deseo de Sharlyne de tener una buena forma física se había convertido en un negocio, y a medida que sus clientes se hacían más saludables su negocio crecía. De modo que ella se resolvió a convertirse en una mejor instructora y empezó a buscar entrenamiento adicional. Así fue como ella se encontró con el obstáculo más grande e inesperado que se pudiera encontrar: la industria de la figura.

Ella y su amiga instructora, quien era considerablemente más robusta que Sharlyne, volaron a una convención sobre el cuidado de la figura en San Diego, donde esperaban aprender nuevas habilidades y hacer contactos con otros en el negocio.

Sharlyne recuerda: "La gente nos miraba como diciendo, ¿Qué están haciendo estas personas aquí?" Era como si sufriéramos de una enfermedad terrible. Para ellos, nosotras estábamos enfermas porque éramos obesas y eso era absolutamente repulsivo para ellos".

Sharlyne y su amiga esperaban convertirse en instructoras certificadas, pero cuando abordaron al comité de certificación obtuvieron un no rotundo. Dijeron: "No sabemos lo que ustedes van a hacer. Nunca hemos pensado en enseñar o certificar a personas como ustedes". Aquellas palabras penetraron el corazón de Sharlyne. "Me retiré de allí furiosa y descorazonada. Pensé que si esa es la forma como los profesionales de la figura tratan a las personas como yo, nunca seríamos bien recibidas en los clubes de bienestar físico".

No obstante, para el momento en que ella regresó a casa, su depresión se había transformado en resolución. Ella sabía que allá afuera habían miles de mujeres que como ella, no solo eran ignoradas por la industria de la figura, sino por las demás industrias. Allá afuera habían mujeres que estaban cansadas de tener que ir de compras a la sección de hombres solo para encontrar unos pantalones y que estaban cansadas de escoger entre café y negro para vestir. Allá afuera habían mujeres que compraban sus víveres solo hasta después de la media noche cuando pocas personas estaban de compras y no les hacían bromas crueles a sus espaldas, haciéndoles sentir lo que ella y su amiga habían sentido en la convención de la figura.

Algo tenía que cambiar, y Sharlyne una vez más renovó sus votos para hacer todo lo que estuviera a su alcance. En su club del ejercicio, ella se aseguró de que toda mujer que entrara por la puerta fuera tratada con calidez y compasión. Sharlyne creó grupos de apoyo que trabajaban en aspectos como la autoestima y sobre cómo manejar los sentimientos de fracaso que acompañan a los problemas de peso. Ella ofrecía promociones especiales, le daba a cada mujer que visitaba su club un "corazón". La mujer que recolectaba más corazones, era recogida en una limosina y llevada con su esposo a un hotel agradable donde se les atendía con una cena especial y se les daba hospedaje por una noche. Sharlyne y su grupo se aseguraban de que la habitación estuviera adornada con flores frescas y que las sábanas estuvieran cubiertas pero llenas de pétalos de rosas.

Ella dijo: "Quería hacer todo lo que estuviera a mi alcance para hacer sentir especiales a estas mujeres". El negocio fue tan exitoso que dos años después de iniciar "Mujeres de talla grande", Sharlyne decidió vender su franquicia. Su investigación indicó que unos 60 millones de mujeres en los Estados Unidos estaban por encima de su peso ideal. Ella conocía de primera mano el mercado, sabía de la necesidad y conocía la solución. Para el año 1987, "Mujeres de talla grande" había crecido hasta tener 42 sucursales.

Sin embargo, a lo largo del camino Sharlyne enfrentaba obstáculos al girar cada esquina. Cuando ella descubrió la necesidad de las mujeres de talla grande de utilizar leotardos y medias para ejercicio, los fabricantes se rieron en su cara. Le dijeron: "Eso sería un desperdicio de dinero. Las mujeres gordas no hacen ejercicio".

De modo que Sharlyne exploró hacia el noroccidente hasta que encontró una pequeña empresa en Oregon dispuesta a darse la oportunidad. En tan solo un par de meses, la línea de ropa de talla grande para ejercicio aumentó en un tercio de los ingresos de la compañía.

Sharlyne también decidió que necesitaba producir un video de ejercicios para hacerlo disponible a las mujeres que no vivían cerca de un club de mujeres de talla grande o que preferían hacer ejercicio en casa. Hasta ese momento, los videos de Jane Fonda eran los únicos que había disponibles en el mercado. Sharlyne presentó la idea a los miembros de su club. Su reacción era entendible: ¿Quieres que salgamos en un video? ¡Ni lo pienses! Sin embargo, Sharlyne les preguntó que si ellas hubiesen tenido una cinta de video de ejercicios para mujeres de talla grande, antes que se hubiera abierto el club, ¿qué habrían hecho? ¿Lo habrían comprado?

"Reuní a 64 mujeres que estuvieron dispuestas a ponerse un leotardo frente a una cámara y hacer ejercicio", dijo Sharlyne, "todas utilizamos camisetas grandes para no ser muy autoconscientes".

Cuando los distribuidores en Los Ángeles vieron el video no se mostraron muy entusiasmados. Cuando todos la rechazaron, Sharlyne decidió que, una vez más, ella tenía que hacerlo ella misma. Contrató una firma de relaciones públicas, para dar a conocer más extensamente a "Mujeres de talla grande". No pasó mucho tiempo, hasta que ella y su club aparecían en revistas y periódicos en todo el país. El primer video vendió 50,000 copias. El segundo video obtuvo un premio de platino. Luego, le siguió un tercer video y pronto Sharlyne comenzó la producción de su primer infomercial para transmisión en televisión en canales de todo el país.

Aunque Sharlyne intentó mejorar para ella misma, encontró la motivación para cambiar la vida de otras personas. Hablando de su éxito, dijo: "No he hecho nada que otra persona no pudiera haber hecho. La clave está en encontrar algo que verdaderamente nos inspire". Y añadió: "Tal vez hacer eso implique asumir algún riesgo y hasta posiblemente enfrentar el ridículo y la ignorancia. Siempre hay un precio que se deba pagar. Pero si usted persevera, entonces podrá llegar a lugares a los cuales ni siquiera soñó que podría ir".

> "Esto no ha sido un negocio, es una misión. Por esa razón, yo no iba a permitir que nadie me detuviera de hacer las cosas que se necesitaban hacer, tanto por mí, como por las demás mujeres que acudieron a mí en busca de ayuda".
>
> —Sharlyne Powell

"Muchas personas tienen una idea equivocada de lo que constituye la felicidad. Ésta no se logra mediante la auto-gratificación sino que más bien se alcanza mediante la fidelidad a una causa noble".

—Helen Keller

* * *

"El serio asunto del mono capuchino"

Una mujer entrena a sus soldados singulares en una guerra de independencia

En 1977, Mary Joan Willard estaba haciendo su ronda diaria en el centro médico Tufts New England Medical Center en Boston. Parte de su trabajo de investigación era estudiar a los pacientes con lesión física severa en proceso de rehabilitación. Fue allí cuando conoció a un hombre de 23 años de edad cuyo nombre era Joe. Un accidente de tránsito había dejado paralizado a Joe desde el cuello hacia abajo. El que alguna vez fuera un hombre activo y robusto, ahora se sentaba todo el día en una silla de ruedas. No podía poner una cinta de video en el VCR, prepararse un sándwich o siquiera levantar su dedo para rascarse. A semejanza de los más de 100,000 cuadripléjicos en los Estados Unidos, Joe era completamente dependiente, aún hasta para sus necesidades más personales y simples.

Comprender esto afligía a Mary Joan, una mujer de enorme iniciativa. Ella no podía imaginarse cómo alguien podía vivir atrapado, en total dependencia. Como psicóloga entendía perfectamente el costo emocional. Los cuadripléjicos con frecuencia se dan por vencidos en la vida y su espíritu se paraliza junto con su cuerpo. Mary Joan estaba convencida que si Joe podía alcanzar alguna independencia, su espíritu podría volar una vez más.

Cierta noche, cuando descansaba en su cama, le vino una idea a su mente –los chimpancés. ¿Por qué no entrenar a los chimpancés para realizar muchas tareas a favor de alguien como Joe?

El siguiente día, Mary Joan visitó a B. F. Skinner, psicólogo de Harvard famoso en el mundo por su obra pionera sobre el cambio en el comportamiento de los animales. Mary Joan había trabajado como asistente de Skinner durante tres años y confiaba en que sus ideas no le fueran a sonar como descabelladas.

El doctor Skinner consideró que las ideas de Joan tenían mérito. Los chimpancés, le recordó él a Joan, crecen hasta alcanzar más fortaleza que un humano y alcanzan casi la misma estatura. Los chimpancés también tienen comportamientos maniáticos. El doctor Skinner recomendó más bien utilizar monos capuchinos (conocidos también como monos de cara blanca). Los pequeños "organilleros" son inteligentes, fáciles de entrenar y fieles a sus amos. ¡Bingo! Mary Joan compró la idea.

A continuación, Mary Joan se dispuso a vender la idea a otras personas. Luego de hacer una extensa investigación, presentó la idea al director del programa de Psicología de la Universidad de Tufts. El director casi se cae de su silla riendo. Se imaginaba el titular en un periódico: "La escuela médica de Tufts entrena monos capuchinos para cuidar de los pacientes". A Mary Joan aquello no le cayó en gracia y continuó con su persuasivo argumento. Sin embargo, logró convencer al director que la idea era buena y él le ayudó a conseguir un subsidio de USD $2,000. Este dinero fue el principio de una organización llamada *Helping Hands* (*Manos que ayudan*). Aquellos fueron inicios humildes pero el dinero fue suficiente para comprar cuatro de estos animales, algunas jaulas y para contratar a algunos estudiantes que entrenarían a los micos trabajando a un dólar la hora.

La investigación de Mary Joan habían indicado que tomaría unas ocho semanas entrenar a los animales. Las ocho semanas pasaron y todavía ella estaba intentando hacer que estos salieran de sus jaulas. Los primeros monos capuchinos, fueron adquiridos como adultos, y anteriormente habían sido monos de laboratorio que habían crecido en el aislamiento. Como consecuencia, a estos animales les aterraba la presencia de los humanos. Le tomó a Mary Joan dos años de ensayo y error tener al primer mono capuchino listo para empezar a trabajar.

A pesar de las frustrantes demoras, Mary Joan y su nueva socia, Judi Zazula, trabajaron incansablemente para conseguir el dinero que necesitaban. Treinta y ocho solicitudes de subsidio se convirtieron en treinta y ocho respuestas negativas. Ellas tuvieron que regresar a la primera base, con Mary Joan trabajando de medio tiempo como psicóloga para pagar las facturas.

A varias agencias que trabajaban con personas incapacitadas les interesaba de alguna manera la idea de Mary Joan pero aún así se mostraban escépticas. Otras agencias protestaron diciendo que a los cuadripléjicos les parecería degradante utilizar esta clase de animales como ayuda.

Ella les respondía: "¿Son los perros lazarillos degradantes para los ciegos?" Otros sugerían que un robot mecánico cumpliría mejor la función.

Ella les preguntaba: "¿Pueden los robots sentarse en su regazo y abrazarlos?"

Otros de los desafíos que enfrentaron Mary Joan y su compañera Judi era entrenar estos animales para que no entraran a ciertas habitaciones y pusieran sus traviesas manos en todo. Mary Joan recuerda que en una ocasión estaba sentada con Judi y que en su regazo tenía la noticia del rechazo a su propuesta más reciente, y que Hellion, una capuchina en entrenamiento, hacía de las suyas destruyendo el lugar. Ella le dijo a su compañera: "¡Mira este lugar! ¡Y pensar que queremos que nos subsidien!". Ambas se echaron a reír profusamente.

Sin embargo, la paciencia de Joan, su determinación y su inquebrantable sentido de propósito finalmente dieron resultados. Después de dos años, Hellion, la primera hembra entrenada, estaba lista para conocer a un hombre cuadripléjico de 25 años, llamado Robert, quien permanecía solo 9 horas al día. Hellion podía rascar la nariz de Robert con un pañuelo facial y poner una cinta en su VCR. También podía cepillar suavemente su cabello, prender y apagar las luces, poner la comida pre-empacada en el microondas y hasta traerle a Robert un refresco desde la nevera. Pero lo más importante de todo, Hellion podía alcanzar la paleta de boca de Robert, la herramienta número uno que un cuadripléjico utiliza para innumerables actividades, como por ejemplo, marcar un teléfono, presionar los botones de un horno microondas o voltear las páginas de un libro. Además, Hellion era una devota compañera que distraía a Robert y le ofrecía afecto incondicional.

Tan exitoso fue el equipo que Robert y Hellion hicieron que Mary Joan recibió su primer mayor patrocinio en 1979 de mano de los Paralized Veterans of América (una sociedad de veteranos paralíticos). El auxilio les permitió a ella y a Judi, tomar un pequeño salario, comprar equipo necesario y comprar unos cuantos animales jóvenes para entrenamiento.

Al poco tiempo empezaron a llegar solicitudes de monos capuchinos para cuadripléjicos provenientes de todo el país. Ahora el desafío era encontrar una fuente segura y confiable de ellos en condiciones de recibir entrenamiento. Mary Joan y su compañera Judi no podían continuar utilizando animales de laboratorio, ni tampoco capturados a campo abierto. Necesitaban una colonia proveniente de un criadero.

La ayuda vino de una compañía cuyo distintivo es hacer los sueños realidad: Disney -Disney World en Florida respondió a la petición de Mary Joan y estableció un criadero de monos capuchinos en su isla Discovery, a través del cual le suministró a la organización de Mary todas las pequeñas "*manos que ayudan*" que ella necesitaba. Después de cinco años, Disney World necesitó el espacio para expandirse, de modo que suministró los fondos para trasladar el criadero al zoológico de Boston.

Cuando estos animales tienen entre seis y ocho semanas de edad son llevados de la colonia y puestos en hogares de "casas de hospedaje voluntario". En los siguientes tres a cinco años, los monos aprenden habilidades básicas y se familiarizan con los humanos. Una vez son llevados a *Helping Hands,* son entrenados en actividades de la casa y habituados al uso de la jaula, aprenden por ejemplo a ir a sus "alcobas" y cerrar la puerta tras ellos. Durante los últimos 12 meses de entrenamiento, los capuchinos aprenden tareas específicas para trabajar con los cuadripléjicos, tales como peinar el cabello y alcanzar la paleta a la boca.

Para algunas personas ese proceso puede parecer lento, pero no para una persona visionaria como Mary Joan Willard. Ella recuerda a los escépticos que la idea de utilizar perros lazarillos como guía para los ciegos, fue debatida por más de 100 años, antes que se adoptara el programa *Seeing Eye (El ojo que ve).*

Para el año 1997, unos 160 monos capuchinos estaban viviendo en hogares de familias voluntarias. Treinta y cinco cuadripléjicos han recibido un mono ayudador. Joe, quien fuera la inspiración original de Mary Joan, recuperó cierto nivel de motricidad en su brazo derecho y no necesitó la ayuda de un animal. Sin embargo, cientos de otros cuadripléjicos no son tan afortunados y todavía esperan pacientemente el día en que las manos ayudadoras de un pequeño mono les devuelvan a ellos lo que alguna vez perdieron de por vida –un poco de independencia, una forma especial de compañerismo y un poco de alegría.

> "Ambas sentíamos que si no llevábamos este asunto hasta el final, nadie se sentiría lo suficientemente motivado como para hacer algo al respecto. Darnos por vencidas habría representado dejar de prestar un servicio a los cuadripléjicos y a nosotras mismas".
>
> —Mary Joan Willard

"Cada uno tiene su propia vocación específica en la vida... Nadie puede ser reemplazado, ni su vida puede ser repetida. Así pues, la misión de cada uno es específica, así como su oportunidad para implementarla".
—Viktor Frankl

* * *

"Siempre quise ser alguien, pero ahora creo que debí ser más específico".

EN SUS PROPIAS PALABRAS

"Algunas personas hacen que lo mejor de tí se proyecte de una forma que uno mismo ni siquiera había descubierto. Mi madre, Ruby Lloyd Wilson, era una de estas personas.

La mayoría de las personas la llamaban Muñeca. Mi padre murió cuando yo tenía la edad de nueve meses, convirtiéndola a ella en viuda a la edad de 18 años. A medida que yo crecía había momentos que teníamos tan poco dinero que teníamos que sobrevivir con unas cuantas libras de fríjoles secos durante una semana. Pero aunque el alimento era escaso, el amor y la devoción de mi madre eran abundantes. Todas las noches, ella me sentaba en su regazo y me decía las palabras que cambiarían mi vida: "Kemmons, tú estás destinado para la grandeza y puedes alcanzar lo que quieras en la vida si estás dispuesto a trabajar lo suficientemente duro para lograrlo.

Entonces, a la edad de 14 años, fui golpeado por un automóvil y los médicos dijeron que nunca volvería a caminar. Mi madre tomó una licencia en su trabajo en una planta empacadora de carne y se mudó al cuarto del hospital para cuidarme. Todos los días, ella me hablaba con su voz suave y amorosa, asegurando que no importaba qué dijeran los médicos yo volvería a caminar de nuevo si yo lo deseaba lo suficiente. Ella caló su mensaje en lo más profundo de mi corazón de modo que yo le creí. Un año después, yo regresé a clases , caminando por mí mismo.

Cuando se produjo la gran depresión, mi madre perdió su trabajo, como millones de otras personas. Yo tenía diecisiete años y contra los deseos de la Muñeca, dejé mis estudios para trabajar por los dos. En ese momento, se convirtió en la misión de mi vida alcanzar el éxito por causa de mi madre, y juré nunca volver a ser pobre.

Con el paso de los años, experimenté varios niveles de éxito en los negocios. Pero el verdadero punto de viraje ocurrió en cierta ocasión cuando fui de vacaciones con mi esposa y mis cinco hijos en 1951. Yo me sentía frustrado por el alojamiento de segunda clase que había disponible para las familias y me sentía furioso de que hubiera un recargo de $2 dólares por cada niño. Eso era demasiado costoso para una familia promedio en Estados Unidos, de modo que me resolví a ofrecerles una alternativa. Le dije a mi esposa que iba a abrir un motel para familias con una marca en que las personas pudieran confiar que nunca se les harían recargos adicionales por los niños. Pensé que el número de hoteles correcto serían 400, de forma tal que la distancia entre uno y otro fueran 150 millas. Por supuesto hubo suficientes pesimistas que predecían el fracaso porque no existía nada remotamente similar a ese concepto en aquel tiempo.

No era de sorprenderse que Muñeca fuera una de mis mejores apoyadoras y una de las primeras en hacer su contribución. Fue el poder tras el trono y hasta diseñó la decoración de las habitaciones para los primeros cien hoteles. Como en todo negocio, tuvimos que afrontar enormes desafíos. Dado que el efectivo era escaso, tuvimos que dar durante años notas promisorias a nuestro empleados en la época de la navidad. Pero con las palabras de mi madre tan indeleblemente grabadas en mi corazón, nunca dudé que lográramos salir adelante. Quince años después, teníamos el sis-

tema de hoteles más grande del mundo, con uno de los nombres de mayor recordación en el negocio.

Es posible que no hayas comenzado la vida en lo mejor de las circunstancias. Pero si encuentras una misión por la cual valga la pena trabajar y cree en ti mismo, nada puede detenerte de alcanzar el éxito".

Kemmons Wilson

Kemmons Wilson fundó el primer Hotel Holiday Inn en 1951 y lo convirtió en la cadena hotelera más grande del mundo. Cuando se retiró en 1979, la compañía tenía 1,759 hoteles en más de 50 países, con una renta anual de mil millones de dólares.

EN SUS PROPIAS PALABRAS

"Si no puedes acudir a la policía, ¿entonces a quién? Ese fue el dilema que enfrenté hace once años cuando un residente se quejó de que la policía no acudía cuando se les llamaba por casos de violencia. Luego de investigar un poco más a fondo acerca de la queja, encontré a toda una comunidad clamando por ayuda. La gente había dejado de sentir orgullo por su vecindario. Habían permitido que se desarrollaran condiciones decadentes y las actividades ilegales se estaban tomando las calles. Mi corazón se conmovió por las circunstancias y me resolví a hacer algo al respecto.

Empecé a hacer limpieza a la manera antigua. Trabajando en mis horas libres, organicé un picnic en el parque, con un asado, para todo el que quisiera ayudar con las obras de limpieza. Se presentaron 190 personas y empezamos a trabajar. Removimos autos abandonados, quitamos los matorrales que habían crecido frente a las casas y pintamos decentemente los lugares donde se habían escrito grafitis.

Pero los distribuidores y consumidores de drogas todavía tenían el control de las calles, de modo que fui tras ellos con todo el impulso. El problema era que nuestro vecindario era una comunidad bastante estrecha, y yo terminé arrestando a los hijos, hermanos, amigos y parientes de las mismísimas personas que me estaban ayudando a hacer la limpieza. ¡Chispas!

Empecé a recibir amenazas contra mi vida. Un hombre fue arrestado por intentar asesinarme. La gente me desafiaba en las calles. Alguien pintó con pintura en aerosol el letrero "Maten a Wayne Barton" en una valla publicitaria. Con todo, yo sentía un fuerte llamado de Dios, y su mensaje era claro: "Mantente concentrado en tu propósito y no te detengas en el proceso". Yo estaba allí para permanecer y esperaba que con el tiempo la gente empezara a entender lo que en realidad estaba intentando hacer.

El punto de viraje ocurrió en una reunión con la comunidad donde los ánimos estaban caldeados. La gente estaba pidiendo que renunciara. Pero entonces una mujer llamada la señora Jackson se puso de pie y le dijo a la multitud: "Ahora puedo ir a recoger mi correo hasta la caja de buzón frente a mi casa y ya no tengo que dormir en el suelo temiendo que una bala perdida se clave en mi cabeza. No había paz, hasta que este hombre empezó a trabajar con la comunidad". A continuación, una entera oleada de personas continuó dando su propio testimonio. Esa reunión cambió el estado de las cosas.

Con el apoyo del departamento, abrimos un centro de estudio para los niños del vecindario con tres profesores que daban asesoría en tareas de 3:00 p.m. a 7:00 p.m. todos los días. También abrimos un laboratorio de computadores para los niños, desarrollamos talleres para los padres que querían obtener sus certificados de equivalencia de secundaria, y creamos un servicio de consejería de crédito para las familias que estaban planeando comprar su primera casa, y un paquete de otros servicios. Si la comunidad tenía un problema, yo intentaba encontrar la solución.

¡Qué diferencia puede lograr un año de trabajo! Con el tiempo, en vez de tirar piedras y botellas a la policía, los residentes de la localidad nos ovacionaban. Informaban de cualquier delito en nuestra línea de atención al usuario. Poco a poco se empezó a restaurar el sentido de comunidad y la gente empezó a asumir su propia responsabilidad para lograr el cambio. ¿Por qué? La recompensa estaba en que los niños de la comunidad podían jugar afuera sin experimentar temores, y esto ya ha ocurrido durante unos diez años.

Cuando uno enfrenta desafíos que se interponen con su meta, se debe mantener concentrado en su propósito y debe resolverse a superar los obstáculos que se presenten en el camino. Si perseveras, tu determinación inspirará a otros, y así, todos juntos, ¡se harán incontenibles!"

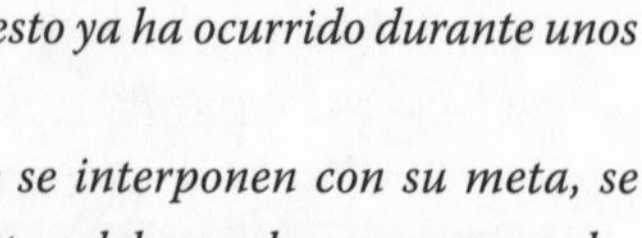

El oficial Wayne Barton ha sido oficial de la policía por 17 años y ha estado participando en programas para la comunidad durante 10 años en Boca Ratón, Florida. En el año 1988 recibió de parte de la revista *Parade,* el reconocimiento como mejor policía del año y en 1990 el premio Jefferson por servicio público sobresaliente.

"Cierto hombre de mayor edad
bajaba por un camino solitario en una tarde fría y gris.
Llegó a un sitio donde para seguir su camino
tenía que atravesar un estrecho y profundo abismo
a través del cual fluía una corriente recia.

La corriente no asustó al anciano,
y una vez estuvo del otro lado,
construyó un puente para pasar comunicar las dos orillas del abismo.

Al ver esto cierto peregrino que estaba cerca le dijo:
"Estás desgastando tus fuerzas al construir aquí,
tu viaje terminará al final del día;
nunca más tendrás que pasar por este sitio de nuevo;
ya cruzaste el abismo, estrecho y profundo,
¿por qué construir este puente ante semejante corriente?"

El anciano levantó su cabeza de cabellos grises
y dijo al peregrino:
"Amigo, en la senda que he transitado hoy,
vendrá también un joven cuyos pies
tendrán que recorrer este lugar.
Esta corriente recia que no fue nada para mí
para él podrá ser un gran escollo.
Él también tendrá que cruzar
en la penumbra del atardecer.
Mi querido amigo,
estoy construyendo el puente para él"".

—WILL ALLEN DROOMGOOLE
El constructor de puentes

Tu plan personal de acción

Tu potencial puede activarse para un buen propósito

El sentido de propósito puede encender tu potencial, proporcionándole significado y profunda satisfacción a tu vida. El propósito representa el porqué –por qué estás aquí– y cuál es tu vocación especial. El propósito es ese don único que traes incorporado y que puede contribuir al bienestar del mundo alrededor tuyo. A pesar de los desafíos que se puedan presentar, el propósito alimenta los esfuerzos y nos da la motivación para continuar.

Si el secreto de vivir una vida plena y significativa reside en vivir de acuerdo con tu propósito, entonces prevalece la pregunta: ¿Cómo pueden aquellas personas que no conocen su propósito, descubrirlo? Esta es una pregunta difícil pero a la vez importante porque la felicidad duradera depende de su habilidad para conocer la respuesta.

William Marsten, reconocido psicólogo, le preguntó a 3,000 personas: "¿Cuál es la razón de su existencia?" Los resultados demostraron que el 94 por ciento no tenía un propósito definido para sus vidas –¡94 por ciento! Bien se dice que "todo el mundo muere, pero no todo el mundo vive en realidad". Tristemente, la encuesta del doctor Marsten apoya esa declaración. Muchas personas viven lo que Thoreau denomina "vidas de desesperación en silencio", aguantando, esperando y preguntándose si el propósito de su existencia les ha de ser revelado de repente en un momento de inspiración divina. Mientras tanto, sencillamente sobreviven, van a través de las situaciones mecánicas de la vida, sin siquiera experimentar un chispazo de vida. Y ven cómo sus vidas van pasando rápidamente con un temor creciente de que éstas terminen sin experimentar el gozo verdadero o un sentido de propósito pleno.

¿Has tenido esa sensación alguna vez? ¿La sensación que algo está faltando en tu vida? Yo la experimenté. Durante cinco años estuve intentando con diligencia descubrir lo que quería hacer con mi vida. En ese tiempo trabajaba para una de las compañías de la revista Fortune 500 y mi trabajo me reportaba muchas satisfacciones, lo que incluía ingresos de seis dígitos. Pero a pesar que mi trabajo representaba varios desafíos, yo reconocía que esa no era la razón por la cual estaba en la tierra.

Y mientras tenía un trabajo de tiempo completo, dedicaba mis horas en la noche y los fines de semana a explorar nuevas oportunidades. Averigüé acerca de distintas compañías e investigué acerca de negocios que podía comenzar. Adquirí una licencia inmobiliaria, tomé cursos sobre importaciones y exportaciones, y hasta ayudé a un amigo a montar un show de compras por televisión, en el cual vendía obras de arte –solo para mencionar algunas de las cosas que hice. Así que, ¿qué andaba mal entonces? Mis esfuerzos eran difusos, y no tenía criterios de definición en relación con las oportunidades que investigaba. Si se presentaba alguna oportunidad financiera, que pareciera interesante y donde hubiera un alto potencial de ingresos, yo estaba interesada.

No fue sino hasta cuando descubrí mi verdadero propósito que experimenté auténtica dirección en mi vida. Una vez descubrí ese propósito, entonces tuve la forma de evaluar mis intereses y actividades tanto a nivel personal como profesional.

El proceso, y es un proceso, no ocurrió de la noche a la mañana. El proceso requirió paciencia y auto-reflexión –dos cualidades que son difíciles para la mayoría de nosotros. Pero una vez identifiqué mi verdadero propósito, mi vida se llenó de una nueva vitalidad. Al mismo tiempo, me llené de una completa sensación de paz con respecto a mi existencia y mi futuro.

Descubrir tu verdadero propósito en la vida puede hacer lo mismo por ti. Los siguiente ejercicios me fueron particularmente útiles al identificar mi propósito. ¿Por qué no intentas seguir estos pasos?

Paso 1: descubre tu propósito

Acción 1: Comienza escribiendo "Cómo me gustaría ser recordado". Alista las cualidades, las obras, y las características a través de las cuales te gustaría ser recordado por tu cónyuge, tus hijos, tus amigos, tus compañeros de trabajo, la comunidad y aún, por todo el mundo. Si tienes relaciones especiales con otras personas o grupos, tales como una iglesia, una sinagoga, un club o un equipo, inclúyelas en la lista. En el proceso de escribir, empezarás a descubrir los valores y las fuentes del verdadero significado en tu vida.

Para darte un ejemplo, yo escribí que quería ser recordada por mi esposo como una esposa amorosa, que siempre creyó en él, una compañera que siempre le animó a ampliar sus horizontes y a vivir su vida al máximo de su potencial. En cuanto a mi hijo, yo quiero ser recordada como una madre que siempre lo amó y creyó en él y le ayudó a ver que no existen límites con respecto a lo que él puede aportar, lograr y llegar a ser, si demuestra verdadero sentido de compromiso para alcanzarlo, cosas que yo misma deseo alcanzar.

Cuando comencé a realizar este ejercicio, involucrando a otras personas en mi vida, se empezó a hacer un patrón evidente, el cual indicaba mis valores más atesorados. Una y otra vez observaba que mi propósito, mi fuerza guiadora, era estimular a otros. Más específicamente mi propósito era animar a otros a que se hicieran mas conscientes de las muchas posibilidades para su propia vida y a emprender la acción e ir tras ellas. El animar a la gente es lo que realmente me entusiasma y donde mi don natural reside.

Una vez mi propósito se hizo claro, decidí escribir este libro, como parte de mi primer proyecto. Renuncié a mi trabajo y empecé a dedicarme de todo corazón a perseguir mi sueño con una pasión y un gozo que nunca había experimentado anteriormente. Ahora, cada proyecto que emprendo está en armonía con mi verdadero propósito. Y cuando participo en estas actividades, me siento viva, llena de energía, completa.

De acuerdo a Peter Druker (autor del libro, *"Managing the Non-Profit Organization"*), la pregunta *¿Cómo quiere ser recordado*? lleva a hacer toda una renovación personal porque hace que te veas a ti mismo como la persona que puedes llegar a ser.

A medida que realices este ejercicio, observarás los patrones que emergen y que demuestran cuál puede ser tu verdadero llamado. Ser específico respecto a esto puede constituirse en el logro más importante de tu vida.

> "Lo mínimo que puedes hacer en tu vida es descubrir cuáles son tus verdaderos anhelos, y lo que mejor puedes hacer es vivir dentro de los límites de esos anhelos. No los contemples desde la distancia, invítalos a vivir bajo tu propio techo".
> —Barbara Kingsolver

Acción 2: La siguiente tabla, diseñada por los autores Mark Victor Hansen y Jack Canfield para su libro *"Dare to Win"*, es una excelente herramienta para ayudarnos a definir nuestro propósito. Con el fin de ayudarte a completar la tabla, he suministrado una opción para cada columna. Este esquema de ninguna manera pretende estar completo; la intención es estimular tu pensamiento con a aquellas cosas que más te interesan.

	Columna 1	Columna 2	Columna 3
	Describe la *acción* que te visualizas realizando a favor de otros.	Describe a la *persona, organización o causa* que te gustaría servir.	Describe la *meta* que te gustaría alcanzar con esa persona, organización o causa.
Mi propósito en la vida es:			

Columna 1: De la siguiente lista, escoge las acciones que más se acomoden a tu vocación personal y a las cosas que más te llenan de entusiasmo. Escríbelas en el espacio en blanco de la columna 1. Lo más probable es que ya estés participando en estas acciones de algún modo.

ACCIONES

Reconocer	Educar	Ayudar	Elogiar
Avanzar	Aumentar	Iluminar	Promover
Aliviar	Capacitar	Mejorar	Preparar
Ayudar	Animar	Influir	Reclamar
Construir	Inscribir	Inspirar	Recordar
Comunicar	Entretener	Instruir	Renovar
Crear	Explorar	Liberar	Servir
Defender	Expresar	Escuchar	Fortalecer
Demostrar	Dar	Cuidar	Apoyar
Descubrir	Sanar	Organizar	Adorar

Columna 2: A continuación se presenta una lista breve de las clases de individuos, causas u organizaciones que pudieras estar interesado en ayudar. Utiliza esta lista para orientar tu pensamiento con respecto a individuos específicos, organizaciones o causas que más te interesen. Escoge una a la cual te interesaría contribuir y escribe tu selección en la columna 2.

PERSONAS, ORGANIZACIONES O CAUSAS

Abusadas	Necesitados	Discapacitados
Juventud en riesgo	Medio ambiente	Políticas sobre medio ambiente
Protección animal	Asuntos familiares	Pobreza
En duelo	Política	Vivienda para los pobres
Negocios profesionales	Personas sin hogar	Seguridad
Dependientes de fármacos	Derechos humanos	Adultos mayores
Niños	Hambre	Embarazos en la adolescencia
Protección de niños	Inmigrantes	Mujeres
Iglesias / sinagogas	Enfermos	Veteranos
Estudiantes universitarios	Alfabetización	Juventud
Asuntos comunitarios	Minorías	
Víctimas del crimen	Donación de órganos	

Columna 3: La tercera columna es para la meta o resultado final que quieras crear para el individuo, grupo o causa. Esta meta debe encerrar un asunto de valor, ideal, o propósito, al cual estés dispuesto a dedicar tu tiempo y recursos para hacerlo realidad.

METAS

Aprobación	Salud / vitalidad	Autoconfianza
Fe	Comodidad	Disfrute
Dejar un legado	Ser capaz	Vivir responsablemente
Logro	Independencia	Autoestima
Libertad	Seguridad	Igualdad
Amor	Competencia	Vivir la vida a plenitud
Ser el mejor	Gozo	Excelencia
Crecimiento	Autoactualización	Aprendizaje
Hacer una contribución	Dignidad	Servicio a otros
Creer en sí mismo	Justicia	

Aquí hay algunos ejemplos de tablas ya completadas:

	Columna 1	Columna 2	Columna 3
Mi propósito en la vida es:	Instruir	Jóvenes en riesgo	Aumentar la autoestima
Mi propósito en la vida es:	Educar	Al público (quién) sobre la importancia de la donación de órganos (causa)	Ayudar a salvar vidas
Mi propósito en la vida es:	Apoyar	A personas con discapacidades físicas	Ayudarles a desarrollar independencia

El propósito en la vida de Cynthia Kersey es	Animar, inspirar e instruir	A personas de toda clase de antecedentes en la vida	Ayudarles a estar conscientes de sus posibilidades y ayudarles a emprender la acción

Espero que para este momento estés empezando a tener una mejor comprensión de tu llamado o vocación. Muchas personas han encontrado que definir su propósito es un proceso gradual que se afina durante algún periodo de tiempo. Eso fue lo que precisamente ocurrió en mi caso.

No obstante, considera el retorno en la inversión. Una vez logres determinar la dirección en la cual vas y por qué, puedes literalmente ahorrar años de tiempo perdido al no ir tras actividades o vocaciones que tengan poca o ninguna conexión con tu verdadero sentido o propósito. La vida es demasiado corta como para dedicarla a actividades poco significativas.

Una vez que te hayas concientizado de tu propósito, ningún obstáculo te detendrá. Emergerás más feliz, más fuerte, más saludable, porque la claridad de propósito enciende el espíritu y sana el alma.

> "No hagas planes pequeños; estos no logran encender la motivación del hombre… Haz planes grandes… apúntale a lo alto y excelso".
>
> —Daniel H. Burhnham, arquitecto de Chicago

Paso 2: incorpora tu propósito a tu vida diaria

Una vez tengas definido claramente tu propósito, ya sabrás a dónde dirigir tus energías y esfuerzos. Ahora podrás empezar a establecer metas y a hacer planes que estén en armonía con tu propósito y te ayuden a construir una vida de mayor significado. Las metas presentes y futuras deberían ser examinadas a través de un solo criterio: ¿Contribuyen esas metas a tu propósito?

Encontrar el propósito de nuestra vida no significa que tengamos que dejar nuestro trabajo, deshacernos de nuestras posesiones materiales, o unirnos a una misión en Calcuta, a menos, por supuesto, que ese sea tu verdadero propósito. Tú puedes desarrollar tu propósito sin importar cuál sea tu trabajo actual. La historia del oficial Wayne Barton es un buen ejemplo de ello. Él tiene su empleo como oficial de policía, pero su trabajo es solo parte de su propio sentido más amplio de propósito, el cual consiste en hacer la diferencia en su comunidad. Sus metas y actividades, dentro y fuera de su trabajo, están enfocadas en desarrollar ese propósito.

Acción 1: Identifica la forma en la que puedes incorporar el propósito en tu vida –a través de tu trabajo, tu negocio o tu comunidad. Por ejemplo, digamos que tu propósito nace de un deseo de servir a la comunidad. Sin importar cuál sea tu vocación –doméstica, artística, comercial o cualquier otra– tu siguiente paso pudiera ser:

- Inscribirte en ese comité al cual le has estado diciendo que no.
- Ofrecerte como voluntario una vez al mes para ayudar a una persona.
- Apoyar a un nuevo empleado en tu lugar de trabajo.
- Apadrinar a alguien.
- Apoyar a *Love Letters* escribiendo a niños con serias enfermedades.
- Unirte a *Habitat Humanity* y ayudar a construir una casa para una familia en necesidad.
- Enseñarle a alguien a leer.
- Ir "la milla extra" para suministrar un mejor servicio a tu cliente o encontrar la solución a un problema más allá de tu responsabilidad laboral.

Haz el compromiso de emprender la acción esta misma semana. Haz esa llamada telefónica. Pronto, notarás cómo tus metas empiezan a tomar forma y cómo todo aspecto de la vida empieza a cooperar con tu propósito. Cuando eso suceda, tendrás la habilidad de vencer obstáculos como quizás nunca imaginaste.

> "No hay fracaso, excepto cuando dejamos de intentarlo. No hay derrota, excepto cuando proviene de nuestro interior. No hay barrera insuperable, excepto nuestra propia debilidad de propósito".
>
> —Elbert Hubbard

CARACTERÍSTICA NÚMERO DOS

La pasión alimenta la energía inextinguible

Cuando el propósito enciende el espíritu, genera un fuego inextinguible que arde en el corazón de toda persona que se convierte en líder. Ése fuego representa la pasión, la cual está vívidamente ejemplificada en las personas que estás a punto de conocer en este capítulo.

Si tú las conocieras, podrías ver esa pasión o entusiasmo arder en sus ojos, escucharla en sus voces, y sentirla en su presencia. La pasión alimenta su energía, les ha dado el impulso para enfrentar las frustraciones y los momentos difíciles y les ha suministrado alegría cuando las recompensas externas han sido escasas.

¿Vives tu vida con pasión? ¿Amas lo que haces? ¿Estás persiguiendo una carrera y unas metas que te alimentan con entusiasmo y energía inextinguibles? Si la respuesta a esas preguntas es no, no te desesperes. Después de leer estas historias, "Tu plan personal de acción" te indicará cómo identificar tu pasión y generar maneras de integrarlo a tus actividades diarias y a tu carrera.

Al vivir según tu propósito, y perseguir tus sueños y metas, consistente con tus habilidades naturales y deseos, podrás desarrollar una pasión inquebrantable. Y cuando eso suceda, ¡nada podrá detenerte!

> "Deberás encontrar algo que ames lo suficiente como para estar dispuesto a asumir riesgos por ello. Así podrás saltar barreras, y atravesar paredes y obstáculos que siempre aparecerán en el camino. Si no experimentas esa clase de sentimiento por lo que vas a hacer, desistirás ante el primer gran obstáculo que surja".
> —George Lucas

"SURGIENDO DE ENTRE LOS ESCOMBROS"

Se necesitaba de un milagro, ¡y él lo obtuvo!

Había pocas cosas en el mundo que Francisco Bucio deseara más que convertirse en cirujano.

Cuando Francisco tenía 27 años, parecía que todo iba bien y que iba en camino a alcanzar su meta. Su habilidad le había hecho ganar un lugar de práctica en el Hospital General de la Ciudad de México. En unos pocos años Francisco estaría en condiciones de empezar su práctica privada como cirujano plástico. Pero, entonces, el 19 de septiembre de 1985, el mundo de Francisco se derrumbó completamente.

Un terremoto, uno de los más grandes de la Historia, de 8,1 en la escala de Richter, cobró más de 4,200 vidas. Pero lo que nunca podrá cuantificarse es la cifra de sueños que el terremoto se llevó consigo.

Al comenzar los sacudones, Francisco estaba en una sala del quinto piso del hospital. Cuando el terremoto terminó, estaba en el piso del sótano, enterrado bajo toneladas de escombros. En total oscuridad, y mientras escuchaba los quejidos de su compañero de habitación, Francisco se dio cuenta que su mano derecha –la mano con la cual realizaba las cirugías– estaba aplastada bajo una viga de acero. A medida que luchaba frenéticamente contra el dolor y sin poder rescatar su mano, empezó a entrar en pánico. Como médico, sabía que sin circulación, su mano se pondría gangrenosa y si eso ocurría su mano tendría que ser amputada.

A medida que las horas pasaban, Francisco perdía y recuperaba la conciencia por momentos y cada vez se sentía más débil. No obstante, fuera del edificio, la determinación de la familia Bucio estaba haciendo historia. Su padre y seis hermanos se unieron a incontables voluntarios que excavaban frenéticamente entre los escombros con picas y palas. Su familia nunca perdió la esperanza. Cuatro días después, lograron llegar a donde estaba Francisco.

Los rescatistas profesionales dijeron que tendrían que cortar la mano de Francisco para poderlo liberar. Su familia, sabiendo del sueño de Francisco de convertirse en cirujano se rehusó. Entonces el equipo de rescate trabajó durante tres horas más con una grúa para levantar la viga que aplastaba la mano de Francisco. Una vez lo rescataron, lo llevaron de urgencia a otro hospital. En los meses que siguieron, mientras México luchaba por reconstruir su ciudad capital, Francisco Bucio luchaba para reconstruir su sueño.

El primer paso fue una operación de 18 horas, con la cual, los cirujanos esperaban salvar la mano afectada de Francisco. Pero a medida que los días pasaban, las esperanzas de Francisco se desvanecían. Los nervios de sus dedos no lograron regenerarse y luego de tres semanas, los médicos se vieron forzados a amputar cuatro dedos, dejando únicamente el dedo pulgar. Para ese momento, se armaba de valor para enfrentar lo que vendría; su meta era ahora la de salvar lo que le quedaba de su mano derecha. En pocos meses, Francisco tuvo que ser sometido a otras cinco operaciones. Luego de eso, su mano no funcionaba. Sin su mano derecha, ¿cómo podría operar a los pacientes? Francisco necesitaba un milagro.

Su búsqueda lo condujo hasta San Francisco, al doctor Harry Buncke, jefe de microcirugía en Davies Medical Center. El doctor Buncke era pionero en el trasplante de dedos para implantar dedos faltantes. Francisco se dio cuenta que el doctor Buncke era posiblemente su última esperanza, así que se prometió a sí mismo: "Si el doctor Buncke puede realizar una operación exitosa, yo me encargo del resto".

En la cirugía, el doctor Buncke reemplazó el dedo anular y el meñique con dos de los dedos de sus pies. Después de algún tiempo y mucho trabajo, Francisco pudo empezar a agarrar objetos entre su pulgar y sus dos "dedos". Aquello le permitió hacer tareas sencillas como abotonar su ropa. Luego de recuperarse completamente de sus extensas cirugías, Francisco se dedicó a una intensa terapia de ejercicio. Dedicaba incontables horas dolorosas a pegar taches en un tablero y luego con un lápiz y un taco de papel hasta cuando pudo hacer perfectamente su firma. El doctor Buncke le aseguró: "Una mano se rehabilita según sus propias necesidades. Si las exigencias son mayores, los resultados son mayores".

Luego de varios meses de rehabilitación intensa, Francisco regresó a Ciudad de México y realizó algunas tareas menores en el hospital, donde continuaba entrenando como un atleta olímpico. Por ejemplo, practicaba natación para acondicionar y fortalecer su mano, practicaba amarrando y desamarrando miles de nudos, suturaba con agujas sobre telas, colocaba trocitos de comida en cavidades diminutas, y deslizaba bolas de caucho sobre sus nuevos dedos. Al principio, realizar hasta los movimientos más simples era incómodo y frustrante. Pero Francisco persistía hasta que podía realizar cada tarea con precisión. De igual forma, continuaba desarrollando el uso de su mano izquierda y se entrenaba para ser ambidiestro.

Entonces llegó el día en que Francisco tuvo que enfrentar su prueba más crítica.

Cierto residente experto había estado observando el progreso de Francisco, el cual consistía desde limpiar heridas hasta ejecutar procedimientos quirúrgicos simples como remover lunares. El médico le pidió a Francisco que le asistiera en una cirugía de un hombre cuya nariz estaba rota. El procedimiento era extremadamente delicado y Francisco asumió que simplemente tendría que pasar los instrumentos. Pero cuando el residente se preparaba para remover el cartílago de la costilla del hombre para injertarlo en la nariz, se dirigió a Francisco y le dijo: "Tú extraes el cartílago".

Aquel era el momento de la verdad para Francisco y él lo sabía. El éxito de ese procedimiento significaría su regreso a la cirugía, o quizás un terrible retroceso. Llenándose de ánimo, Francisco removió diligentemente el cartílago. Lo que le hubiera tomado a otro cirujano hacer en 10 minutos a él le tomó una hora, pero aquella fue una hora de triunfo. Más tarde, cuando se refirió a esta cirugía dijo: "Este procedimiento exigía una altísima dosis de habilidad y cuando lo logré realizar, ¡me di cuenta que podría hacer cualquier cosa!".

En la actualidad, Francisco Bucio es un respetado cirujano plástico que ejerce su profesión en dos instituciones médicas en Tijuana y ofrece una amplia gama de servicios. Parte de su tiempo lo ofrece como voluntario, trabajando con los pobres, corrigiendo paladares partidos de niños de escasos recursos, así como realizando cirugías reconstructivas en niños, víctimas de las quemaduras. Él dice: "Habiendo tenido que soportar seis operaciones, puedo entender mejor a mis pacientes –sé muy bien lo que es sentir miedo".

Algunas personas se refieren a él con la expresión cariñosa "el cirujano que opera con los pies". Francisco no se molesta por ello. Sonriente responde: "Es cierto que mi mano no se ve muy bonita, pero funciona excelentemente. Es el milagro que me permite hacer el trabajo que más amo hacer y que me permite aportarle a aquellos que como yo, necesitan de un milagro."

"En la vida todos enfrentamos obstáculos de una clase o de otra. Pero si permitimos que nuestra pasión más profunda nos sirva de inspiración, estaremos en condiciones de atravesar los obstáculos y hacer que nuestros sueños se conviertan en realidad".
—Dr. Francisco Bucio

Escoge hacer algo que te encante hacer.

"Solo las pasiones, las grandes pasiones, pueden elevar el alma para lograr cosas grandiosas".

—DIDEROT

* * *

"CADA COSA QUE SOÑABA DESPIERTO SE CONVERTÍA EN UN LIBRETO DE HOLLYWOOD"

La pasión construyó el camino

Desde el principio parecía claro que J. Cannell no lograría mucho. En la escuela todavía luchaba para aprender a leer cuando sus compañeros ya participaban en tareas mucho más avanzadas. En consecuencia, sus maestros hicieron lo que se solía hacer allá en los años 50 –lo suspendieron. Lo suspendieron en su primer grado, en esa edad delicada cuando los niños empiezan a desarrollar su potencial y su sentido de autoestima. De nuevo lo suspendieron cuando iba en cuarto año, pero esta vez le pidieron que abandonara la escuela –algo que ellos podían hacer libremente porque la escuela era privada. Lo que siguió a continuación para Stephen fue la escuela remedial, donde el personal atribuyó sus dificultades en la lectura a problemas visuales. A pesar de que Stephen demostraba tener una visión 20/20 fue obligado todos los días a realizar durante una hora tediosos ejercicios para la vista.

Las cosas no mejoraron mucho cuando se matriculó en una prestigiosa escuela de secundaria en Connecticut. En 10 grado de nuevo fue suspendido y de nuevo se le solicitó que abandonara la institución. Trasladado a otra escuela, Stephen repitió 10 grado y al final logró graduarse como el último de la clase.

Después de años de estas experiencias desmotivantes, a la edad de 35 años, Stephen descubrió que tenía dislexia –una dificultad del aprendizaje que de ningún modo tiene que ver con la inteligencia. Hoy en día la dislexia puede diagnosticarse y ser tratada en las etapas tempranas de desarrollo. Sin embargo, cuando Stephen era de edad escolar, los niños con dislexia con frecuencia eran catalogados como "lentos" y "tontos." Muchos años antes de la experiencia de Stephen otros jóvenes con dislexia habían sufrido la misma humillación. Habían sido Albert Einstein, Thomas Edison, y Hans Christian Andersen.

Uno asumiría que las experiencias académicas de Stephen lo habrían dejado sin autoestima ni ambiciones. No obstante, él tenía varios puntos positivos a su favor: demostraba excelentes habilidades en el fútbol y en las carreras de pistas; contaba con un padre que también había experimentado sus propias frustraciones académicas en su vida y quién más tarde descubrió que también había sufrido del mismo desorden de aprendizaje que su hijo, cuya imaginación era maravillosa, aunque sus notas eran deficientes.

Y, ¡qué imaginación! Mientras que los demás estudiantes se esforzaban por alcanzar las mejores notas y reconocimientos, Stephen miraba por la ventana y soñaba despierto. Su padre lo llamaba el "cuenta historias" porque siempre se inventaba historias para entretener a otros niños. La lectura de Stephen era lenta y su memoria era débil, pero su imaginación era rápida y poderosa.

En el año 1961, una beca deportiva condujo a Stephen a la Universidad de Oregon. No obstante, más adelante perdió la beca debido a su bajo desempeño académico. Mientras estuvo en la universidad, Stephen conoció a Ralph Salisbury, un profesor animoso a quien le gustaba escribir. Él le enseñó a Stephen a transformar la fantasía en texto escrito. De aquella experiencia, Stephen decidió convertirse en escritor profesional –una decisión que resultaba particularmente sorprendente para alguien que había sido suspendido de casi todos los cursos de lenguaje. Él mencionó más tarde: "Puesto que yo era el chico más rezagado de la clase, convertirme en escritor nunca había pasado por mi mente. Yo siempre había escrito para mi propia entretención, lo que era muy divertido; aquello hacía que la presión se disipara".

Luego de terminar su educación, Stephen empezó a participar un poco reacio en el negocio de la familia (decoración y diseño interior). Pero él no tenía ningún interés en el negocio. Cuando regresaba a su casa en las noches, se sentaba en su máquina de escribir y redactaba historias. Lo que al principio era una hora cada noche después del trabajo, al poco tiempo se convirtió en dos horas. Un poco más adelente, Stephen estaba dedicando al menos cuatro horas todas las noches a escribir historias cortas; argumentos para televisión y cine, y otras historias producto de su fértil imaginación.

Stephen comentó: "Muy en mi interior pensaba que quizás no era el chico más brillante. Pero mi actitud era, ¿a quién le importa? No quiero pensar mucho en eso". Stephen había identificado una vocación que lo satisfacía al cien por ciento, y donde hay pasión, existe muy poco espacio para la duda.

La carrera de Stephen como escritor comenzó en 1966 cuando vendió un libreto para televisión de la serie llamada *"Adam 12"*. Desde aquella primera venta, él ha creado o co-participado en la creación de más historias que cualquier otra persona en la historia de la televisión, lo que incluye obras como *The Rockford Files, Baretta, The A-Team, Hunter, Riptide, Wiseguy,* y *The Commish.* Stephen también se convirtió en el productor independiente más grande de producciones de televisión en horarios de máxima audiencia y ha recibido un buen número de premios Emmy. Con el tiempo él estableció su propio estudio, el cual ha sobrepasado las cifras de producción en más de mil millones de dólares. En el momento está trabajando en su tercera novela y tiene varios programas de televisión al aire y otros que están en proceso de desarrollo.

Stephen todavía recuerda su asombro cuando el revisor de uno de sus primeros programas lo llamó "brillante y genio emergente". Nunca le había sucedido que lo llamaran brillante. No obstante, había tenido la bendición de tener unos padres comprensivos y amorosos que le habían animado a perseguir su pasión y realizar sus sueños. En la actualidad Stephen se refiere a su padre como su mejor amigo y mentor y mantiene una fotografía de su padre en la pared de su oficina.

Stephen J. Cannell no solo venció el desafío de su dislexia, sino que también la utilizó para su propia ventaja. Muchos de sus personajes más atractivos son personas extrovertidas, inconformes como él. Stephen considera que sus desilusiones en la vida le ayudaron a desarrollar una valiosa resistencia y el deseo de "salir adelante" en el negocio. Y sobre todo, el mundo de imaginación y fantasía que desarrolló como refugio en su juventud se convirtió en un terreno fértil que ha sabido explotar como escritor y libretista de programas de televisión.

La pasión de Stephen por compartir sus ideas e historias con el mundo, permitieron que aquel estudiante que fuese suspendido varias veces en la escuela, se convirtiera en una de las figuras más notables de la industria de la televisión –alcanzó el éxito haciendo lo que más le gustaba.

> "Aparte de mi esposa y mi familia, lo que más me ha ayudado a alcanzar logros en mi carrera ha sido que he podido dedicarme a hacer lo que más me gusta".
> —Stephen J. Cannell

"Asegúrate que la carrera que
escojas sea una que disfrutes.
Si no disfrutas lo que estás haciendo,
será muy difícil que le dediques el tiempo adicional,
el esfuerzo y la devoción que se necesitan
para alcanzar el éxito.
No obstante, si descubres
que tu carrera es agradable y la disfrutas,
entonces harás todo lo que se necesite.
Darás gustosamente de tu tiempo
y de tus esfuerzos y no sentirás que estás haciendo
un sacrificio para alcanzar el éxito".
—KATHY WHITWORTH, *golfista profesional*

* * *

"ELLA LE DIO UN NUEVO IMPULSO AL NEGOCIO DE LOS ZAPATOS"

¡Luego le puso el alma!

¿Por qué no? Eso fue lo que Sheri Poe preguntó cuando ella y su amiga terminaron su clase de ejercicios con dolores de espalda y pies adoloridos debido a la forma de sus zapatos. Sheri hizo algo de investigación y descubrió que los zapatos deportivos para mujer eran simplemente versiones más pequeñas de los zapatos para hombre, a pesar que la forma del pie de la mujer es diferente. Ella y su esposo, Martin Birrittella, habían estado pensando en cuál sería el negocio que les gustaría tener y entonces pensaron: "¿Por qué no?" ¿Por qué no empezar una compañía que produzca zapatos deportivos diseñados específicamente para los pies de las mujeres? Zapatos cómodos y que ajusten bien.

Pero la gente estaba más que dispuesta a decirles a Sheri y a Martin por qué no. En primer lugar, la pareja no tenía capital ni experiencia en la industria. Los expertos dijeron que era más que descabellado intentar competir con Nike y Reebok, enormes compañías que dominaban el mercado de los zapatos deportivos. Además, ni Sheri ni Matin contaban con un título profesional. Los estudios de Sheri habían sido interrumpidos cuando fue violada en su primer año de universidad. El traumático suceso había sido seguido por años de bulimia, hepatitis y otros problemas de salud que se derivaron del ataque. La dedicación de Sheri al ejercicio físico le ayudó mucho en su proceso de recuperación. Habiendo superado el mayor obstáculo –recuperarse de semejante ataque a la integridad física– Sheri sabía que podía enfrentar cualquier desafío implicado en la creación de un zapato de perfecto ajuste para las mujeres.

Al principio, ella hizo su primer trabajo de campo con relación al pie. Haciendo la función de estudiante universitaria pasó meses entrevistando a cientos de clientes y vendedores de zapatos deportivos. Su trabajo de investigación confirmó que había una verdadera necesidad de producir zapatos deportivos específicamente para mujer.

Para obtener fondos, Sheri y su esposo tomaron un préstamo hipotecando la modesta casa que tenían y pidieron prestado dinero de sus amigos, familiares y cualquiera que compartiera entusiasmo por el proyecto. Entonces se aventuraron a buscar socios capitalistas para obtener financiación más solida. "La respuesta fue siempre la misma" recuerda Sheri, "decían que era desacertado pensar que pudiéramos incursionar en un mercado sin tener experiencia en la industria y crear una marca nueva en un mercado tan competido. Sugerían que lleváramos la idea a Nike o a Reebok y que nos olvidáramos de intentar hacerlo por nosotros mismos".

"Pero nosotros iniciamos Rykä porque sabíamos que la necesidad era grande y que nadie estaba atendiendo esa demanda. Soñábamos con algún día ver nuestros zapatos siendo utilizados por instructores de aeróbicos, en las tiendas de distribución y también tener un lugar al lado de Nike y Reebock en una gran convención. La idea era tan emocionante que cualquier cosa negativa que escuchaba ni siquiera importaba".

Aún así, no era fácil. El sueño de esta pareja requería de una gran inversión de capital y los socios capitalistas sugerían que la mejor manera de obtener el dinero era vender al publico las acciones de esa compañía. Después de varios meses, Sheri y Martin encontraron un banco inversionista que consideró que la idea de "hacer zapatos deportivos para mujeres hechos por una mujer" era una idea genial. El banco les dio un préstamo de USD $250,000 y una carta con la intención de vender acciones al público en la primavera de 1988. Sheri y Martin ya estaban en el camino correcto.

La pareja dice que el tiempo lo es todo, pero el tiempo nunca parecía estar del lado de Sheri y de Martin. Justo antes de anunciar la venta de acciones al público, el mercado de acciones se fue al piso. "Yo entré en estado de shock", recuerda Sheri. "¿Cómo habríamos de hacer pública una oferta de acciones en un momento como ese?" Ellos se imaginaban que pronto iban a recibir una llamada del banco solicitando el dinero de vuelta. Pero sucedió lo contrario, al día siguiente llamaron del banco para decir que había un tremendo interés en Rykä y que entonces iban a aumentar un poco el precio de las acciones.

Rykä, Inc., se hizo una empresa con participación accionaria cinco meses después. La oferta consiguió 4 millones de dólares antes que Rykä vendiera un solo zapato. El futuro se veía promisorio. La pasión inquebrantable de Sheri y Martin les había ayudado a vencer un gran obstáculo. No obstante, en los meses siguientes ellos necesitarían continuar manifestando ese mismo entusiasmo.

El primer par de zapatos especialmente diseñado llegó y Sheri los probó. Su corazón se contrajo. ¡Los zapatos no eran ni la más mínima sombra de lo que ella había diseñado! El fabricante había utilizado la plantilla equivocada y sencillamente había hecho la versión más pequeña de un zapato para hombre. El punto focal de la empresa se había perdido, y para ese momento, miles de zapatos habían sido enviados a los distribuidores por todo el país.

Sheri actuó con rapidez. Se contactó con los distribuidores y compradores clave y les explicó el problema en la producción. Las tiendas devolvieron los zapatos y a continuación Sheri hizo que los zapatos fueran fabricados de nuevo de acuerdo a las especificaciones originales.

Rykä estaba de nuevo en el negocio pero había perdido toda una temporada de ventas. La pérdida de tiempo fue un gran retraso. Sheri sabía que tenía que hacer publicidad de su nuevo producto y de forma rápida. Con fondos limitados, diseñó un programa donde algunas mujeres servirían de publicidad para el producto –las instructoras de aeróbicos. Ella ofreció sus zapatos a las instructoras a un precio especial y las desafió a poner a prueba el producto. Luego de utilizar los zapatos, las instructoras notaron de inmediato la diferencia. De modo que ellas, dieron a conocer, a través del boca a boca, las ventajas del producto. En seguida, se desarrolló todo un movimiento popular.

Entonces llegó el momento de expandir horizontes y otro *¿por qué no?*, se le ocurrió a Sheri. En el año 1987, casi no habían mujeres ejecutivas en la industria del calzado atlético para mujeres. Sheri quería capitalizar su singularidad, y puesto que Rykä no tenía fondos para una campaña de publicidad nacional, ella diseñó un plan alternativo: Sheri llevó su historia a los medios. Contrató una compañía de relaciones públicas cuyos servicios no eran muy costosos y envió un par de zapatos y una carta contando la historia de Rykä a los editores de las principales revistas y periódicos. Su estrategia funcionó. En el término de un año, Sheri fue nominada como *Mujer empresaria* y *Mujer trabajadora* y su nombre apareció en docenas de artículos de publicaciones comerciales en la industria de artículos deportivos.

Una mujer destacada a quien Sheri le envió su paquete fue Oprah Winfrey. Cada cierto tiempo Sheri enviaba cajas de zapatos y camisetas a Oprah y su equipo de colaboradores intentando llamar su atención. Entonces, un día sonó el teléfono. Era el productor de Oprah invitando a Sheri a participar en su show. "Quedé estupefacta", recuerda Sheri, "me quedé sin aliento y casi ni podía respirar". El productor dijo que originalmente Sheri no había estado en la lista de Oprah, pero que durante una reunión del personal, habían estado considerando el caso de varias mujeres empresarias para un show futuro, entonces Oprah notó las cajas de los zapatos de Rykä, apiladas en un rincón del lugar y dijo: "¿Qué hay de la mujer de Rykä?"

La presentación de Sheri en el show era la oportunidad de mostrar sus zapatos innovadores a la audiencia de todo el país, especialmente a millones de mujeres televidentes. En pocas semanas todos los zapatos de Rykä se vendieron y la compañía no tuvo reservas en su inventario. Lo que en un principio fue una bonanza comercial, se convirtió en un momento difícil que le tomó a Rykä tres meses de recuperación, ese fue el tiempo que le tomó a Sheri reorganizar su compañía para satisfacer la demanda.

Algunos años después ocurrió otro evento inesperado y este ocurrió en conexión con la Princesa Diana de Inglaterra. Actuando por impulso, y luego de leer acerca de la confesión en público de la Princesa Diana acerca de su lucha contra la bulimia, Sheri le escribió una carta expresándole simpatía y solidaridad, en esta carta Sheri compartió su propia historia. Sheri escribió no como una fan, o como fabricante de zapatos, sino como sobreviviente comprensiva. A fin de asegurar que la carta llegara a la Princesa Diana, Sheri le solicitó a su distribuidor en el Reino Unido que le localizara el nombre de la entrenadora de ejercicios de la Princesa Diana. Sheri envió un paquete a la entrenadora y ella estuvo de acuerdo en entregar la nota y un par de zapatos a la princesa. La carta de Sheri produjo resultados inesperados. Durante los siguientes tres meses, todas las fotos en las que aparecía la princesa Diana, se le veía utilizando zapatos Rykä.

Las mujeres de todo el mundo vieron los zapatos y la venta de zapatos se incrementó de forma impresionante. En 1994, las ventas de Rykä alcanzaron los 15 millones de dólares. Pero pese a todo ese éxito, Sheri sentía que a la compañía todavía le hacía falta algo. "Somos solo una compañía que vende productos a las mujeres. Siento la necesidad de contribuir a nivel corporativo al bienestar de las mujeres. Siempre he pensado que si mi compañía se vuelve rentable, quiero hacer la diferencia".

Consciente que la primer causa de lesiones, en el caso de las mujeres, es la violencia doméstica, Sheri fundó *Regaining One's Self-Esteem (ROSE)*, una fundación privada, sin ánimo de lucro, que suministra recursos, para centros de refugio, centros de educación y centros de atención para mujeres víctimas de violación. Adicionalmente, cada par de zapatos Rykä lleva una etiqueta que le ofrece a las mujeres algunas recomendaciones sobre cómo mantenerse protegidas y qué hacer en caso de ser atacadas.

Sheri Poe le dio a la industria de artículos deportivos un campanazo de alerta sobre la importancia de pensar en las necesidades de las mujeres. Desde entonces, la industria de zapatos deportivos para mujeres ha crecido hasta convertirse en una industria de cinco billones de dólares. Rykä se fusionó con Global Sports, Inc., y continúa vendiendo zapatos especialmente diseñados para el pie de la mujer. En la actualidad, Sheri continúa siendo la vocera de Rykä y ahora está trabajando en otra de sus pasiones empresariales, la de desarrollar productos para los niños.

Gracias a la pasión y a la determinación de Sheri Poe, las mujeres pueden utilizar zapatos que se ajustan a sus necesidades. Y aún, de forma más sobresaliente, la venta de esos zapatos significa que miles de mujeres que han sido sometidas a abusos ahora estén en una condición más segura.

"¿Por qué no?"

"Creo que la razón por la que pudimos lograr esto fue porque vimos que había una necesidad en el mercado, teníamos una pasión increíble y nos comprometimos a hacerlo posible. Nuestro entusiasmo era totalmente contagioso y encontrarnos personas que nos querían ayudar".

—Sheri Poe

"Nuestros funcionarios están en este momento estudiando tu solicitud de crédito".

"El arma más poderosa que existe en la tierra es el alma humana en plena acción".

—MARSHALL FOCH

* * *

"BAILANDO AL RITMO DE SU CORAZÓN"

Una profesional frustrada logra un escenario mejor

Tal vez era el tick tack del reloj de su oficina. Tal vez era esa voz insistente en su mente la que no podía ser silenciada a medida que los años iban pasando.

Lo que fuera que haya sido, fue lo que cierto día motivó a Robyn Allan a salir de su oficina, a tomar un taxi y a dirigirse a hacer lo que más deseaba en su vida –bailar.

"Juré que sin importar las consecuencias, me introduciría en ese taxi, e iría a tomar clases de baile una vez más. Cuando iba en el taxi, me sentía terriblemente culpable por salir a la hora indicada en vez de quedarme más tiempo a trabajar como lo hacía siempre. Pero la siguiente vez que lo hice fue más fácil. Y cada vez se empezó a hacer más fácil".

Robyn era una economista exitosa y tenía una posición de prestigio en una institución financiera de Canadá en Vancouver. Tenía dos hijos maravillosos y una casa adorable. No obstante, algo le hacía falta. Se sentía incompleta. Desde la edad de 16 años, cuando tomó su primera clase de baile, ella siempre había deseado con toda su alma ser bailarina. No obstante, puesto que había estudiado baile una que otra vez y había bailado de forma semi-profesional, nunca había demostrado el talento necesario para triunfar en este arte. El tema de los negocios se había hecho más fácil. Recibió una maestría en Economía y emprendió una carrera exitosa.

"Mis padres me habían enseñado que uno hace lo que puede hacer bien, y que si no puede ser excelente en algo, es mejor no hacerlo. Puesto que yo había sentido pasión por el baile pero no había demostrado talento para la grandeza, siempre había habido una increíble lucha interior de amor y odio respecto a si debía continuar o no".

Haciendo caso a sus padres y ajustándose a lo que ella pensaba que la sociedad esperaba de ella, Robyn sepultó su pasión y se dedicó a su familia y a su carrera. Sin embargo, nunca dejó de soñar despierta con producir y realizar completamente una obra de teatro, a la vez que se convencía a sí misma que no tenía el tiempo, la habilidad, la creatividad ni el dinero para llevar a cabo tal empresa.

Entonces, cierto día mientras llegaba a su oficina, tuvo un pensamiento que la aterrorizó. Ella tenía 32 años pero se imaginó como una mujer anciana, sin poder bailar en el escenario, mirando atrás a una vida de sueños no realizados. En ese momento, ella tuvo un arranque de resolución –iba a crear un show, aún si la gente se reía, aún si tuviera que bailar en un teatro con sillas vacías. Ese fue el mismo día que se introdujo en el taxi para retomar sus lecciones de baile con resolución inquebrantable.

Cuando se combinan la pasión y el compromiso se tiene la fórmula para lograr grandes cosas. A los pocos días de la decisión de Robyn, una amiga le trajo un artículo sobre Andravy Mayes, un coreógrafo de Los Ángeles que estaría dando unas lecciones en la cercana White Rock. Al principio, Robyn vaciló un poco, pero luego se armó de valor y lo llamó. "Fue como magia, lo primero que hicimos después de conocernos fue empezar a trabajar en mi sueño".

Ambos, en sus horas libres, escribieron *"Don't Break the Glass"*, una comedia musical basada en la vida de una mujer intentando hallar su lugar en el escenario y en su vida. Ambos coreografiaron las piezas de baile, asumieron roles importantes en la obra y diseñaron el papel de otros actores y actrices para completar la obra. Andravy era justo el profesor y socio que Robyn necesitaba. "Él sabía cómo hacer que mis fortalezas se destacaran y tuviera mi mejor perspectiva, tal como un fotógrafo experto busca la mejor iluminación y el mejor ángulo de la cara. Como experto en baile, sabía lo que mejor me funcionaba y lo que no".

Aunque Andravy sabía cómo destacar las fortalezas de Robyn, ella encontraba el trabajo bastante exigente. La producción necesitaba de compromiso total y perseverancia aún en los momentos en que las cosas no salían bien. Pero a medida que Robyn ensayaba más y más, las cosas empezaron a encajar en su lugar.

La gran sorpresa de Robyn fue descubrir que no tenía que sacrificar las demás áreas de su vida para poder ir tras sus sueños. "Siempre había creído que si uno hace algo que requiere de un gran esfuerzo, otras cosas tenían que sufrir, como los hijos o la carrera. Pero lo que realmente sucedió fue que de hecho me hice más productiva y logré mayores resultados en mi trabajo que nunca antes. Renové mi confianza y sentido de logro lo que empezó también a reflejarse en mi trabajo. También era mucho más agradable y espontánea cuando estaba con mis hijos. Ellos participaban conmigo en el show, controlando la entrada y trabajando en las luces, lo cual les encantaba. El tiempo que pasábamos juntos como familia era mejor, mucho mejor".

Siete meses después que Robyn se conociera con Andravy, "*Don't Break the Glass*" abrió sus puertas exitosamente en Vancouver. La obra tuvo tan buena acogida que Robyn y Andravy extendieron su oferta llevando la producción a White Rock. Robyn comenta: "La gente se sentía muy identificada con el argumento de la historia. Muchas personas tienen deseos que nunca cumplen. Y muchos se pierden la oportunidad de descubrir el inmenso tesoro del autodescubrimiento –el baile entre lo que son y lo que pueden llegar a ser".

Robyn continuó con sus dos carreras, tanto en la oficina como en el escenario. Ella a su vez se convirtió en la presidente de Insurance Corporation de British Columbia, la compañía de seguros más grande de Canada. Ahora, como presidente de su compañía, es mucho más solicitada en su negocio como consultora y para pronunciar discursos. Sin embargo, Robyn ha hallado el tiempo para producir, coreografiar y actuar en cuatro musicales ante grandes audiencias y excelentes elogios. Robyn Allan completó lo que hacía falta en su vida, escuchando la música de su propio corazón.

> "Muchos de nosotros sentimos miedo a seguir nuestra pasión e ir tras lo que más anhelamos porque eso significa asumir riesgos y hasta enfrentar el fracaso. Pero perseguir tu propia pasión con todo tu corazón y alma ya es en sí mismo alcanzar el éxito. El gran fracaso consiste en nunca haberlo intentado".
> —Robyn Allan

"Prefiero ser un fracaso haciendo lo que más me gusta que un éxito haciendo lo que odio".
—GEORGE BURNS

* * *

EN SUS PROPIAS PALABRAS

"Sin ninguna duda, un atributo que ha contribuido mucho a alcanzar las cosas que he logrado, es mi entusiasmo. No me asusta entusiasmarme por las cosas, y he descubierto que la pasión es contagiosa.

Esta actitud me ha funcionado no solo en el negocio del entretenimiento, sino con los proyectos de ayudar a otros. Y estos últimos han resultado ser aún mucho más gratificantes que mi propio éxito o mi propia carrera. Uno de esos proyectos sin ánimo de lucro fue el proyecto Hands Across América, el cual produje en 1986. La inspiración vino del proyecto Usa for Africa y la campaña We Are the World, en la que docenas de grandes músicos y cantantes se reunieron para grabar una canción que recaudó 60 millones de dólares para alimentar a las familias que sufrían de hambre en el áfrica. De mi participación en la organización del evento We Are the World, desarrollé la idea de crear una cadena humana en todos los Estados Unidos en la festividad de "Memorial Day", en 1986 donde se hiciera público nuestro cometido de resolver el problema del hambre y de las personas sin hogar. Por descabellado como parezca, lograba visualizar a millones de personas uniendo sus manos para conformar una cadena continua de más de cuatro mil millas en 17 estados.

Cuando al principio empecé a compartir la idea, la gente decía que aquella idea era fantástica aunque físicamente imposible. Francamente yo tampoco sabía cómo era que iba a lograrlo todo. Pero estaba completamente entusiasmado con ello y tenía absoluta fe que eso ocurriría. Llevé la idea a Sergio Zyman, vicepresidente de mercadeo de Coca-Cola, y lo convencí de la idea de invertir cinco millones de dólares para hacer el proyecto una realidad. Con ese dinero empezamos a organizar el evento y rápidamente nos dimos cuenta cuán intimidante era lo que habíamos emprendido. Teníamos que procesar montañas de papeleos y concertar acuerdos con las distintas comunidades. El solo seguro costó tres millones de dólares.

Los medios empezaron a atacar la idea desde el principio y Hands Across America se convirtió en el tema de chistes y de comedias. Hasta yo mismo dejé de sentarme en la silla de avión de la ventana para evitar ver las interminables millas de camino que de alguna manera tendríamos que llenar con personas.

Todos los días volaba entre tres y cuatro ciudades diferentes, para dar discursos en la televisión y conceder entrevistas, intentando animar a los posibles voluntarios. Y sin embargo a menos de dos meses antes del evento del 25 de mayo, teníamos menos de un millón de personas inscritas en nuestras listas, lo que representaba menos del 20 por ciento de las personas que necesitábamos. Pero proseguimos adelante, promocionando el evento y animando a los americanos a unirse.

En este festivo de 1986, 5.5 millones de hombres, mujeres y niños, de todas las razas, credos y color de piel estrecharon sus manos. Aparte de recaudar 34 millones de dólares, Hands Across America se convirtió en el evento de participación más grande de la Historia y en un símbolo de generosidad que observaron cientos de millones de personas en el mundo.

Si deseas lograr grandes cosas en tu vida, tienes que asumir riesgos. El primer riesgo es atreverte a sentirte completamente entusiasmado por lo que quieres lograr. El entusiasmo es la clave para vencer las barreras, sea que tu meta sea la de llegar a una sola persona o a millones de personas".

Ken Kragen es uno de los productores y managers más exitosos y respetados en Hollywood. Maneja las cuentas de Kenny Rogers, Travis Tritt, Trisha Yearwood y Lionel Richie.

EN SUS PROPIAS PALABRAS

"Muy temprano en la vida me resolví a no permitir que las opiniones de las otras personas me detuvieran de perseguir mi pasión para llegar a convertirme en una intérprete de Música. Crecí en una hacienda al noroeste de Escocia y empecé a tomar lecciones de piano a la edad de ocho años. Entre más crecía, más aumentaba mi pasión por la Música. Pero también, de forma gradual empecé a perder mi sentido del oído. Los médicos concluyeron

que un daño irreversible en el nervio auditivo era la causa del problema, y para la edad de doce años era completamente sorda. Pero mi entusiasmo por la Música nunca se apagó.

Mi meta era llegar a ser una solista de percusión, aún cuando en la época no había ninguna. Para tocar, aprendí a "escuchar" la música de una manera diferente a los demás. Puedo sentir la elevación de una nota a través de las vibraciones que siento a través de mi cuerpo y a través de mi imaginación. Mi mundo de sonidos existe haciendo uso de casi cada fibra de mi ser.

Me resolví a ser considerada una intérprete de Música, no una artista sorda, de modo que apliqué a la prestigiosa Royal Academy of Music de Londres. Ningún otro estudiante había hecho esto antes y algunos profesores se opusieron a mi admisión. Con base en mi desempeño fui admitida y finalmente me gradué de la academia con los más altos honores.

Después de eso, me convertí en la primera percusionista solista de tiempo completo. Escribí e hice los arreglos de numerosas composiciones musicales, puesto que se habían escrito muy pocas para percusionistas solistas.

He sido solista por más de 10 años porque me resolví a que solo porque mi médico había diagnosticado que estaba completamente sorda, aquello no iba a impedir que mi pasión por la Música fuera desarrollada. Yo animaría a las demás personas a no permitir que otros los definan o los limiten. Sigan tras su pasión, sigan su corazón. Estos les guiarán al lugar a donde desean llegar".

Evelyn Glennie es reconocida como la primera mujer solista de percusión. Ella participa en unos 120 conciertos al año y ha grabado nueve álbumes.

Tu plan personal de acción

Aviva tu pasión

La pasión genera un amplio suministro de energía mucho más abundante que las vitaminas, el ejercicio o cualquier otro remedio de salud que puedas imaginar. Cuando uno siente pasión por lo que hace, no es solo el destino final el que importa, más bien es el viaje completo. Desde el principio hasta el fin el viaje se convierte en una aventura.

Cuando amas lo que haces, obtienes la energía necesaria para vencer cualquier obstáculo. Hacer lo que a uno le gusta reporta tres beneficios inmediatos:

1. Estarás altamente motivado

La pasión es el combustible que lo conduce a uno. Es el recurso inextinguible para obtener energía y optimismo.

> "La pasión lo mantiene a uno enfocado, le da propósito y determinación sin siquiera haber comenzado. Tu mente, tu cuerpo y tu espíritu trabajan al unísono en pos de la misma meta".
>
> —Marcia Wieder, autora del libro,
> "Making Your Dreams Come True"

Sin pasión, es casi imposible mantener un nivel alto de energía y de interés que se necesitan para volverse imparable. De hecho, sin pasión, uno reduce su vida a la existencia, a la mediocridad y a la indiferencia.

La decisión es tuya. Tú puedes conectarte con la sabia de la vida si te conectas con tu propósito y persigues actividades que aviven tu pasión. O puedes elegir ser como muchos otros que transitan por la vida en un estado de resignación, perdiéndose de las cosas más importantes de la vida. Tales personas observan la vida, pero no experimentan su placer. Si la vida fuera una sinfonía, escucharían las notas, pero se perderían al genio tras la composición. Si la vida fuera una piedra preciosa, verían el color, pero no verían la complejidad de la piedra. Si la vida fuera una novela, entenderían la trama, pero se perderían los detalles del simbolismo.

Vivir sin pasión es vivir sin experimentar la maravilla de la vida, su drama y su excitación. Vivir con pasión nos permite experimentar nuestros sentidos al máximo.

La pasión es la energía que nos impulsa a superar los obstáculos y la fuerza que nos permite convertir nuestros sueños en realidad.

2. El trabajo parecerá un juego

Las personas que viven con pasión encuentran difícil utilizar la palabra "trabajo". Tales personas van tras lo que más disfrutan y lo que es personalmente recompensador. Todos nacemos con una cantidad limitada de tiempo. Cada momento que vivimos –sea que estemos trabajando, jugando, quejándonos, o estando agradecidos– es tiempo que habremos gastado. Nada es más valioso que el tiempo que invertimos. Cuando perseguimos nuestra pasión, no es simplemente intentar llegar a la meta, porque el viaje es tan importante como el resultado final. Al final de nuestras vidas podremos decir: "He amado mi vida" –la definición definitiva de éxito.

3. Otros compartirán tu pasión y entusiasmo.

El entusiasmo atrae como un imán. Atrae a otros a compartir tu causa. A veces, las otras personas hasta ni saben explicar por qué se han unido. Su lógica les dice "no", mientras que su instinto les dice "sí". Bien se ha dicho que nada vende mejor que el entusiasmo; las experiencias sobre las cuales acabas de leer en este capítulo demuestran la veracidad de esta declaración.

A pesar de la falta de experiencia de Sheri Poe en una industria altamente competitiva, ella y su esposo estuvieron en condiciones de conducir su empresa hasta vender acciones al público, convenciendo a los agentes del banco que la idea de "hacer zapatos deportivos para mujer hechos por una mujer" era una idea genial. Ken Kragen creó su evento participatorio más grande de toda la Historia, obtuvo 34 millones de dólares para las personas sin hogar, y persuadió a 5.5 millones de hombres, mujeres y niños a una cadena humana de unas 4.000 millas. ¿Cómo lograron alcanzar su metas Sheri y Ken? La pasión de sus palabras y su mismo ser inspiraron a muchas personas para que apoyaran su causa. La gente sencillamente no se pudo resistir a su entusiasmo.

La grande de la cosmética, Mary Kay Ash, dijo: "Una idea mediocre, cuando genera entusiasmo, logra llegar más lejos que una gran idea que no inspire nada". Tu pasión es un gran bien. Utilízalo para inspirar y ayudar a otros. La gente no tendrá otra opción que responder ante ese entusiasmo de la forma más positiva.

> "No puedes hacer que otros se enamoren si tú mismo no te enamoras".
> —Clarence Day

Paso 1: Identifica tu pasión

Para imprimir la pasión en tu vida, deberás sintonizarte con tu propósito. El propósito puede dirigirte a muchas sendas diferentes. Permite que tu personalidad singular, deseos y habilidades naturales te conduzcan a la senda que es correcta para ti. Los siguientes ejercicios te ayudarán a identificar la senda.

Acción 1: Determina qué es lo que más te gusta. En su libro *"Life Is a Conctact Sport"*, Ken Kragen lo llama una "Hoja de balance personal". Y Bárbara Winter lo llama, "Descubrir sus bienes", en su libro, *"Making a Living Without a Job"*. Los autores Hopson & Scally, lo llaman "Inventario de características personales", en su obra *"Build Your Own Rainbow"*. Todas estas denominaciones son herramientas efectivas para determinar qué es lo que más amamos en la vida. Pero sin importar la forma en que lo llames, la clave está en hacer una evaluación realista, basada en la posición en la cual estás hoy, lo que te gusta hacer y los elementos de los cuales puedes disponer. De nuevo te sugiero tomar un papel y un lápiz y escribir en columnas separadas las cosas que te gustan y las cosas que no te gustan, tus fortalezas y cosas que necesitan mejorarse. Esto te dará una indicación clara de lo que más te apasiona en la vida.

Aquí hay un ejemplo de mi lista antes de iniciar este proyecto:

COSAS QUE ME GUSTAN	COSAS QUE NO ME GUSTAN
Aprender Hacer preguntas Iniciar proyectos multifacéticos y exigentes Animar a otros Leer libros Hacer lluvias de ideas Conocer personas positivas, orientadas hacia la acción Desarrollar nuevos productos Trabajar fuera de casa Tener grandes metas	Escuchar a personas negativas, a las personas que se la pasan lamentándose Sostener conversaciones sin trascendencia Dirigir a muchos empleados Dar malas noticias. Ej. Despedir / rechazar Hacer papeleos Manejar las políticas de una compañía Manejar detalles Permitir que otros controlen mi vida Tener que desplazarme por largo tiempo hacia el trabajo Manejar contabilidad y archivos

FORTALEZAS	COSAS QUE NECESITAN MEJORARSE
Visión / Pensar en grande Orientada a la acción – aceptar total responsabilidad por mi destino Llena de pasión, entusiasmo y energía Antecedentes de ventas exitoso Extremadamente extrovertida Enfocada / comprometida Recursiva y creativa – pensar “por fuera del cuadro” Creer en mí misma Apoyo de mi familia Fuerte deseo de alcanzar el éxito	Falta de recursos financieros Red limitada fuera de la industria de las telecomunicaciones Poco conocimiento en contabilidad y finanzas Falta de equilibrio en algunas áreas de la vida Muy dura conmigo misma – perfeccionista Dado mi entusiasmo a veces me pongo agresiva No tolerancia a la mediocridad De paso rápido, puedo fácilmente atropellar a alguien si no soy cuidadosa Dogmática Impaciente

Acción 2: Basándote en las cosas que más te gustan, identifica actividades. Basándote en tus fortalezas y gustos personales, identifica tres actividades o metas que pudieras establecer en armonía con tu propósito. Como ejemplo, mi propósito es animar a otros para que se hagan conscientes de sus posibilidades y que emprendan la acción. Uno pudiera alcanzar esa meta de un número ilimitado de formas. Por ejemplo, uno pudiera:

- Convertirse en monja o ministro
- Unirse a una delegación de paz
- Convertirse en un entrenador en una corporación grande

- Enseñar a un adulto o a un niño a leer
- Donar tiempo a una obra de caridad
- Convertirse en patrocinador de alguien
- Convertirse en mentor
- Convertirse en profesor
- Encabezar algún grupo en una iglesia o en una sinagoga
- Ofrecerse como voluntario para trabajar en un hospital
- Hacerse consejero en una línea de atención telefónica
- Pasar tiempo con un sobrino o sobrina que necesite apoyo
- Escribir un libro

Después de evaluar mis fortalezas naturales, gustos y aversiones, se hizo evidente para mí, y posiblemente también lo es para ti al observar mi lista, las actividades que no encajaban con mi forma de ser. Convertirme en monja, entrenadora en una corporación grande o trabajar para una misión de paz, no estaban en la parte superior de mi lista. Sin embargo, donar tiempo para una obra de caridad, convertirme en mentor o escribir un libro sí lo estaban. Una vez participé en el proceso la decisión fue fácil.

Imagina lo satisfaciente que podría ser tu vida si le inyectaras pasión a tu carrera sobre la base de una regularidad diaria. Cuando escoges metas y actividades que están en armonía con tu propósito y apoya tus fortalezas naturales y gustos, la pasión automáticamente se enciende y empiezas a ver cada día a través de ojos más abiertos, llenos de expectativa, maravilla y gozo.

Determina qué es eso que más te gusta hacer y luego entrégate a ello completamente. Una vez lo hagas, nada podrá detenerte.

> "Los años arrugan la piel
> Pero darse por vencido arruga el alma".
> —Anónimo

CARACTERÍSTICA NÚMERO TRES

La convicción sustenta el viaje

¿Qué llevó a los individuos de este capítulo a perseguir sus metas y a no darse por vencidos cuando *todo el mundo* les dijo que era imposible? La convicción. Ellos creían firmemente en sus sueños, aún cuando nadie más lo hiciera.

La convicción es un prerrequisito para el éxito. Cuando una persona alcanza un estado mental de convicción puede transformar su propósito y sus metas en una realidad tangible. Una vez uno tiene convicción y entiende el poder de ésta, puede hacer frente a cualquier obstáculo y puede realizar cualquier cambio necesario.

Cuando la creencia se transforma en convicción y esta se aloja en lo más profundo de nuestro ser, nada puede destruirla. A continuación la convicción se convierte en fe. Y la fe es una fuerza muy poderosa.

La buena noticia es que tú no debes tener una fe del tamaño de Texas para hacerte poderoso. Un poquito de fe tan pequeña como un grano de mostaza es todo lo que se requiere. Después de leer las historias, "Tu plan personal de acción" te suministrará un proceso, paso a paso, de cómo puedes desarrollar un sistema para obtener la convicción que necesitas para volverte imparable.

Al hacerlo, dejarás atrás los tiempos críticos, los obstáculos, y no habrán límites para lo que puedas alcanzar.

> "Porque en verdad les digo: Si tienen fe del tamaño de un grano
> de mostaza, dirán a esta montaña: 'Transfiérete de aquí allá', y se transferirá, y nada les será imposible".
> —Mateo 17:20

"GUERREROS DEL CAMINO DE UNA CLASE DIFERENTE"

El padre, el hijo y el perseverante espíritu

Es imposible. Un cuadripléjico en una silla de ruedas, compitiendo en maratones, triatlones y hasta en la famosa y exigente carrera, El hombre de acero. Es imposible y sin embargo, ahí viene de nuevo, cruzando la línea de meta, por delante de más de la mitad de los demás en la carrera, con esa radiante sonrisa que los espectadores disfrutan y esperan.

Rick Hoyt ha cruzado unas 631 líneas de meta durante los últimos veinte años, con frecuencia por encima del 50 por ciento de los participantes, y a veces, como el ganador. Pero nunca cruza solo. A veces frente a él, a veces detrás, está la otra mitad del equipo Hoyt, su padre, Dick.

La gente dice que lo que Dick hace, también es imposible –un hombre de mediana edad corriendo milla a milla, empujando a otro hombre en una silla de ruedas. Pedaleando para Rick en una bicicleta cuesta arriba y cuesta abajo por empinadas colinas. Impulsando a Rick dos millas o más por la superficie de las aguas, mientras éste nada.

La familia Hoyt ha creado el hábito de hacer lo imposible.

Cuando Rick nació en 1962, los médicos dijeron a sus padres, Dick y Judy, que su hijo recién nacido les traería muchos dolores de cabeza y los animaron a llevarlo a una institución. El bebé había nacido como cuadripléjico espástico, con parálisis cerebral y viviría el resto de su vida como un vegetal. Eso fue lo que los médicos dijeron. En ningún momento dijeron que el niño hallaría su lugar en la sociedad.

La familia Hoyts ingoró el consejo de los expertos y llevaron a su hijo a casa en North Reading, Massachusetts. Dick y Judy se decidieron a criarlo como lo harían con cualquier otro hijo. En aquel entonces, los expertos no sabían mucho acerca de la parálisis cerebral y no estaban muy seguros del grado de discapacidad que presentaría Rick. Aprender a vivir con un niño con una discapacidad tan severa era exigir demasiado a cualquier padre. Pero los Hoyst no eran padres comunes y corrientes. Ellos se dedicaron a demostrar que las "discapacidades" son simplemente desafíos que hay que vencer y no barreras insuperables.

La única forma en que Rick se comunicaba era moviendo su cabeza hacia adelante para decir "si", y sacudiéndola para decir 'no". Los profesionales del lenguaje decían que él nunca podría hablar. Los Hoyst creían lo contrario y reunieron $5,000 dólares para donarlos a la Tufts University para ayudar a producir el primer comunicador interactivo. El dispositivo permitía que una persona sin capacidad de habla "hablara" desplazándose electrónicamente a través de unas filas de letras y números, haciendo selecciones hasta producir mensajes completos. Cuando Rick alcanzó la edad de doce años, el comunicador estaba listo para ser probado. Los ingenieros de Tufts y la entera familia Hoyt rodearon emocionados a Rick, esperando sus primeras palabras. Rick utilizó su cabeza para tocar el interruptor electrónico y escribió, "¡Fuera de aquí osos!"

"Todos nos reímos," dijo Dick, "Porque confirmamos lo que habíamos creído todo el tiempo –Rick tenía una mente saludable y activa –y sentido del humor".

Dado el revelado interés de Rick en los deportes, la familia completa lo llevó a pescar, a paseos de canotaje y hasta escalamiento de rocas, lo hacían sujetándolo a él a la espalda de su padre. La familia comprobó el sentido de aventura y de desafío que experimentaba Rick, una persona con una mente normal y necesidades humanas, quien anhelaba ser respetado. El comunicador interactivo desempeñó un papel importante en permitir que Rick expresara sus intereses y revelara su curiosidad y personalidad inteligente. Sin embargo, los centros educativos rehusaron matricular a Rick puesto que él no podía caminar, alimentarse a sí mismo o hablar. A la edad de 14 años, gracias su habilidad para comunicarse a través del comunicador y dada la nueva ley que obligaba a que todos los niños asistieran a la escuela, Rick finalmente fue admitido a la secundaria, donde contaría con equipos especiales que le ayudaron a hacer tareas que él no podía realizar por sí mismo. Fue durante ese periodo sobresaliente en el desarrollo de Rick en el cual él encontró un catalizador para su increíble carácter atlético.

En el año 1977, cuando Rick tenía 16 años, se enteró de una carrera de cinco millas que sería realizada en beneficio de un estudiante universitario que había quedado lesionado luego de un accidente automovilístico. Utilizando el comunicador Rick le dijo a su padre que él quería "correr" en la carrera como parte de su contribución. La reacción inicial de Dick fue entrar en conmoción. "Pensé, tengo cuarenta años, apenas corro un par de días a la semana para mantenerme en el peso correcto, pero difícilmente soy un corredor de competencia. Me preocupaba sobre la manera como podía participar en dicha carrera empujando a Rick en su silla de ruedas. Pero sabía lo mucho que significaba para él, de modo que le dije: 'Está bien, lo intentaremos'".

Después de la carrera, Dick difícilmente pudo moverse por dos semanas. Había quedado agonizante. Pero cierta noche, mientras Dick humedecía sus dolientes músculos en sales de Epsom, Rick escribió un mensaje que le cambió la vida a Dick para siempre. El mensaje decía: "Papá, cuando estoy corriendo, siento que ya no estoy discapacitado". Rick había encontrado por fin algo que le daba libertad como nada más. En ese momento, Dick supo lo que tenía que hacer. Si Rick quería convertirse en un atleta y competir, Dick le prestaría sus brazos y piernas para hacer eso realidad. Pero para lograrlo, Dick necesitaba diseñar una silla de ruedas más liviana, para así no morir en el proceso.

Durante los dos siguientes meses, mientras Dick y un ingeniero diseñaban y construían una silla especial, Rick y su padre continuaban entrenando y corriendo a nivel local, utilizando la silla vieja. Cuando la silla nueva quedó lista en septiembre de 1979, padre e hijo se inscribieron en la primera carrera oficial, una carrera de cinco millas en Springfield, Massachusetts. Terminaron en la posición 150 de 300 corredores. Todos los fines de semana corrían carreras en diferentes ciudades. Una de esas carreras fue la mundialmente famosa maratón de Boston, una exigente carrera de 26.2 millas. Rick y su padre aplicaron para la edición en silla de ruedas, donde los parapléjicos habían estado participando por años. Pero Rick, un cuadripléjico que necesitaba de un compañero para la carrera fue rechazado. Sin embargo, la familia Hoyt se unió a la carrera de todos modos, se ubicaron detrás de los corredores en silla de ruedas. Ni los patrocinadores ni los organizadores reconocían su presencia. Pero los espectadores a lo largo de las calles de la ciudad, los aplaudían y los vitoreaban. Cuando los Hoyt culminaron la carrera, las muchedumbres estaban llenas de júbilo. De los 7,400 corredores los Hoyt terminaron en la cima del 90 por ciento; esta sería la primera de muchas maratones en Boston de la cual la familia participó de principio a fin.

Durante esos años, Rick también demostró ser mucho más que un atleta especial. Obtuvo su diploma en educación especial de la Universidad de Boston y así se convirtió en el primer cuadripléjico mudo que se graduaba de universidad alguna.

Para el año 1984, Dick se había convertido en un corredor pulido y fue invitado a participar en triatlones. Las triatlones son carreras estilo *Hércules* que combinan natación de larga distancia, bicicleta de ruta y atletismo a campo traviesa. Los organizadores querían a Dick, pero solo si competía solo. El se rehusó a hacerlo. El año siguiente los organizadores hicieron la misma oferta. Pero Dick de nuevo se rehusó a participar sin su hijo. Le dijo a los organizadores, "Rick fue el que me metió a mí en esto; no tengo ninguna intención de correr solo. Él es el que me anima a hacer todo esto. Además, sin Rick, no sabría ni siquiera qué hacer con mis brazos".

Finalmente, los directores de la carrera aprobaron la participación de Rick si él podía garantizar que estaría seguro y que el equipo que utilizarían era lo suficientemente resistente para competir. No hemos mencionado que Dick ni siquiera sabía nadar y que no había montado en bicicleta desde que tenía seis años. Pero, después de todo lo que su hijo había logrado realizar, aquellas cosas parecían insignificancias para superar.

Dick comenzó a entrenar y a diseñar el equipo que le permitiría remolcar a Rick en el agua y a la vez pedalear en la bicicleta. La bicicleta pesaba 30 kilos, Rick pesaba 45 y Dick 83 –eso sumaba unos 158 kilos, que subirían y bajarían colinas y que superarían agonizantes barreras físicas y mentales. Rick y Dick completaron la triatlón y todas las triatlones en las que se inscribieron desde allí en adelante, usualmente llegaban en dentro del primer 50% de la competencia.

A través del tiempo, Dick desarrollo un lema: "No hay nada que no podamos hacer juntos". Dick tenía razón. Juntos, padre e hijo completaron la exigente competencia El hombre de acero, una carrera que la mayoría de gente se siente feliz con solo sobrevivir a esta, son 2.4 millas de nado, 112 millas en bicicleta y 26.2 millas de carrera. Dadas las condiciones extremas de la carrera que se corre en la isla principal de Hawái –los 100°F de temperatura, la fuerte humedad y las exigentes colinas, se necesita de una preparación especial. Para entrenar, Dick y Rick competían en las competencias locales todos los fines de semana durante el año. Durante la semana mientras Rick asistía a clases, Dick entrenaba por su cuenta todos los días. Nadaba hasta dos millas, corría ocho millas y montaba en bicicleta entre 35 y 40 minutos al día, mientras empujaba una bolsa de cemento de 50 kilos en la bicicleta que utilizaba con Rick. Desde entonces Dick y su hijo han participado y completado cuatro competencias del hombre de acero.

También han corrido y pedaleado a lo largo de los Estados Unidos, desde Los Ángeles hasta Boston, recorriendo 3,735 millas en 45 días sin parar un solo día. Luego de completar 15 maratones en Boston, la carrera en la cual originalmente fueron rechazados allá en 1981 –fueron homenajeados en el aniversario número 100 de la carrera como los héroes del centenario.

Dick insiste en que es su hijo, no él, quién es el atleta. "Yo no sé lo que es, pero cuando me pongo detrás de su silla, ocurre algo. Rick es la fuerza que impulsa al equipo. Yo le presto mi cuerpo, pero es el espíritu de Rick el que hace que continuemos avanzando".

Rick y Dick Hoyt han estado participando en competencias durante 20 años y dicen que por ahora no se piensan retirar. La posición que ocupen en la carrera no es lo importante. Desde el mismo momento en que ellos se colocan en la línea de partida, cada carrera es una victoria.

> "Desde que tengo memoria, la gente ha dicho que yo no lograría hacer nada. Pero mis padres y yo hemos pensado lo contrario, y hemos demostrado que la gente ha estado equivocada todo el tiempo".
>
> —Rick Hoyt

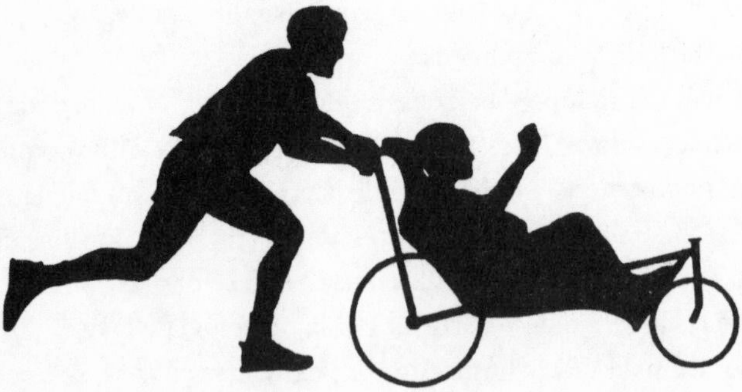

"Yo no soy más que el hombre promedio
con habilidades por debajo del promedio.
Pero no tengo la menor sombra de duda
de que cualquier hombre o mujer
pueda lograr lo que yo he logrado,
si él o ella invierte el mismo esfuerzo
y cultiva la misma esperanza y la misma fe".
—Mahatma Gandhi

* * *

"Lo que tú desconoces no puede hacerte daño"

De hecho, ¡puede salvar tu vida!

Pam Lontos era una joven poco informada e inexperta y tenía tanta experiencia para los negocios como una colegiala. No obstante, es una historia de éxito.

Ella solicitó empleos que no tenía el derecho a solicitar. Se propuso metas poco realistas y siguió tras ellas de la forma no convencional. Una y otra vez le apostó a lo que parecía ser la peor opción. Sencillamente no sabía hacer nada mejor.

Y no sabía nada mejor porque buena parte de su vida estaba controlada por otras personas. Mientras crecía, sus padres le advirtieron en contra de correr riesgos. No podía ir a la playa porque se podía ahogar; no podía ir de compras con sus amigos al centro de la ciudad porque era muy peligroso. Cuando se casó, su esposo la convenció de desistir de la idea de estudiar Psicología, la profesión que más le gustaba, a cambio de estudiar Educación, una profesión que era más segura, pero en la cual ella no tenía ningún interés.

Después de tres años improductivos, Pam se retiró de la docencia y emprendió una vida hogareña, esperaba que al convertirse en madre y ama de casa aquello le trajera sentido a su vida, pero entonces algo mas tomó el control –su propia desesperación.

Eso le ha sucedido a millones de mujeres. Pam Lontos, tenía dos niños, una casa agradable en los suburbios y un esposo exitoso, aunque emocionalmente distante; pero se sentía vacía e inútil. Sencillamente sobrevivía y sentía que no estaba contribuyendo a nada, y entre más se hacía consciente de ello, más se deprimía.

La gente enfrenta la depresión de diversas maneras. Algunos toman medicamentos, otros se refugian en el alcohol o en las drogas. Pero Pam simplemente se iba a su cama. Allí pasó la mayor parte de los siguientes cinco años. Se levantaba cada mañana, llevaba a los niños a la escuela, y enseguida se refugiaba en el maravilloso mundo del sueño.

Para el tiempo en que Pam estaba en sus treinta, dormía 18 horas al día y tenía un sobrepeso de 20 kilos. Su autoestima, confianza y razón para vivir se habían ido por completo de su vida. En sus pocas horas de conciencia, contemplaba la idea de suicidio, pero nunca lo llevó a cabo. Su depresión le afectó tanto, que la dejó con solo una opción.

Si la vida era invivible y si no se podía quitar la vida, entonces la única opción era cambiar. "Dedicaba todo mi tiempo a esperar que alguien lo hiciera por mí, pero no vino ningún caballero en un corcel blanco a rescatarme". A pesar de lo enorme que significa esa tarea, Pam se había resuelto a salir, aunque fuera gateando, de ese lugar oscuro donde se encontraba y a crear para sí misma una vida llena de significado.

El primer paso de Pam de vuelta a la vida fue unirse a un club de ejercicios con la esperanza de volver a recuperar su forma física. Aquello pudiera parecer un paso pequeño, pero en el momento en que ella entró por las puertas del club de ejercicios, empezó a vivir una nueva vida.

Jim, el dueño del club, era un hombre energético y positivo. Comprendía que Pam necesitaba apoyo. Él la animó y le prometió que vería resultados si se apegaba a una rutina. También le prestó programas de audio sobre motivación. Pam escuchó las cintas docenas de veces.

A medida que Pam empezó a bajar de peso, sus temores se empezaron a disipar. Luego de varios meses, Pam estaba lo suficientemente fuerte como para atreverse a preguntarse a sí misma: "¿Qué quiero hacer?" Como adolescente había vendido zapatos para ayudar con la economía de la familia. Tal vez hacer carrera en las ventas era algo que disfrutaría. Y puesto que había obtenido grandes logros en el club de ejercicios, pensó: "¿Por qué no empezar en el club?"

Aunque no tenía ninguna experiencia en entrenamiento o en ventas de membresía, le solicitó a Jim participar en la venta programas de membresía.

Ella lo desafió: "Tú eres quién me dio las cintas que me motivaron a hacer algo con mi vida; ahora tienes que contratarme". Jim le dio el trabajo, pero eso no fue todo. Jim también compartió con ella su filosofía optimista de la vida y animó a Pam a enfrentar sus temores. Cuando Pam dijo que nunca había conducido al centro y que sentía miedo de hacerlo, Jim la puso en un automóvil, se sentó en el asiento del pasajero, le dio indicaciones e hizo que condujera hasta el centro.

A medida que su confianza aumentaba, también lo hacían sus ventas. En pocas semanas, Pam estaba conduciendo por toda la ciudad y estaba superando las ventas de los demás vendedores. Sorprendentemente, en un corto periodo de tiempo, había logrado bastante. La filosofía de Jim, se convirtió en su propia filosofía: "No digas que no puedes hacerlo hasta que lo intentes".

El éxito de Pam durante ese año la preparó para un nuevo desafío. En la ciudad empezó a operar una nueva estación de radio. Ella convenció al gerente general de contratarla para vender publicidad al aire con el compromiso que ella no recibiría salario sino que trabajaría enteramente a través de comisiones.

Pam no sabía que las estaciones nuevas son las más difíciles de vender puesto que no tienen una audiencia establecida. Ella no sabía que se suponía que le vendiera a las pequeñas empresas, porque las grandes empresas exigían mayores audiencias. Dado que ella no sabía eso, ella llamó valerosamente a las compañías grandes y pequeñas y les vendió sobre la base de la calidad y el poder de compra de la audiencia, en vez de tener en cuenta el número de radioescuchas.

Pam tampoco sabía que en enero, una vez pasadas las festividades, las ventas son muy reducidas. De modo que ella le puso el mismo entusiasmo a enero que a los demás meses. Esto ocurrió mientras que los demás vendedores aflojaron el ritmo esperando el mes de febrero. Fue así como ella obtuvo una de las comisiones más grandes que se han otorgado en un mes de enero en Dallas. Desde ese momento, Pam se convirtió en la productora de renta más alta para la emisora, vendía más que los otros seis vendedores combinados juntos.

La confianza de Pam creció y ello le dio las fuerzas para enfrentar sus problemas maritales. Después de varios intentos por hacer que las cosas funcionaran se separó de su esposo.

La vida en la emisora tuvo sus ires y venires. Ocurrió que en cierto momento el rating de la estación descendió hasta llegar al punto más bajo del mercado. Pam no sabía que era común recortar personal en los tiempos difíciles. Mientras que todo el mundo estaba renunciando, ella solicitó la vacante que había quedado disponible como gerente de ventas. Su jefe, demasiado sorprendido como para cuestionarlo, aceptó enseguida. Había asumido la peor opción de trabajo posible y de hecho, hasta estaba entusiasmada por ello.

En su primera reunión de ventas, Pam escribió la proyección para ese mes sobre el tablero: USD $100,000. Todos quedaron boquiabiertos. Pam había estado teniendo un promedio de ventas de $35,000 al mes. Ella pensó que los otros tres vendedores podrían hacer algo similar. En seguida el gerente general, la llamó a su oficina, luego de la reunión y le explicó que la estación había estado vendiendo como promedio solo $42,000 al mes, es decir, los $35,000 de ella, mas $7,000 de los otros tres vendedores combinados. Establecer una meta de $100,000, era algo completamente desfasado.

Esa noche, Pam consideró la idea de reducir la meta a $50,000. Pero de camino al trabajo, la siguiente mañana, ella escuchó de nuevo una de sus cintas favoritas sobre motivación. De modo que ella se resolvió a apegarse a su meta "poco realista" de los 100 mil dólares. Cuando ella se reunió con su grupo, reafirmó de nuevo la declaración de que entre todos podrían lograrlo.

A las 4:30 p.m. el último día del mes, las ventas del equipo alcanzaron $100,018. Y para el mes de diciembre habían ascendido a $140,000. Tres meses después la cifra estaba en $180,000 y al año siguiente, en noviembre, las ventas habían logrado un récord de $227,000. Tales resultados sin precedentes ocurrieron a pesar que la audiencia de la estación había crecido muy poco.

Después de solo trabajar dos años en la estación como gerente de ventas, Pam fue ascendida al puesto de vicepresidente de ventas, saltando dos posiciones adelante. En condiciones normales su ascenso habría sido a la de gerente general. Ella no sabía que normalmente toma cinco años llegar a esa posición y que nadie es promovido directamente a la vicepresidencia desde una posición como gerente de ventas. "Me alegra no haberlo sabido," dijo Pam, "en ese caso, todavía sería gerente de ventas".

Después de cuatro años exitosos en la estación de radio, Pam dejó la emisora para comenzar algo completamente nuevo. Hoy en día, Pam Lontos es una reconocida discursante sobre motivación personal, es consultora sobre mercadeo y ventas y escritora. Ella ha inspirado a otros para que logren hacer lo que ella logró –creer en posibilidades, no en limitaciones.

Ella ha adoptado el siguiente eslogan que utiliza cuando alguien le dice que su meta es imposible:

> "Solo míralos directamente a los ojos y diles: "No me digas que es imposible, hasta cuando haya terminado de hacerlo""
> —Pam Lontos

"Estos programas de audio sobre motivación ¡realmente me han inspirado! Voy a ganar mi primer millón de dólares, voy a comprar mi propia empresa y jubilarme rápido. Luego voy a escribir una novela y una sinfonía y donar todas las ganancias a obras de caridad. Luego, al siguiente mes, pensaré qué hacer".

ALGO PARA REFLEXIONAR...

Mark Sheppard, presidente de Texas Instruments, explicó su triunfo en los años 70 por encima de otros gigantes de la industria como Westinghouse, GE, y RCA. "Todas esas compañías sabían muy bien de las cosas que no son posibles," dijo. "Nosotros no lo sabíamos."

* * *

"DE CERO A QUINCE MILLONES"

Ella creyó en sí misma, no en los expertos

Cuando María Elena Ibañez era adolescente en Colombia su padre la matriculó en un curso de programación de minicomputadores.

Los computadores se estaban popularizando en América Latina a pesar que su precio estaba en los $100,000 dólares. María Elena enseguida se sintonizó con esta tecnología revolucionaria. En el año 1973, ella fue a los Estados Unidos a estudiar ciencias de la computación a nivel universitario. Luego de graduarse, tuvo una idea.

Los computadores personales se vendían en los Estados unidos a unos USD $800 –una fracción de lo que los negocios en Latinoamérica estaban pagando por sus minicomputadores. María Elena pensó: "¿Por qué no montar un centro de distribución de computadores al sur de la frontera? Allí hay un mercado fértil esperando ser satisfecho". De modo que ella presentó la idea a las principales compañías de computadores y les solicitó la oportunidad de distribuir sus productos en su país de origen.

María Elena recuerda: "Me dijeron que me olvidara de la idea. Los ejecutivos de las compañías me dijeron que Latinoamérica estaba en medio de una crisis económica, que los países de la región eran pobres y que no tenían dinero. Los ejecutivos consideraron que era un mercado demasiado pequeño como para intentarlo".

Pero María Elena veía la situación de forma distinta. Ella percibía la oportunidad mientras otros veían limitaciones. "Yo pensé, aún si el mercado es de solo 10 millones de dólares, es lo suficientemente grande para mí. Yo podría hacer dinero en este. Y nadie más va a querer entrar allí porque es demasiado pequeño".

En ese tiempo, María Elena tenía 23 años y no contaba con ninguna experiencia en las ventas o en el mercadeo, cosas que los ejecutivos de su época pensaban estaban en su contra. Pero ella sabía dos cosas fundamentales: los computadores eran baratos en los Estados Unidos y Latinoamérica los necesitaba. Llena de esperanza y optimismo fue a un banco a solicitar una línea de crédito. El gerente del banco quería ver el plan de negocios de María Elena pero ella nunca había escuchado semejante cosa. El segundo banquero que ella visitó, quería ver su plan de mercadeo. Ella tampoco sabía qué era eso. Entonces ella intentó ir directamente a los distribuidores. La mayoría no quisieron reunirse con ella, mientras que dos de ellos escucharon con escepticismo. Ella preguntó: "¿Cuántos negocios están conduciendo actualmente en Latinoamérica?" Ellos contestaron, "Ninguno" María Elena les dijo: "Puedo vender USD $10.000 de su producto al año en Latinoamérica". Aún así, María tuvo que pactar que todas sus órdenes serían pagadas por adelantado. Altos Computers –sin nada qué perder– le dio un contrato de distribución exclusiva por nueve meses.

Su siguiente paso fue contactar a un agente de viajes. Las instrucciones de María Elena fueron simples: "Reserve, por favor, un vuelo de Miami a Argentina, donde pueda ir a cada ciudad importante sin tener que pagar dinero extra". Así fue como María Elena diseñó su plan de mercadeo. Ella añade: "La ignorancia puede ser divertida y a veces vale la pena. Yo no sabía en lo que me estaba metiendo".

Sin ninguna experiencia pero con plena convicción en sus metas y sentido común emprendió su recorrido. Aterrizó en Colombia, fue a un hotel, abrió las páginas amarillas y empezó a llamara a los distribuidores de computadores. "Yo me imaginé que entre más grande fuera el aviso, más grande sería la compañía. De modo que al principio elegí las compañías que tenían los avisos más grandes".

Al siguiente día, llena de citas, emprendió su camino. Al principio de los años 80, era raro ver a una mujer ingeniera y muchos hombres de negocios en Latinoamérica no estaban acostumbrados a tratar con mujeres –particularmetne una mujer pequeña, rubia, que parecía de 18 años. Pero ella transformaba lo que parecían ser desventajas en ventajas, equilibrando su entusiasmo juvenil con demostraciones de educación y experiencia. María Elena explica la reacción de sus clientes en perspectiva: "Se mostraban maravillados al ver que una mujer joven les hablaba de lo último en tecnología, cosas de las cuales ellos no sabían nada. Pero respondieron de forma muy favorable porque yo tenía un producto maravilloso y el precio era fantástico. Aquello les permitía competir con los grandes del negocio".

En seguida vino un viaje relámpago a través de Ecuador, Chile, Perú y Argentina. En cada país que visitaba utilizaba la misma estrategia de las páginas amarillas para promocionar su producto. "Yo había proyectado ventas por USD $10,000 al año y regresé a los Estados Unidos, tan solo tres semanas después con órdenes de compra por $100,000, todas pagadas por anticipado con cheque en mis manos". Para alguien que ganaba a seis dólares la hora realizando tutorías en un laboratorio de sistemas, los cheques parecían millones.

Con el tiempo las ventas de María Elena fueron millones, varios millones. En los siguientes cinco años, sus ventas alcanzaron la asombrosa cifra de 15 millones de dólares. En el año 1987, la revista INC, clasificó la empresa de María Elena, International Micro Systems, en la posición 55 en su lista de las 500 empresas de mayor crecimiento. Luego, en el año 1988 María Elena vendió la compañía y se quedó allí durante tres años más cuando las ventas alcanzaron 70 millones de dólares.

Desde entonces María Elena empezó otra compañía vendiendo computadores a África. De nuevo, los expertos le dijeron que África era demasiado pobre como para comprar productos en computación personal, especialmente si estos eran vendidos por una mujer que no fuera africana en una cultura dominada por el machismo. Para ese entonces, ya acostumbrada a las respuestas negativas, María Elena sintió que los expertos tenían una visión muy miope. Ella creía en su propia visión sobre el futuro. En el año 1991, ella viajó a Nairobi, la capital de Kenia, aprovisionada de un catálogo de productos y un mapa. Se registró en un hotel y utilizó las páginas amarillas. Dos semanas después, regresó a casa con $150,000 dólares en órdenes.

María Elena comenzó primero empacando sus productos en su garaje, luego utilizó una pequeña bodega. Pero las órdenes continuaron llegando. En cuatro meses había enviado $700,000 dólares en computadores. En su segundo año, las ventas alcanzaron $2.4 millones, una cifra que se duplicó en siguiente año y de nuevo el siguiente. Con ventas de un promedio de

$13 millones de dólares al año, a través de los años 90, International High Tech Marketing se introdujo de nuevo en la revista Inc, en la lista de las 500 empresas de mayor crecimiento. María Elena es la única persona en la historia de la revista que ha incursionado en su prestigiosa lista con dos compañías distintas que ha comenzado con nada de capital.

María Elena Ibañez tenía buenos productos para la venta. Pero su éxito se produjo debido a su convicción y determinación. Y no hay plan de mercadeo en el mundo que pueda suministrar estas dos cualidades.

> "Todo el mundo es experto en dar consejos en cómo no es posible lograr algo. De modo que olvídate de todo el mundo. Entonces, cuando encuentres un obstáculo –y yo encuentro uno cada semana– míralo como una oportunidad y no como en el fin del mundo. Haz lo que sea necesario para superarlo rápidamente. Si crees en tu sueño, definitivamente lo lograrás."
> —María Elena Ibañez

"Si quieres encontrar expertos, haz lo siguiente: empieza a hacer algo y en 10 minutos la gente vendrá de todos lados diciéndote que eso no se puede hacer".

ALGO PARA REFLEXIONAR...

"Nosotros somos nuestros peores enemigos puesto que "sabemos" cuáles son nuestras limitaciones. Estas mujeres visionarias fueron capaces de ignorar su propia voz interna negativa y se desempeñaron con base en la euforia del optimismo. No conocían sus limitaciones y por lo tanto, no tenían ninguna.

Margaret Mead no sabía que una mujer sola de 25 años no debería andar caminando por las junglas de Nueva Guinea y Samoa.

Margaret Thatcher no se molestó en preguntar si el electorado aceptaba una mujer como primera ministro de Gran Bretaña.

Oprah Winfrey no se disuadió al ver que Phil Donahue tenía concentrado

el mercado de los shows televisivos durante el día.

"Estas mujeres se mudaron a su castillo en el cielo como si tuvieran el derecho a hacerlo".

—Tomado de Gene Landrum's Profiles of Females Genius (Prometheus Books)

EN SUS PROPIAS PALABRAS

"Yo era estudiante de Matemáticas de la Universidad de California, Berkeley. Cierto día, cuando llegué a clases, un poco tarde, como era habitual en mí, copié rápidamente los dos problemas matemáticos del tablero asumiendo que eran una tarea. Esa noche, cuando me senté a trabajar en ellos, encontré que eran los dos problemas más difíciles que el profesor había asignado. Trabajé en ellos noche tras noche, intentando resolver primero uno y luego el otro pero no tuve éxito. No obstante continué trabajando en ello.

Varios días después terminé y resolví los problemas. Llevé la tarea al salón de clases al día siguiente. El profesor me dijo que la dejara sobre el escritorio, el cual estaba tan lleno de papeles que temía que mi trabajo se perdiera en el desorden. Reacio dejé mis ejercicios allí y enseguida me fui.

Seis semanas después, un domingo por la mañana, fui despertado por un golpeteo en la puerta. Quedé asombrado de ver a mi profesor. "¡George! ¡George!" gritaba, "¡Los resolviste!"

"Sí, por supuesto," dije. "¿No se suponía que tenía que hacerlo?" El profesor explicó que los dos problemas en el tablero no eran tarea; eran dos problemas que los matemáticos más sobresalientes no habían logrado resolver. Difícilmente podía creer que en tan solo unos pocos días los había logrado resolver ambos.

Si alguien me hubiera dicho que estos eran dos famosos problemas matemáticos sin resolver, probablemente ni hubiera intentado resolverlos. Esto demuestra el poder del pensamiento positivo".

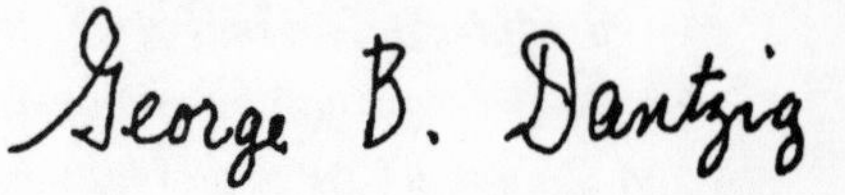

George Dantzig es profesor de Operaciones de Investigación y Ciencias de la computación, en la Universidad de Stanford.

Algo para reflexionar...

Una persona tiene mejores probabilidades de ganarse la lotería que de hacer parte de un equipo de baloncesto de la NBA. Ahora agréguele a la ecuación tener 15 centímetros menos que el jugador promedio de la NBA. Nadie tomó en serio el sueño de Tyron Bogues de convertirse en un jugador profesional de baloncesto sino únicamente él mismo. Y ello fue lo que lo condujo a convertirse en el jugador más pequeño de la historia en la NBA.

"Tú puedes lograr lo que desees en la vida, si crees firmemente en ti mismo, tienes una voluntad férrea, un gran corazón y algunos modelos que te inspiren".

—Tyrone "Mugsy" Bogues, En la tierra de gigantes

EN SUS PROPIAS PALABRAS

"Para escribir tuve que dejar mi trabajo, vivir de mis ahorros, y esperar que lo que estaba escribiendo no fuera una pila de basura sino un manuscrito vendible. Yo había trabajado como consultora de mercadeo por once años y aunque tenía una carrera exitosa, sentía que algo estaba haciendo falta. El doloroso divorcio por el que estaba atravesando, hizo que reevaluara mi vida. Y mientras pensaba qué era lo que iba a hacer con mi vida, una pequeña voz interior me decía: "Tú siempre has amado la lectura" ¡Basta! Dije yo. Me daba temor reconocer que siempre había querido escribir. Otra voz preguntaba: "¿Quién te crees que eres?"

Para mí no había razón para creer que pudiera convertirme en una escritora exitosa. Y aunque siempre me había gustado leer libros, nunca había tomado un curso de redacción. Sin embargo, muy dentro de mí, siempre sentía la necesidad de contar historias. Hasta ese momento, aquello era un sueño que nunca me había permitido a mí misma considerar. Ahora, a la edad de 35 años, ese sueño me estaba susurrando. Pero junto a ese susurro venían constantes pensamientos de negatividad y duda.

Pese a mi temor, renuncié a mi trabajo y empecé a escribir. Me hice el compromiso de escribir cinco páginas al día, sin importar lo que ello implicara. Si eran pésimas, serían cinco páginas pésimas. Si eran buenas, serían cinco páginas buenas; pero usualmente eran pésimas.

Después de dos años y medio, terminé mi manuscrito y lo llevé para que fuera transcrito de forma profesional. Me tomó tres meses armarme de valor para ir a recogerlo. Una voz interior me decía: "Nadie lo va a comprar. También sabía que al recogerlo, la parte más difícil del camino, quedaba por recorrer –intentar venderlo".

Envié The First Wives Club *a once editoriales y todo lo que recibí fueron cartas formales diciendo: "No leemos manuscritos no solicitados". Cuando finalmente conseguí que un editor lo leyera, recibí una carta de rechazo diciéndome que la historia era demasiado "difícil de creer" y que "nadie estaría interesado en leer sobre mujeres de mediana edad abandonadas por sus esposos". Pero yo opinaba de una forma diferente. Cada relato de lo que les sucedía a las mujeres en la novela me había sucedido a mí, a mi hermana, a mis amigas y a las mujeres en de la generación de mi madre. Yo sabía que había un mercado para este tipo de libro.*

De modo que empecé a llamar a varios agentes. Después de algunos meses, encontré a un agente dispuesto a representarme. Lo primero en lo que él insistió que yo hiciera fue en cambiar el manuscrito. Él consideraba que las mujeres que eran los personajes principales no inspiraban suficiente simpatía y recomendó hacer tres cambios: dé a la primera mujer un gato con leucemia, a la segunda esposa una hija con discapacidad mental y a la tercera un bebé que había muerto. Yo me opuse categóricamente a esos cambios. No quería que las mujeres se volvieran ficticiamente santas o que sus esposos fueran unos absolutos villanos. Aún así, realicé de forma reacia los cambios, después de muchas discusiones y de pensar que mi agente "el experto", sabía lo que hacía.

"Pero sorprendentemente, la versión del experto fue rechazada en la editorial donde él tenía sus mejores contactos. En ese momento me deprimí. Pero afortunadamente, el manuscrito no publicado había llegado a Todd Harris en Hollywood, quien lo leyó y creyó en él. Harris lo envió a tres mujeres productoras. Entonces, Sherry Lansing, la presidenta de Paramount Pictures, escuchó sobre mi manuscrito. Compró los derechos y me dijo que le gustaba todo en el manuscrito sobre The First Wives Club, *excepto tres cosas: el gato con leucemia, la niña con discapacidad mental y el bebé que había muerto. Yo quedé sorprendida. Reescribí el libro lo más cercano que pude al original y fue publicado por Simon and Schuster.*

Mi experiencia me enseñó una lección que nunca olvidaré: por tanto como tú creas en ti y en tu propia visión, ya tienes algo. Cuando te das por vencido, te encuentras en bancarrota con tu propia persona".

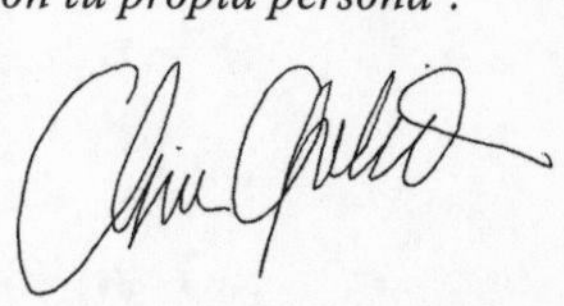

Olivia Goldsmith es la autora de la novela best-seller *The First Wives Club*, la cual más tarde convirtió en una película de cine y uno de los grandes éxitos de 1996. Goldsmith también ha sido la autora de los best-seller, *Marrying Mom* y *Switcheroo.*

"Estamos todavía un poco lejos. Yo estoy pidiendo una cifra de seis dígitos y ellos todavía se rehúsan a leer el manuscrito".

ALGO PARA REFLEXIONAR...

"La mascota de la compañía de cosméticos de Mary Kay Ash es un abejorro. "Dadas sus pequeñas alas y cuerpo pesado, el abejorro no debería poder volar. Pero el abejorro no sabe eso, así que de todos modos vuela".

EN SUS PROPIAS PALABRAS

"Estaba atrapada en un dilema. Por una parte, deseaba desesperadamente ser enfermera. La idea de ayudar a la gente me atraía muchísimo. Pero por otra parte, estudiar largas horas no me entusiasmaba para nada. Mis calificaciones lo demostraban. A la edad de 19 años, perdí mi primer año en la escuela de enfermería. El siguiente año, ocurrió lo mismo.

En el programa de enfermería había una profesora a la cual nunca olvidaré. Tenía muy poca paciencia con quienes no demostraban total compromiso con el programa, y mis esfuerzos divididos me ubicaban en esa categoría. Me dijo directamente que yo no tenía de lo que se necesitaba para convertirme en enfermera y que debería retirarme.

Sus palabras resonaban una y otra vez en mi mente. Tal vez yo no era lo suficientemente buena. Después de mi segundo intento quedé convencida que realmente no tenía las cualidades para lograrlo. Desilusionada por mi fracaso, me mudé a vivir a otra ciudad, lejos de mi familia y de mis amigos. Necesitaba tiempo para reorganizar mi vida. Tenía que encontrar empleo y dado que me gustaba el entorno hospitalario, acepté un cargo como transcriptora médica. El trabajo iba bien, pero no podía sacarme la enfermería de mi mente. Llegué a tener muy claro que no me haría sentir realizada el hacer algo diferente. Pero mi deseo de convertirme en enfermera se veía amenazado por un imponente miedo al fracaso.

Anualmente, durante cinco años, planeaba regresar a la escuela. Pero todas las veces me paralizaba la idea de fracasar de nuevo. Cuando llegaba el tiempo de la inscripción, encontraba incontables excusas para no matricularme. Estaba demasiado ocupada, no podía costearlo. Me necesitaban en mi trabajo.

El tiempo pasó y no me acercaba a lo que en realidad quería. Al darme cuenta que no tenía la fuerza interna para hacerlo sola le pedí a Dios ayuda. Le pedí que me diera la habilidad de alcanzar mi meta. Empecé a leer la Biblia, y varios amigos me recomendaron varios libros que me introdujeron en el tema del pensamiento positivo. Como resultado, mi fe aumentó, y junto con ella, mi valor y mi autoestima. Con el tiempo, me fortalecí con la convicción que con la ayuda de Dios no había nada que no pudiera lograr.

En 1978, cuando se abrieron las matrículas para el programa de enfermería ingresé por la puerta. ¿Estaba nerviosa? ¡Imagínelo! Pero también tenía la confianza que Dios me ayudaría. Dos años después, me gradué con honores con el cinco por ciento mejor por encima de la clase. Felizmente, desde entonces he sido enfermera.

Me tomó cinco años descubrir mi fe, edificar mi confianza y armarme de valor para intentarlo una vez más."

Suzan Robison

Suzan Robinson trabaja de tiempo completo como enfermera registrada en Orlando, Florida

"Soy el mejor.
Dije eso aún antes que lo supiera.
No me digan que no puedo hacer algo.
No me digan que es imposible.
No me digan que no soy el mejor.
Soy dos veces el mejor".
—MUHAMMAD ALI, *boxeador profesional*

* * *

TU PLAN PERSONAL DE ACCIÓN

Trazando el camino de la convicción

Imagina que has logrado identificar tu propósito y has fijado metas por las cuales sientes total entusiasmo, es decir, pasión. Ahora te sientes listo para hacer que sucedan. Ansioso, compartes tu idea con un amigo durante el café de la mañana. Antes que puedas expresar dos frases, tu amigo te advierte que lo que tú quieres intentar hacer ya lo han intentado otros antes y que han fracasado, y que probablemente, este no es el mejor momento para intentarlo. Luego de considerar los comentarios de tu amigo, te dices a ti mismo: "Tal vez esto va a ser un poco más difícil de lo que yo había proyectado".

Si logras llegar al final del día sin llamar aquello una locura temporal por concebir semejante idea, considéralo una victoria. Sin duda, un sueño es mucho más vulnerable inmediatamente luego de su concepción.

El paso más importante que puedes dar para mantener tu sueño con vida es realizar actividades que fortalezcan tu convicción y proteger los puntos donde sea vulnerable. Tal como el sistema inmunológico de tu cuerpo puede ser fortalecido mediante una dieta apropiada, ejercicio y técnicas de relajación, nuestra convicción también puede ser fortalecida y nutrida. Afortunadamente, podemos emprender acciones para lograr esa meta.

DIEZ PASOS PARA DESARROLLAR UNA CONVICCIÓN INQUEBRANTABLE

Paso 1: emprende la acción de inmediato

Tal vez te preguntes qué tiene que ver el emprender la acción con fortalecer tu convicción. El punto es que tus acciones reflejan tus creencias, y es lo que uno hace lo que demuestra lo que realmente cree. Cuando uno da pasos, aunque sean pequeños, está comunicando a sí mismo y al mundo que uno cree en sí mismo y en su sueño.

Es posible que al principio no te sientas valiente y confiado, mucho menos imparable. Sin embargo, al realizar acciones consistentes generará el sentimiento apropiado hasta que con el tiempo logres obtener la confianza y una convicción que se arraiguen en lo más profundo de tu ser. Cada acción que emprendas en esa dirección aumentará tu autoestima y confianza. Ya no estarás sentado esperando que algo mágico suceda. Tú serás el creador de esa "magia". Y al aumentar esa autoestima podrás darte cuenta que es posible alcanzar tus sueños.

Mary Kay Ash, fundadora de la reconocida compañía de cosméticos, recomienda a las personas la siguiente frase: "Pretende que lo has logrado hasta cuando lo hayas logrado". Ella conoce un gran secreto: si las personas se visualizan a sí mismas como lo que desean ser y actúan como esa persona, pronto ya no estarán actuando. Se convertirán en esa persona. Si deseas alcanzar tus metas, demuéstrale al mundo que crees en tí mismo. Actúa con confianza, actúa con convicción.

Acción: Escribe una acción que puedas realizar de inmediato y que contribuya a la realización de tus sueños. ¡Hazlo ahora mismo!

Paso 2: reconoce tu potencial no utilizado

Se dice comúnmente que la persona promedio utiliza solo una fracción del potencial de su capacidad mental. De modo que es importante reconocer que no utilizamos nuestras capacidades al máximo y que tenemos un enorme potencial dentro de nosotros para hacer y para lograr más.

Acción: Elabora una evaluación realista de tus habilidades actuales. Ahora imagina que tus habilidades se aumentan en un diez por ciento. ¿Qué harías en este momento si tuvieras tus habilidades o talentos aumentados en un diez por ciento? Lo más probable es que estarías haciendo esas cosas si lo creyeras y si te esforzaras un poco más, si te salieras de tu zona de confort.

> "¡Todas las cosas son posibles para uno si tiene fe!"
> —Marcos 9:23

PASO 3: ¡VIGILA TU LENGUAJE INTERIOR!

¿Te sientes invadido por pensamientos negativos? ¿Esos pensamientos, "Si, pero...?" Es absolutamente importante que deseches esos pensamientos tan pronto como estos se manifiesten. Tal vez hayas escuchado la expresión: "Los pensamientos son cosas". Cualquier cosa que pienses de forma constante, se transformará en realidad. Si piensas continuamente en lo difícil que es tu meta, nunca la lograrás realizar.

Tú puedes vencer los pensamientos positivos concentrándote en las posibilidades. Para ilustrar el poder de nuestras palabras, piensa en una meta loable y luego repítelo para ti mismo: "¿Cómo fue que pude pensar que podía alcanzar esta meta? Es demasiado grande, demasiado difícil. ¡Es imposible! ¿En qué estaba pensando?"

¿Te suena eso familiar? En mi caso, yo he experimentado esos tipos de diálogos en más de una ocasión. Cuando ese tipo de pensamientos vengan a tu mente, reemplázalos con el siguiente tipo de conversación mental: "Yo sé que mi meta es alcanzable porque otros lo han logrado antes que yo. Yo estoy absolutamente comprometido en hacer que suceda y estoy dispuesto a hacer lo que sea necesario para alcanzar el verdadero deseo de mi corazón".

¿Sientes la diferencia en ambas conversaciones? Si uno se detiene algún tiempo en la primera conversación, estará en problemas. Sin embargo, la segunda conversación renueva el compromiso y lo transforma a un nuevo mundo de posibilidades. Cuando uno se halla en ese estado mental positivo está abierto a formularse mejores preguntas. ¿Qué puedo hacer para alcanzar mi meta? ¿Quién pudiera estar dispuesto a ayudarme? ¿Cómo puedo abordar esto de forma diferente para alcanzar el resultado deseado?

Acción: Elabora un inventario de la conversación interna negativa en la cual tú participas. Piensa en cómo modificar el diálogo para lograr un efecto positivo en tu pensamiento y en tus resultados. Por ejemplo, en vez de preguntarte: "¿Por qué yo?" o "¿Por qué no puedo hacerlo?" Pregúntate: "¿Qué puedo hacer para que las cosas mejoren, para hacer que mi vida logre tener un giro, para mejorar la situación, para obtener lo que siempre he anhelado?" Estas preguntas cambian automáticamente tu enfoque y te hacen sentir empoderado.

> "Continué bloqueando todos mis pensamientos negativos.
> Me mantuve leyendo libros que me animen a
> continuar edificando la fe y
> fortaleciendo la convicción".
> —Jackie Joyner-Kersee

PASO 4: NEUTRALIZA EL TEMOR Y EL RIESGO

El temor es una reacción natural al cambio. El temor es probablemente la razón número uno de por qué la gente vacila en iniciar algo nuevo y por el contrario, opta por dejar que las cosas continúen el curso que llevan –seguras, confortables, familiares. Sin embargo, es vital comprender que *todo el mundo* experimenta temor cuando se aventura a adentrarse en un territorio nuevo y desconocido. El temor es una fuerza natural y fisiológica, diseñada para alertarnos al hecho que necesitamos prepararnos para hacer frente a una situación o necesitamos escapar. Con todo, una de las diferencias entre las personas exitosas y las que no lo son subyace en la forma de reaccionar ante el temor. Las personas exitosas reconocen el miedo y lo controlan, enfrentando su causa y determinando de antemano cómo se pueden preparar para el desafío que está por presentarse. Se deciden a adoptar algunas actitudes que les permite sentirse tan competentes y confiados como sea posible.

Mi estrategia personal para enfrentar el temor has sido siempre la preparación. Sea que se trate de hacer una importante presentación de negocios o que se requiera presentar un discurso ante un gran auditorio, nunca abordo el asunto de manera superficial. Al principio la tarea puede parecer gigantesca, pero mientras más me preparo, más confiada y segura me siento.

Lili Walters escribió en su libro *"Secrets of Successful Speakers"* la siguiente frase: "El ensayo y la preparación pueden reducir el temor en un

75%". Ella continúa, "Respirar profundo puede representar otro 15%. Y el 10% restante se logra conquistar a través de la preparación mental". Esas son cifras que pueden hacer una gran diferencia en tu condición mental.

Para superar el temor, debemos enfrentar la mismísima cosa que tememos. Solo así, asumiendo riesgos, podemos construir nuestra confianza. En un estudio conducido por la Universidad de Cornell, se le preguntó a un grupo de ciudadanos mayores si tenían remordimientos respecto a sus vidas. La respuesta sorprendente fue, que de lo que más se lamentaban era de no haber hecho lo que siempre quisieron hacer. Fueron los riesgos que *no* asumieron –no los riesgos que tomaron, los que los hacían sentir así.

No permitas que el temor produzca en ti los mismos remordimientos. Reconoce el temor, prepárate para enfrentarlo y entonces actúa.

Acción: Identifica un temor que te esté deteniendo de lograr tus metas. Neutralízalo, preparándote para enfrentar el desafío. A continuación establece el compromiso de hacerlo. Si el resultado no es lo que planeaste, felicítate a ti mismo por haber tenido el valor de hacer algo al respecto y por la experiencia ganada. Modifica tu plan y emprende la acción de nuevo. (En el capítulo 4, consideraremos un proceso, paso a paso para crear tu propio plan de modo que al aplicarlo, nada te pueda detener.)

> "Tú eres hijo de Dios. Tener aspiraciones pequeñas no contribuye al bienestar del mundo. No hay nada iluminador con contraerse, para que otras personas no se sientan inseguras a tu alrededor. Tú naciste para hacer manifiesta la Gloria de Dios, la cual reside en nosotros. Y a medida que permitimos que nuestra luz resplandezca, inconscientemente le damos a otras personas licencia para que hagan lo mismo. Cuando nos liberamos de nuestros propios temores, nuestra presencia automáticamente libera a otros".
>
> —Marianne Williamson

PASO 5: VISUALIZA EL ÉXITO

Robert Kennedy, citando de George Bernard Shaw, dijo: "Algunos... ven las cosas como son y preguntan ¿por qué? Yo veo las cosas de la forma en que pudieran llegar a ser y pregunto, ¿por qué no?" Sus palabras llegaron a ser un himno para una sociedad cansada de sus limitaciones y ansiosa de redescubrir su potencial.

Visualizar todo lo que puede llegar a ser, no es simplemente pensar sobre un asunto, sino verlo de forma activa. Este proceso de imaginación, cuando es dirigido y focalizado se conoce como visualización. Visualizar lo que se desea antes que ocurra es una de las estrategias más poderosas de las personas que realizan grandes ideales. Quienes utilizan el método de visualización revitalizan su pasión, clarifican sus metas y fortalecen su convicción.

Si, digamos, tú deseas convertirte en un orador exitoso, primero imagínate frente a un gran auditorio. *Visualízate* hablando elocuentemente ante cientos de personas escuchando atentamente. *Escucha* la confianza y la vitalidad en tu voz. *Siente* el calor y la receptividad de tu audiencia, *huele* la fragancia de las flores puestas al lado de la plataforma de los oradores. *Saborea* el agua fresca que bebes del vaso.

Para crear tal visión clara y firme, solo deja volar tu imaginación. De la misma forma, cuando hayas desarrollado una meta, visualízala al máximo detalle como te sea posible, imagina todos los detalles que te gustaría ver en la escena. Haz tu visualización tan poderosa que cuando finalmente alcances tu meta tengas una sensación de deja-vú –"¿No he experimentado esto antes?" Sí, lo has experimentado antes, en tu imaginación, miles de veces, y cada vez la experiencia se hizo más real.

Martin Short practicaba la visualización de forma regular cuando era un niño de ocho años. Fantaseaba con convertirse en un presentador de televisión. En su ático, presentaba *El Show de Martin*. Cantaba, entrevistaba a personajes y hacía sonar un aplauso grabado cada vez que realizaba una presentación. Hasta escribía la lista de sus invitados con una máquina de escribir. Su éxito como presentador en la actualidad demuestra el poder de la visualización.

Acción: Identifica una meta específica que apoye tu propósito y tu pasión. Imagínate alcanzando la meta en cada detalle. Piensa en el sitio donde estarás en ese momento, la ropa que vestirás, quién está contigo, el clima que esté haciendo, la clase de sentimientos que estarás experimentando. Crea la visión más atractiva y excitante que puedas imaginar. Luego, registra por escrito lo que has visualizado o grábalo en un programa de audio. Para dar mayor vida a la grabación agrega música de fondo o sonidos naturales placenteros.

Lee tu descripción o escucha tu cinta todos los días. A medida que lo hagas, tu convicción y confianza crecerán. Cuando tu convicción esté fortalecida, da pasos adicionales. En poco tiempo, estarás actuando desde un fundamento firme, la fe incontenible.

> "El éxito es un estado de la mente. Si deseas ser exitoso comienza viéndote a ti mismo como a alguien con éxito".
> —Dr. Joyce Brothers

PASO 6: PRACTICA AFIRMACIONES POSITIVAS

Napoleon Hill, autor del best-seller *"Think and Grow Rich"*, sugiere que repetir afirmaciones positivas a la mente subconsciente constituye un excelente método para desarrollar la fe. Luego de repetirse una afirmación de forma continua, uno llega a creer completamente en ella.

Acción: Elabora una lista o escribe una declaración de lo que te gustaría lograr. Ve a un sitio tranquilo donde puedas cerrar tus ojos y puedas repetir tu declaración escrita. A medida que repitas tu declaración, visualízate alcanzando tu meta. Repite tu declaración en las mañanas y en las noches, y empezarás a experimentar cómo te acercas cada vez más a tus metas. Ubica una copia de tu declaración donde la puedas ver todas las mañanas y todas las noches.

> "Porque así como lo piensa un hombre en su corazón, así resulta ser".
> —Proverbios 23:7

PASO 7: CONSIGUE QUE OTROS CREAN EN TI

Es bastante difícil mantenerse positivo durante los tiempos difíciles, aún hasta cuando uno tenga el apoyo de otros personas positivas. Asociarse con personas negativas puede significar la muerte segura de tu sueño. Muchas de las personas de las cuales se habla en este libro no tuvieron tiempo para compartirlo con personas negativas o no dispuestas a apoyar. John Johnson, fundador de la revista *Ebony,* (a quién conoceremos en el capítulo 6) despidió a todos los empleados que decían que sus metas eran imposibles de alcanzar. Bill Payne (cuya historia encontrarás en el capítulo 5), organizador de los juegos olímpicos de 1996, se alejaba de cualquier persona, incluyendo expertos y consultores, que dijeran que su sueño no podría ser realizado. Tú harías bien en seguir el ejemplo de estas personas.

Desafortunadamente, puede resultar difícil alejarte de toda la gente negativa que aparece en la vida. Puede ser que esa persona negativa sea tu padre, tu madre, tu socio comercial, tu mejor amigo o hasta tu cónyuge. Y puesto que estas personas te han conocido por años, puede que piensen en ti en términos de las experiencias pasadas y no en términos de lo que eres en la actualidad o en términos de la persona que puedes llegar a ser. Por ejemplo, cuando expresaste que tu sueño de actuar en Broadway, tu hermano trajo a la memoria cuando te caíste en el escenario en una obra escolar. O cuando le contaste a tu madre que querías empezar una compañía que organiza gabinetes, ella casi se desmaya, recordando los años de tu adolescencia cuando ella ni se atrevía a abrir la puerta de tu closet. El dicho "Un hombre no es profeta en su propia tierra", no podría ser más cierto.

A veces es más fácil encontrar apoyo en un completo extraño. Una persona extraña no tiene ideas preconcebidas de lo que puedes o no puedes hacer. En el capítulo 6, consideraremos el tema de cómo encontrar personas que te apoyen para construir tu sueño. Pero el mensaje hasta este punto es, que todo el mundo necesita de alguien que crea en sus sueños y es posible que las personas que lo rodeen a uno no sean precisamente quienes desempeñen ese papel de la forma más correcta. La clave está en encontrar a alguien que sí lo haga.

Acción: Elabora un inventario de la gente en tu vida. Identifica a una o a dos personas que sean comprensivas y que puedan suministrarte apoyo. Si no logras identificar a una de esas personas, puedes consultar el capítulo 6, que identifica los mejores lugares donde puedes encontrar a esas personas. En las etapas iniciales de tu plan, compártelo únicamente con personas que te puedan apoyar. Y a medida que tu sueño tome forma y te hagas más fuerte en tu convicción, lograrás hacer frente a la multitud de personas negativas que te encontrarás a tu paso. Sin embargo, al principio, debes ser selectivo.

Uno de mis investigadores dijo que yo trataba a la negatividad como si fuera "veneno" y tiene toda la razón. La negatividad funciona como si fuera veneno en la corriente sanguínea: si la permites, debilita tu confianza y aniquila tu sueño. Pero tus metas son demasiado importantes como para permitir que eso ocurra.

PASO 8: OBTÉN FUERZAS DE UNA FUENTE DE PODER SUPERIOR

Muchos de los individuos de los cuales hemos leído han hecho de Dios la fuente de su fortaleza. Al apoyarse en Él han podido superar los inmensos obstáculos de la auto-duda. Yo personalmente, he derivado fortaleza de adoptar dos creencias. La primera es que Dios me ama. Y la segunda, es que todo lo que sucede, ocurre por alguna razón y que esa razón en últimas, obra a mi favor. Cuando uno desarrolla la convicción que en cada adversidad hay una semilla de igual o mayor beneficio, uno no puede menos que aprender de la experiencia y mirar con confianza al futuro.

Acción: En su libro *"El poder del pensamiento positivo"*, el doctor Norman Vincent Peale, sugiere que repitamos muchas veces al día frases como: "Dios está conmigo", "Dios me ayuda" y "Dios me guía".

Reconoce que Dios está contigo y que nada puede derrotarte. Cree que recibes fuerzas del Creador. Al repetir una declaración como esta, muchas veces, todos los días, visualiza la presencia de Dios, así tu fe se profundizará.

> "Mi fe significa mucho para mí. Ya no siento que tenga que hacerlo todo por mí misma. Puedo experimentar situaciones difíciles y puedo sentir que hay una fuente de fortaleza más allá de mí misma y que todo no recae sobre mis hombros".
> —Elizabeth Dole

"Con frecuencia tus tareas serán muchas,
Y más de lo que crees que puedas asumir...
Con frecuencia el camino será difícil
Y las colinas parecerán insuperables...
Pero siempre recuerda que esas colinas
Nunca son tan empinadas como parecen,
Con fe en tu corazón emprende el asenso,
Y asciende hasta cuando alcances tu sueño,

Porque nada en la vida que valga la pena
Será demasiado difícil de alcanzar
Si tienes la fe para intentarlo,
Y la fe para creer en ello...
Porque la fe es una fuerza que es superior
Al conocimiento, al poder o a la habilidad
Y muchas derrotas se convierten en triunfo
Si confías en la sabiduría de Dios y en Su Voluntad...
Porque la fe mueve montañas,
No hay nada que Dios no pueda hacer
Empieza hoy a tener fe en tu corazón
Y sube, hasta que tus sueños se hagan realidad"
—HELEN STEINER RICE
Autora de "Sube hasta que tus sueños se hagan realidad"

PASO 9: CÓMO ENFRENTAR A LOS CRÍTICOS Y AL RECHAZO

"Busco personas que tengan la infinita capacidad
de no saber lo que no puede hacerse".
—Henry Ford

Dicen por ahí que "todo el mundo es un crítico", y nada parece ser más cierto cuando uno está intentando alcanzar su sueño y encontrar apoyo. Siempre hay personas bien intencionadas que quieren "protegernos" de las "fantasías irreales". Los críticos intentaron desanimar a muchas de las personas de las cuales estás leyendo en este libro. Les dijeron que eran incapaces, que sus ideas nunca funcionarían, que no había mercado para sus productos, que eran demasiado bajos de estatura, demasiado jóvenes, que era demasiado temprano o demasiado tarde. Y todas las personas de las cuales se habla en este libro, rechazaron tal habla negativa y lograron alcanzar sus metas.

La única opinión que en realidad cuenta respecto a tu sueño es la tuya. Los comentarios negativos de los demás simplemente reflejan las limitaciones *de ellos –no las tuyas.* No hay nada irreal respecto a un sueño que esté en armonía con tu propósito, que encienda tu pasión y que te inspire hasta lograr alcanzarlo. Por el contrario, no es realista pensar que una persona con dicha motivación y compromiso no logre el éxito.

Acción: Haz tu tarea. La mejor manera de contrarrestar la negatividad es aprendiendo todo lo que más se pueda respecto a lo que se quiere lograr. Identifica los desafíos primarios que enfrentarás mientras persigues tu meta. Formula estrategias para vencer cada uno de esos desafíos. Armado del conocimiento necesario y de un plan, estarás en una posición mucho más fuerte y tendrás mucha mayor convicción para cuando los críticos se presenten y ofrezcan su consejo no solicitado.

Cuando yo le conté a algunas personas que no solo iba a escribir un libro, sino que me había comprometido a escribir un best-seller, se me dijo, en más de una ocasión, que mi meta no era realista y que era altamente improbable que eso llegara a suceder. Pero yo no escuché su consejo porque yo había hecho mi tarea. Yo había investigado en la industria editorial y había desarrollado una estrategia, basándome en lo que otros autores de best-sellers habían hecho y en lo que las compañías editoriales habían publicado. Al seguir su ejemplo, yo concebí que también podía crear un best-seller. Si otros lo habían logrado, yo también podía hacerlo.

Las personas de las cuales vamos a leer a continuación, tuvieron que enfrentar los comentarios de la gente negativa. Afortunadamente, nunca prestaron atención a dichos comentarios.

LA ESQUINA DE LOS CRÍTICOS

- *"¿Hasta cuándo vas a seguir yendo al gimnasio a entrenar todo el día y a vivir en un mundo de sueños?"*
  Las súplicas de la familia de Arnold Schwarzenegger para que consiguiera un trabajo "respetable" demostraron no entender su deseo de convertirse en Mr. Universo.

- *"Liquida el negocio ahora y recupera lo que puedas de dinero. Si no lo haces, terminarás sin un centavo".*
  El abogado de la magnate de los cosméticos Mary Kay Ash, semanas antes que abriera su primera tienda.

- *"Es un negocio que va al precipicio y no tienes la más mínima probabilidad de éxito".*
  El contador de Estee Lauder, fundador del imperio multibillonario de los cosméticos.

- *"El lenguaje que se habla es bastante rudo y no hay baño para damas".* Esa fue la respuesta que le dieron los funcionarios de New York Stock Exchange, cuando Muriel Siebert quiso comprar una posición en 1967. Ella la adquirió de todos modos, y continuó como la única mujer en la bolsa de Nueva York, durante los siguientes nueve años.

- *"Tienes una excelente voz para la locución, pero deberías conseguirte más bien un trabajo como secretaria. No estamos contratando mujeres".* Eso fue lo que le dijeron los anunciantes de NBC Radio a Sally Jessy Raphael, cuando aplicó por un puesto en la emisora después de graduarse de la Universidad de Columbia.

- *"Entrenar con pesas hace que los atletas pierdan velocidad y agilidad. El fisiculturismo produce hemorroides y hernias".* La opinión de los expertos en salud, quienes llamaron "chiflado" a Jack LaLanne, quien en el futuro se convertiría en el gurú de la figura y en estrella de la televisión.

- *"No puedes tocar el piano, y sabe Dios si puedes cantar. Te iría mejor si aprendes a tejer sillas, así te podrías sostener a ti mismo".* Un comentario hecho por los profesores de Ray Charles.

- *"Es muy difícil lograr un lugar en el rating de tarde en la noche. La televisión no está lista para un show con un presentador negro. Esta es América y no debes olvidarlo".* La "sabiduría popular" antes que Arsenio Hall aceptara la propuesta de Paramount de ser el anfitrión para un show tarde en la noche.

- *"Tienes una voz agradable, pero no es nada fuera de lo común".* Eso fue lo que le dijo un profesor a Diana Ross, luego que ella presentara una audición para una obra musical en su escuela.

- *"Nunca estarás en la portada de Vogue porque no tienes el cabello rubio ni los ojos azules".* Un comentario hecho por el coreógrafo Richard Avedon. No obstante, cuando Cher apareció en la portada de Vogue vendió más copias de las que la revista había vendido antes.

- *"Eres un buen editor, con un futuro brillante en el negocio. ¿Por qué tirarlo todo por la borda para intentar ser un escritor? Ya leí tu libro, y para serte franco, no es tan bueno que digamos".*
  Comentarios de un agente editorial de Nueva York a James Michener, sobre su primer libro "*Tales of South Pacific*", por el cual Michener ganó un Premio Pulitzer.

- *"Te convertirías en un tonto si intentaras vender agua gasificada en la tierra de la Coca-Cola".*
  Ese fue el comentario que le hicieron a Gustave Leven en varias firmas de consultoría, cuando supieron de los planes del señor Leven de lanzar *Perrier* en los Estados unidos.

PASO 10: ENFRENTANDO A LOS EXPERTOS

> "En la mente del principiante hay muchas posibilidades, en la mente del experto hay pocas".
> —Shunryu Suziky, Erudito

Otro tipo de crítico, bastante diferente a los que se niegan ante las posibilidades –y ciertamente más temido – es el "experto". El diccionario *Webster's* define a un experto como alguien que "posee conocimiento a través de entrenamiento y experiencia". Un experto puede ser más intimidante que el más cercano de tus familiares, quien a pesar que no conoce nada sobre tu campo de experiencia, sabe muy bien con qué integridad deberías actuar dentro de éste.

Los expertos ofrecen experiencia y son un gran recurso. Sin embargo, considera lo siguiente:

- El conocimiento de los expertos se basa en la experiencia pasada; tal vez no aplique para una idea innovadora en el futuro.
- A los expertos rara vez se les conoce por su creatividad e imaginación. Los pioneros y los innovadores utilizan su intuición; los expertos se basan en datos. Y esos datos puede que apliquen a los modelos anteriores y que no tengan relevancia para los modelos presentes o futuros. Peter Drucker, una de las voces más respetadas en el mundo de los negocios escribió: "La investigación de mercados no funciona. Uno

no puede hacer investigación de mercados sobre algo que no existe". El terreno de dominio de los soñadores es el de lo que nunca se ha probado y de lo que puede llegar a ser posible. Ése es un territorio extranjero para los peritos.

- Los expertos tienen un interés intrínseco en conservar el estatus quo. En su libro *"Profiles of Genius"*, Gene Landrum ofrece el siguiente punto: "Uno de los mayores problemas de la opinión experta es la tendencia del experto a preservar y a validar la forma actual de las cosas, y esto ocurre porque tienen su ego invertido en las mismísimas cosas en las cuales se consideran versados. Si invierten en el cuestionamiento de sus ideas, en esencia estarían destruyendo parte de su credibilidad. Por lo tanto, el experto nunca se rinde. Es por ello que Thomas Kuhn pudo demostrar que toma 30 años (*The Structure of Scientific Revolutions, 1959*) para que un nuevo concepto reciba aceptación. Otras investigaciones han demostrado que los científicos más viejos mueren (Wilson, 1990) sin aceptar los nuevos conceptos que violan su propia concepción de la realidad".

Demos una mirada a algunas opiniones de expertos ofrecidas a empresarios visionarios en el pasado no tan distante:

"Nadie va a pararse frente a un televisor y jugar un juego que no requiera de acción física, como por ejemplo, pinball".
Comentarios de unos ejecutivos después de presenciar una prueba beta de Pong, el primer video juego por el fundador de Atari, Nolan Bushnell.

"Nadie va a comprar un reproductor de cintas que no tenga la posibilidad de grabar".
Esa fue la opinión de los investigadores de mercado en Sony cuando su presidente Akio Morita propuso la idea del Walkman.

"Es un gran riegos y nunca va a volar".
Eso fue lo que dijeron los ingenieros aeronáuticos al evaluar el diseño de un jet, por parte de Bill Lear.

"Los computadores personales serán una moda pasajera".
Esa fue la predicción de IBM, Intel, HP, Atari y muchas otras compañías de artículos electrónicos.

"La gente va a alquilar las cintas de video, pero nunca van a querer comprarlas".
Esa fue la opinión de los expertos del medio, quienes más tarde probaron sus afirmaciones equivocadas con las videocintas de ejercicios de Jane Fonda.

"Una cadena mundial de noticias que transmita las 24 horas del día nunca funcionará".
Ejecutivos responsables de administrar los planes de Ted Turner para CNN.

"No hay mercado para ello. Si lo hubiera, las principales aerolíneas ya lo estarían ofreciendo. No lograrías conseguir servicios de correo confiables".
Esa fue la conclusión a la que llegó un cuerpo de consejeros cuando Fred Smith, fundador de Federal Express, les presentó su idea.

Acción: La próxima vez que un "experto" ataque tu sueño, obtén consuelo de saber que a la gente que ha alcanzado algunos de los logros más sobresalientes de la humanidad, alguna vez se le dijo que sus metas no eran posibles. Confía en tu intuición y en el deseo interno de tu corazón, y continúa adelante. Tu confianza se fortalecerá cada vez que te arriesgues a vencer el temor de lo desconocido.

Alcanzar las metas tiene muy poco que ver con las evaluaciones de los expertos, la experiencia del pasado, los expedientes de la industria o las evaluaciones de coeficiente de inteligencia. El intelecto y la razón no pueden impulsar un sueño hacia delante. La intuición, la imaginación y la fe sí pueden hacerlo. La audacia de la fe es tan poderosa que puede dejar a los críticos y a los expertos asombrados con sus resultados.

"Cree en ti y vendrá el día en que los demás no tendrán más opción que también creer en ti".

CARACTERÍSTICA NÚMERO CUATRO

La preparación pone el fundamento

La preparación fue uno de los componentes claves del éxito en las historias de este capítulo. Planearon, investigaron, buscaron consejo, recopilaron información, desarrollaron habilidades y se prepararon para el cumplimiento de sus sueños. Y en el momento en que se presentó la oportunidad, ellos estaban listos para aprovecharla.

El individuo promedio no tiene un verdadero plan para su futuro. Es posible que la mayoría de personas tengan fantasías e incluso esperanzas, pero no tienen planes. En la sección, "Tu plan personal de acción" hablaremos acerca de cómo desarrollar una visión clara de lo que deseas alcanzar y cómo identificar los pasos para formular un plan de vida que no pueda ser truncado.

> "No hay un gran salto repentino a la estratosfera. Solo existe el avanzar paso a paso, lenta y decididamente, hacia la pirámide de tus metas".
>
> —Ben Stein

"UNA VIDA DE PLANEACIÓN VALE LA PENA"

Para este ex-policía vender hamburguesas representaba vender esperanza

"¡Tienes que estar loco!" Eso fue lo que los amigos de Lee Dunham le dijeron en 1971 cuando renunció a un trabajo seguro como oficial de policía e invirtió sus ahorros de toda la vida en el bastante arriesgado negocio de los restaurantes. Este restaurante en particular era más que arriesgado, era absolutamente peligroso. Era la primera franquicia de McDonald´s en la ciudad de Nueva York –en medio del peligroso Harlem.

Lee siempre había tenido planes. Cuando los otros chicos jugaban a la pelota en los lotes solitarios de Brooklyn, Lee jugaba a ser empresario, recolectando botellas de leche y devolviéndolas a los supermercados para los depósitos. También tenía su propio equipo de lustrabotas y trabajaba entregando periódicos y llevando domicilios de víveres. Siendo muy niño, le prometió a su madre que algún día ella dejaría de lavar la ropa de otras personas para sobrevivir. Él iba a comenzar su propio negocio y a encargarse de ella. Su madre le decía: "Cierra la boca y has tus tareas". Ella sabía que ningún miembro de la familia Dunham había tenido alguna vez un puesto superior al de un obrero, y que ninguno de ellos había tenido su propio negocio. Su madre le decía una y otra vez: "No creo que algún día puedas abrir tu propio negocio".

Los años pasaron, pero las inclinaciones de Lee a soñar y a planificar no se desvanecieron. Después de la secundaria se unió a la Fuerza Aérea, donde su meta de tener algún día un restaurante empezó a tomar forma. Se inscribió en el servicio de alimentos de la Fuerza Aérea y se convirtió en tal cocinero excelente que fue ascendido a atender el comedor de los altos oficiales.

Luego de servir en la Fuerza Aérea, Lee trabajó durante cuatro años en varios restaurantes, incluyendo uno en el famoso Hotel Waldorf Astoria de la ciudad de Nueva York. Lee deseaba poder iniciar su propio restaurante pero sentía que le faltaban las habilidades comerciales para tener éxito.

Entonces se matriculó en una escuela de negocios para estudiar en las noches a la vez que aplicó y se enroló en las filas de la policía.

Trabajó durante 15 años como oficial de policía. En sus horas de descanso, trabajaba de medio tiempo como carpintero y continuaba asistiendo a la escuela de negocios. "Ahorré cada centavo que gané como oficial de la policía", recuerda. "Durante diez años no gasté ni un centavo en ir a cine, ir de vacaciones, o idas al estadio de béisbol. Esos años fueron únicamente de trabajo y estudio y dedicados al sueño de mi vida de tener mi propio negocio". Para el año 1971, Lee había ahorrado USD $42,000. ¡Era el momento de empezar a hacer realidad su sueño!

Lee deseaba abrir un gran restaurante en Brooklyn. Con plan de negocios en mano, se dispuso a buscar financiación. Los bancos lo rechazaron. Sin lograr obtener financiación para abrir un restaurante independiente Lee consideró la idea de las franquicias y llenó numerosas solicitudes. McDonald´s le ofreció una franquicia, con una condición: Lee tenía que abrir un McDonald´s en el corazón de Nueva York, el primero que abriría en esa ciudad. McDonald´s deseaba saber si su tipo de comida rápida sería exitoso en el centro de la ciudad. Parecía que Lee sería la persona indicada para abrir ese restaurante.

Para obtener la franquicia, Lee tendría que invertir en los ahorros de toda su vida y solicitar un préstamo adicional de $150,000. Todo por lo cual había trabajado y el sacrificio que había hecho todos esos años, pendían de un hilo, por cierto muy delgado si Lee prestaba atención a sus amigos. Lee pasó muchas noches en vela antes de tomar una decisión. Al final, puso fe en los años de preparación que había invertido en soñar, planear, estudiar y ahorrar. De modo que firmó el contrato para operar el primer McDonald´s en el centro de una ciudad en los Estados Unidos.

Los primeros meses fueron un desastre. Peleas de bandas, disparos y otros incidentes violentos invadieron el restaurante y alejaron a los clientes. Al interior, los empleados robaban alimentos y dinero. Su caja de seguridad fue asaltada varias veces. Para empeorar las cosas, Lee no pudo obtener mucha ayuda de las oficinas centrales de McDonald´s. Los representantes de la compañía sentían demasiado miedo como para aventurarse a visitar el gueto. Lee estaba abandonado a su propia cuenta.

Aunque le habían robado su mercancía, sus ganancias y su confianza, Lee no iba a permitir que le robaran su sueño. Lee de nuevo se apoyó en lo que siempre había confiado, la preparación y la planeación.

Lee desarrolló una estrategia. Primero, envió un fuerte mensaje a los matones del vecindario diciendo que McDonald´s no iba a ser su territorio. Pero aparte de su ultimátum, necesitaba ofrecer una alternativa al crimen y la violencia. En los ojos de esos niños, Lee vio la misma mirada de indefensión que había visto en su propia familia. Lee sabía que había esperanza y oportunidad en ese vecindario y estaba dispuesto a comprobárselo a esos chicos. Se decidió a vender más que comidas a su comunidad –se resolvió a proveer soluciones.

Lee habló abiertamente con los miembros de las bandas y los desafió a reconstruir sus vidas. Entonces hizo lo que todos pensarían que era impensable: contrató a algunos miembros de la banda y los puso a trabajar. Reforzó los controles y realizaba controles al azar en la caja. Lee mejoró las condiciones de trabajo y una vez a la semana conducía clases con sus empleados sobre servicio al cliente y administración. Les animó a desarrollar metas personales y profesionales. Siempre enfatizaba dos cosas: su restaurante ofrecía una salida a lo que podría ser una vida que terminara en una muerte temprana para sus empleados y entre más rápido y eficiente ellos servían a los clientes, más provechosa se hacía la vida para todos.

En la comunidad, Lee patrocinó equipos de atletismo y becas para sacar a los niños de las calles y hacer que estos estuvieran en las escuelas y centros comunitarios. El restaurante en el centro de Nueva York se convirtió en la franquicia de McDonald´s más lucrativa del mundo, ganando más de USD $1.5 millones al año. Los representantes de la compañía que meses atrás no eran capaces de poner un pie en Harlem, ahora abarrotaban las puertas de Lee, ansiosos de aprender sobre la forma como lo había logrado. Para Lee, la respuesta era simple: "Sirve a los clientes, a los empleados y a la comunidad".

En la actualidad, Lee Dunham es dueño de nueve restaurantes, tiene 435 empleados, y sirve miles de comidas al día. Ya han pasado muchos años desde que su madre tenía que trabajar lavando la ropa de otras personas para pagar las facturas. Pero más importante aún, Lee Duhham allanó el camino para miles de empresarios afroamericanos que están trabajando para que sus sueños sean realidad, para ayudar a sus comunidades y para dar esperanza.

Todo esto fue posible porque un muchachito pobre entendió la necesidad de soñar, de planear y de prepararse para el futuro. Al hacerlo, cambió su vida y la vida de otras personas.

"Siempre tuve la visión de lograr cosas mejores y más grandes, no solo por mí mismo, sino por mi familia y la comunidad. Sé que todo no se logra en un solo momento. Se requiere de preparación y de planeación, y yo estuve dispuesto a pasar quince años preparándome para enfrentar el desafío".

—Lee Dunham

"Yo no sé si alguien puede dispararse como un cohete hacia el éxito. Yo pienso que el éxito es un proceso. Y pienso que mi primer discurso de Pascua, en la Iglesia Bautista de Kosciusko a la edad de tres años y medio, fue el principio; y que cada discurso que daba, cada libro que leía, y cada vez que hablaba en público, se constituían en bloques de construcción en mi vida. Para el momento en que tuve que sentarme por primera vez para hacer una audición frente a una cámara de televisión, y alguien dijo: "Lee esto", lo que me permitió leer de forma tan tranquila fue el hecho que ya lo había estado haciendo por algún tiempo... Definitivamente pienso que la suerte es más bien cuando la preparación se encuentra con la oportunidad".

—OPRAH WINFREY

Extraído con permiso de American Academy of Achievement en www. achievement.org

* * *

"PREPARÁNDOSE PARA GANAR"

Cómo logró Maury Wills llegar a la primera base y seguir avanzando

Si había alguien con el prospecto más improbable de llegar al estrellato en las ligas mayores de béisbol era Maury Wills. Cuando lo intentó por primera vez para los Dodgers de Brooklyn en 1950, pesaba 75 kilos y medía 1.70m de estatura –demasiado pequeño para jugar en la mayoría de las posiciones. Era un excelente corredor, un gran lanzador y un buen campista, pero tenía un problema: no era muy bueno bateando. Los Dodgers lo contrataron pero lo enviaron a las ligas menores para que continuara puliéndose. Maury le dijo a sus amigos: "En dos años, voy a estar en Brooklyn jugando con Jackie Robinson".

Pero a pesar de dicha confianza, Maury languideció en las ligas menores durante ocho años y medio más. Pero al final, logró salir, no solo para alcanzar las grandes ligas, sino para alcanzar también su propia grandeza. Es una historia de paciencia, preparación, y práctica, práctica y más práctica.

Maury comenzó en Clase D, el escalafón más bajo en la escalera del béisbol, montaba en bus para ir de juego en juego, soportaba acoso racial en las ciudades segregadas, y escasamente podía sostener a su creciente familia con su insignificante salario de $150 al mes. Pero él sabía que tenía algo que ofrecer al club de las grandes ligas si podía demostrar sus destrezas.

Todos los días, Maury practicaba con el bate por horas. Sin embargo, después de algunos años de extenuantes prácticas y entrenamientos, todavía estaba lejos de entrar a las listas de las grandes ligas. Pero en vez de darse por vencido, cambió su juego. Cierto día, durante la práctica, el manager del equipo, Bobby Bragan, observó mientras Maury dio un par de amagues al lado izquierdo en el campo. Bobby sabía que Maury le temía a un golpe en la cabeza con una bola curva, y Bobby sabía que si un jugador no podía batear bolas curvas, nunca podría entrar a las ligas mayores. Bobby le sugirió a Maury "cambiar el bateaje" – aprender a batear con el brazo izquierdo, así como también con el derecho. De ese modo él se sentiría más seguro bateando contra los lanzadores diestros desde el lado opuesto del plato.

"Estás en una recesión de siete años y medio como bateador diestro", dijo Bobby, "No tienes nada que perder. Ven mañana temprano y yo te lanzo la bola". La siguiente mañana, horas antes que los demás jugadores llegaran, Bobby le tiró la bola a Maury y así, vio a una nueva promesa. Después de cuatro días, Maury estaba ansioso de intentar batear con la izquierda, pero Bobby le sugirió que esperara a que el equipo fuera de viaje de forma tal que Maury no quedara abochornado frente a los fans al jugar como local. Finalmente, dos semanas después, se presentó la oportunidad.

Maury logró dos hits. "Empecé de nuevo a sentirme un jugador de béisbol", dijo Maury. "Esos dos hits me restauraron mi esperanza y la visión de volver a Brooklyn". Al final de la temporada, Maury había pulido sus habilidades y había demostrado ser una promesa como bateador izquierdo. Pero a pesar de sus destrezas mejoradas, los Dodgers no lo promovieron.

En su octavo año en las ligas menores, Maury continuó practicando con Bobby. En sus primeros 25 juegos, robó 22 bases y bateó 313 bolas. Mientras tanto el mediocampista de los Dodgers se lastimó su dedo del pie y el gerente general estaba buscando en todo el país un reemplazo. Bobby Bragan llamó a la oficina central. "Ustedes están buscando por todo el país a un mediocampista y tienen uno justo aquí". La respuesta de ellos fue: "¿Maury Wills? Él no juega bien, él ha estado aquí por años".

"Sí," dijo Bobby, "Pero ahora es un jugador diferente".

Los Dodgers ignoraron la recomendación de Bobby y continuaron la búsqueda. Una semana después, por pura desesperación, la oficina central llamó a Maury y él voló a reunirse con el equipo en Milwaukee. Durante los dos juegos siguientes, Maury tuvo que llegar a una dolorosa conclusión –jugar en las grandes ligas era muy diferente a jugar en las menores. Aunque Maury era un buen mediocampista, su forma de batear todavía no era del calibre de la de un jugador de las ligas mayores. Los entrenadores lo dejaron batear un par de ocasiones en cada juego y entonces lo pusieron en la séptima posición y en su reemplazo pusieron a otro bateador. "El marcador estaba en la pared, y yo sabía que si no aprendía a batear mejor, iba a ir a parar de nuevo a las ligas menores", recuerda Maury.

Pero ahora que Maury había saboreado su sueño, no estaba dispuesto a regresar a las ligas menores.

Maury se dirigió al entrenador de primera base, Pete Reiser, y le pidió ayuda. Pete concordó en encontrarse con Maury todos los días para realizar prácticas con el bate dos horas antes de la hora regular de prácticas con el equipo. Maury practicó con el bate día tras día, bajo toda clase de climas, esto ocurrió hasta que sus manos se ampollaron. Sin embargo, a pesar de todos sus esfuerzos, su bateaje no era lo suficientemente bueno. Él continuó siendo puesto en la séptima posición. Desanimado, Maury empezó a considerar la idea de retirarse del béisbol.

Pero Pete no dejó que Maury se retirara. Pete se dio cuenta que una parte crucial había estado haciendo falta en la preparación de Maury. Todo este tiempo, Maury había estado trabajando en sus manos, brazos, postura y giro. Pero Pete se preguntó si quizás el mayor obstáculo para Maury era la confianza. De modo que Pete cambió el entrenamiento. En cada sesión, Pete y Maury trabajaban 30 minutos golpeando la bola y 90 minutos trabajando en la preparación mental de Maury. Sentados en el campo de juego, Pete se concentró en la actitud y en la forma de pensar de Maury. Pete le aseguró a Maury que él reunía todos los elementos para ser un buen jugador y que si él persistía en los entrenamientos, su trabajo, al momento debido, daría sus resultados.

Maury dijo: "Era difícil caminar hasta el campo de juego sin haber hecho un hit en diez juegos. Sin embargo, había aprendido que la confianza solo viene luego de una porción de éxito y éste viene luego de mucha práctica y preparación".

Dos semanas después, durante un juego, Maury anotó su primer hit estando en la posición de bateador. También lo hizo la segunda vez. El ahora asustado jugador en la séptima posición miró sobre su hombro, esperando que el manager, Walter Alston diera la orden de regresar a su posición. No obstante, Alston asintió y permitió que Maury continuara, a lo cual él respondió con otro hit.

Luego de ocho años y medio frustrantes, Maury finalmente halló su lugar en las grandes ligas. El siguiente día Maury logró anotar otros dos hits y cuatro hits más el día siguiente. Su promedio en el bate se disparó.

En su primera temporada en las mayores, Maury se posicionó como mediocampista y bateador. Pero no se detuvo allí. Todavía necesitaba dejar ver su talento natural más poderoso –su don de correr. Estudiando las posiciones de los lanzadores opuestos, calculando el tiempo de los cátchers, practicando poderosos piques y deslizadas engañosas, Maury inició robando bases como nadie en la historia del juego, excepto el gran Ty Cobb del salón de la fama.

En su segunda temporada con los Dodger, Maury lideró la liga en robo de bases, que se había convertido en el arma selecta de Maury, distraía a los lanzadores, generaba malas pasadas de los cátchers y arrastraba a miles de fans al estadio para ver su magia. Pero lo más importante, Maury estaba ayudando a los Dodgers a ganar sus juegos.

Aún así, Maury quería lograr más. No estaba satisfecho con los triunfos alcanzados. Fijó su vista en el récord de Ty Cobb en número de bases robadas. En 1915, Cobb había robado 96 bases en 156 juegos. Aún cuando la temporada regular en 1962 incluía 162 juegos, la meta de Maury era batir el récord en 156 juegos, como Cobb lo había hecho. Así, Maury comenzó corriendo como un hombre poseído. Se deslizaba a las bases y muchas veces se peló la piel de sus piernas desde la cadera hasta el talón. Sangrante, magullado, vendado, ignoraba el dolor y nunca disminuía el ritmo.

El juego número 155 fue en St. Louis contra los Cardinals. Maury necesitaba robar base una vez más para romper el récord. Con todos los ojos en el estadio puestos en él y los ojos de la nación viéndolo por televisión, Maury logró dos hits y dos robos. Rompió un récord de las ligas mayores que había durado 47 años.

Al final de la temporada, Maury fue nombrado el jugador más valioso de la Liga Nacional al lado de gigantes del salón de la fama como Willie Mays, Don Drysdale y Sandy Koufax.

El jugador que alguna vez parecía que iba a quedar rezagado en las grandes ligas, destinado a terminar su carrera en la mediocridad, se había transformado en una autentica estrella. Todo, porque a pesar que, año tras año, rechazo tras rechazo, Maury Wills persistió y continuó preparándose. Y cuando llegó su momento, cuando tuvo su oportunidad de brillar, estaba listo para hacerlo.

> "La suerte ocurre cuando la oportunidad
> se encuentra con la preparación".
> —Maury Wills

ALGO PARA REFLEXIONAR...

Durante la temporada de 1984-85, Loa Angeles Lakers ganaron el campeonato de la NBA, por encima de sus grandes rivales, los Boston Celtics. Pero el año siguiente, sufrieron lo que el entrenador Pat Riley denominó como "la insidiosa enfermedad de la complacencia", por lo cual, se auto-derrotaron en las finales de Western Conference, perdiendo ante Houston. Ese verano, el entrenador Riley dedicó el tiempo a analizar con su personal las debilidades del equipo y las razones por las cuales habían perdido; también se dedicó a establecer las áreas donde necesitaban mejorar.

Durante el entrenamiento para la nueva temporada, los entrenadores animaron a cada jugador a mejorar en 1% por encima del mejor rendimiento en su carrera en las cinco áreas que identificaron como las más esenciales en el juego del baloncesto. Tal vez el 1% no suene como demasiado, pero si se considera a 12 jugadores campeones y cada uno mejorando el 1% en cinco áreas clave, la eficiencia total aumentaría en el 60%.

Dado que se enfocaron en metas pequeñas y realistas, los jugadores respondieron con bastante entusiasmo. De hecho, la mayoría de los jugadores mejoraron sus juegos mucho más que el 1% –algunos lo hicieron hasta en el 15%, otros en el 20% y aún otros hasta en el 50%. Los Lakers ganaron 67 juegos esa temporada –incluyendo otro campeonato de la NBA– y la siguiente temporada se convirtieron en el primer equipo que en 19 años volvía a ganar dos títulos de la NBA durante la misma temporada.

"Odiaba cada minuto de entrenamiento,
pero me decía a mí mismo:
No descanses. Sufre ahora
y vive el resto de tu vida como campeón".
—MUHAMMAD ALI, *boxeador profesional*

* * *

"SER LA PRIMERA ES DE SEGUNDA IMPORTANCIA PARA ESTA JUEZ DE LA CORTE SUPREMA

Su lema: Preparación férrea

La mayoría de los futuros abogados comienzan a pensar en la escuela de Leyes un poco antes de iniciar la universidad. Algunos pocos, con una visión más anticipada empiezan a hacer sus planes durante la secundaria. Pero Leah Sears hizo su proyección hacia la escuela de Leyes a una edad cuando los niños están pensando en una nueva bicicleta o en un nuevo par de patines. Cuando Leah tenía nueve años, solicitó su primer catálogo sobre escuelas de Derecho.

Al mirar en el catálogo, especialmente los de Harvard y Yale, Lea notó que no se parecía a ninguna de las personas que aparecían en las fotografías. Su piel era negra, y casi todos los estudiantes que ella vio en las fotos no solo eran blancos, sino también hombres.

Ella recuerda: "Me sentía como una ciudadana de segunda categoría". En ese momento, hizo una resolución. "Sabía que tenía que ser alguien y si eso iba a suceder, tendría que hacer que las cosas cambiaran". Y no solo para ella, sino para los demás que aún tenían menos, ya que ella se había criado como una familia de clase media con antecedentes militares. Ella quería lograr cambios para las personas que necesitaran más oportunidades en la vida, y que no fueran parte de las grandes mayorías, que se miraran en un espejo y que a través de este solo vieran a un "don nadie".

Ella sabía, además, que si habría de alcanzar el éxito, tenía que comenzar de inmediato.

Animada y apoyada por sus padres, Leah desarrolló confianza, lo que le permitió sobresalir en los estudios y participar plenamente en las actividades escolares. En su escuela secundaria nunca habían tenido a una afroamericana como porrista, pero eso no hizo que ella se retrajera. Con entusiasmo ensayó los ejercicios y rompió la barrera del color en su escuela cuando fue escogida para participar en el equipo de porristas. Sin embargo, lo académico siempre ocupaba el primer lugar.

"Obtener títulos de las mejores instituciones sería un paso importante para lograr mi meta," recalcó, "y dado que mis padres no tenían el dinero para enviarme a esas instituciones me resolví a obtener una beca escolar".

Su entrega dio resultados. Obtuvo una beca completa para estudiar en Cornell University y se graduó con honores en Junio de 1976. A continuación complementó sus estudios de Leyes en Emory University Law School en 1980. A la edad de 25 años, se unió a la prestigiosa firma de Atlanta Alston and Bird, y aunque encontró que la experiencia fue gratificante, se dio cuenta que "envolvía mucho papeleo y no mucho trabajo con la gente". El trabajo distaba mucho de su meta original. Luego de dos años, dejó la firma a cambio de un trabajo mucho menor remunerado como juez de tránsito en la corte de la ciudad de Atlanta. Ahora iba en la ruta correcta.

"Crecí en la intersección entre los derechos civiles y el movimiento por los derechos de las mujeres y vi en el trabajo de legislación muchísimas oportunidades para mí", recuerda. Todos sus días de preparación habían valido la pena. Ahora, con cada paso, ella estaría incursionando en nuevos terrenos. "Habían muy, muy pocos abogados negros, y Dios sabe que ni una sola abogada negra, de modo que yo no tenía mentor ni un modelo antes de mí al cual imitar".

Dada su situación singular, trabajó el doble de lo que normalmente lo hacía. Cuando ella y su esposo llegaron a ser padres en 1983 y de nuevo en 1986, ella no permitió que lograr el equilibrio entre la maternidad y su carrera, le hicieran perder su ritmo. Cuando se inscribió en la campaña para un puesto de juez superior en 1988, su enfoque era simple: "Dormiría de tres a cuatro horas en la noche hasta el momento de las elecciones". En una competencia de tres posiciones, Leah se convirtió en la persona más joven y en la primera mujer afroamericana en ser elegida para la Corte Superior de Georgia.

No obstante, cuatro años más tarde, ella dio el paso más importante de su vida cuando el Gobernador Zell Miller la llamó personalmente para nombrarla en la Suprema Corte de Georgia. En ese momento, Leah tenía 36 años, la persona más joven, la primera mujer y la segunda afroamericana en sentarse en la corte más alta de Georgia.

Sin embargo, a pesar de toda su educación, de toda su preparación y de todo su duro trabajo, muchos menospreciaban sus logros y los consideraban simbólicos. "La gente no me veía en el puesto porque fuera una gran juez; sino porque era mujer o porque era negra", relató después. Aún así, se determinó a demostrarles que estaban equivocados, aunque descubrió otra brecha entre ella y los otros jueces: la edad. En uno de sus primeros días en el cargo, cierto juez de mayor edad hizo un comentario respecto a "la guerra". Leah recuerda que preguntó: "¿Cuál guerra?" Y él dijo: "La segunda guerra mundial, la gran guerra". Al mencionar el incidente, Leah dijo: "Mi guerra había sido Vietnam, y ello ilustraba el tipo de brecha en la comunicación que yo enfrentaba. El juez se inclinó hacia mí y dijo sin rodeos: "¡Tú eres demasiado joven para estar en una corte como esta!""

Leah recuerda: "El asunto quedó claro para mí. Sabía que tenía que trabajar más duro y estar mejor preparada que los demás para ganarme el respeto de mis compañeros y de los abogados que practicaban conmigo".

Leah convirtió en una rutina el llegar a su oficina todas las mañanas a las 5:30, antes que los demás llegaran. A esa hora revisaba cuidadosamente los casos. Ella y su equipo de colaboradores, leían cada oficio y se reunían todas las mañanas para considerar los casos pendientes. Antes de la reunión semanal de los jueces, ella preparaba todo lo que iba a decir por escrito, nunca superficialmente. Después de cada reunión, ella pedía que su personal retroalimentara, con candidez, su desempeño. Antes de la siguiente reunión, Leah se concentraba en las áreas que necesitaran mejora.

"Hablaba con regularidad a los otros jueces y les hacía preguntas. Estaba ansiosa de aprender de ellos. Sé que en momentos me convertía en un dolor de cabeza, pero nunca me desanimé. Con el tiempo, y de forma gradual, ellos empezaron a invitarme a almorzar. Cierto día, cuando hice un comentario, ellos respondieron como si yo fuera inteligente y tuviera algo para contribuir. Entonces llegó el día cuando ellos en realidad empezaron a prestar atención a lo que yo decía".

En la actualidad, Justice Leah Sears está ayudando a hacer los cambios que ella había soñado cuando era niña. Está cambiando al mundo, un caso y una persona a la vez. "No hay duda que mi éxito es el resultado de toda una vida de preparación y de trabajo duro. Ha sido un proceso de construcción, y en algún momento dado, yo estaba preparada cuando se presentó la oportunidad".

> "No hay mejor manera de alejar a los críticos que ser el mejor preparado y tener tu plan bien organizado. Documéntate muy bien del tema que estés hablando. Nunca te vayas por lo superficial. La excelencia y la minuciosidad siempre se ganan el respeto de la gente".
>
> —Justice Leah Sears

ALGO PARA REFLEXIONAR...

¿Qué tienen en común las siguientes superestrellas de Hollywood?

Lucille Ball	Janet Gaynor	Mary Tyler Moore
Gary Cooper	Whoopi Goldberg	Ronald Reagan
Bill Cosby	Mark Harmon	Burt Reynolds
Kevin Costner	Dustin Hoffman	Tom Selleck
Robert De Niro	Bob Hope	Suzanne Somers
Robert Duvall	Casey Kasem	Sylvester Stallone
Clark Gable	Michael Landon	Donald Sutherland
Teri Garr	Sophia Loren	John Wayne
		Marilyn Monroe

Todos comenzaron sus carreras en la industria del cine desde abajo, como extras.

(Fuente: People Entertainment Almanac)

"EL ASUNTO DE ESCRIBIR"

El largo camino de una relatora de historias cortas

Rechazo, se filtra por entre el buzón del correo, emerge de forma elegante a través del teléfono y se introduce sigilosamente por entre la máquina de fax. Pocos escritores se escapan del rechazo. Muchos se han rendido ante él. Pero Noreen Ayres no es una de ellas. Le tomó treinta y cinco años, pero al final demostró que el rechazo es el borrador de una historia de éxito.

Noreen había soñado con ser escritora desde la edad de 14 años. Un profesor había descubierto su talento ese año y le sugirió planear ir a la universidad. Para Noreen, la idea de ir a la universidad era asombrosa. Nadie en su familia siquiera se había graduado de la secundaria, mucho menos de una universidad y ni siquiera sus padres hablaban de adquirir educación.

La idea de ir a la universidad o de estudiar una carrera nunca se le habría ocurrido a Noreen. Aún así, aquel profesor había encendido una luz en su interior. A la edad de 17 años, salió de casa y empezó a realizar trabajos varios, en busca de poder encaminarse hacia su meta de ir a la universidad.

Una vez allí, los instructores de Noreen vieron que había algo especial en su escritura. Pero antes que ella lograra desarrollar sus habilidades en redacción, se casó y tuvo un bebé. Así comenzó una cuenta regresiva en su vida: siete años como madre de tiempo completo, seguidos de ocho años de tomar clases en la universidad, como estudiante de medio tiempo para obtener un título en Enseñanza, de modo que pudiera enseñar. Y en medio de los trabajos secretariales y de enseñanza, Noreen escribió poesía e historias breves en su tiempo libre. Los años pasaron con rapidez y ella hizo pequeñas incursiones en el campo de la escritura. Luego, encontró empleo como correctora de estilo y redactora de asuntos técnicos. De esa manera pasaron otros seis años, pero el éxito en la escritura la eludía. Sus historias cortas ganaron algunas competencias y obtuvo algunas cartas de felicitación de parte de los editores, pero había un único problema –nadie publicaba sus historias.

El tiempo se estaba agotando y Noreen lo sabía. Habiéndose divorciado de su primer esposo hacía mucho tiempo se volvió a casar a la edad de 38 años con Tom Glagola, otro aspirante a escritor. Ambos hicieron dos votos: sus votos matrimoniales y el voto de convertirse en escritores con obras publicadas. Cada uno de ellos trabajaba de tiempo completo, de modo que aprovechaban cada momento libre que tenían para escribir. Sin embargo, luego de seis años de esfuerzos sus obras permanecían sin publicar. Sintiéndose casi desesperados, Noreen y su esposo hicieron un cambio y renunciaron a sus trabajos para dedicarse a la escritura de tiempo completo. Para sostenerse económicamente, hipotecaron su casa. Razonaron del siguiente modo: si no lograban tener éxito, al menos tendrían la satisfacción, a la edad de 65 años, de saber que le habían dedicado sus mejores esfuerzos a la escritura.

Noreen escribía historia tras historia y las enviaba a todos los lugares que podía. El reloj continuaba avanzando. Transcurrió un año y medio y ninguna pieza era publicada. Entonces el desánimo empezó a aflorar. Noreen se empezó a preguntar si después de todo tenía lo que se necesitaba para escribir. Estaba en un momento decisivo –el momento en que una persona decide o renunciar a su sueño, o luchar con cada onza de su voluntad y espíritu. Noreen Ayres decidió luchar.

Noreen se unió a un grupo de escritores. Fortalecida por el estímulo y la retroalimentación de los miembros del grupo, Noreen se propuso escribir novelas de misterio. Su primera obra, "Whodunit" fue enviada a 33 agentes, de los cuales regresaron 33 cartas de rechazo. Noreen también envió el manuscrito a tres editores. Enseguida regresaron tres cartas de rechazo. Ella recibía elogios por su estilo pero no por sus cualidades para contar historias. Transformando los rechazos en oportunidades para aprender, Noreen se inscribió en cursos sobre investigación criminal y ciencias forenses, recopilaba artículos sobre crímenes en los periódicos y entrevistaba a profesionales en el área. Cierto día Noreen se enteró de un caso que le revolvió el corazón. Se trató de la historia de un trabajador de una tienda de víveres que fue brutalmente asesinado en un asalto. Impresionada e intrigada, Noreen se sentó a escribir.

Noreen llevó las primeras 100 páginas a una convención de escritores en donde también habrían agentes literarios. Antes de la convención, Noreen se preparó cuidadosamente. Investigó acerca de los antecedentes de cada agente y sobre su nivel de éxito. Durante la convención le mostró el manuscrito a su primera elección, un representante de la prestigiosa firma William Morris Agency.

Esta vez no hubo rechazo. El agente hizo una sola pregunta: "¿Cuánto quiere por adelantado?" El avance acostumbrado para un escritor no publicado usualmente era entre $5,000 y $7,000. Noreen no sabía eso, de modo que ella se aventuró a pedir una cifra que le permitiera escribir de tiempo completo por dos años: "$150,000." El agente le dijo que la contactaría luego. Unos pocos días después el agente llamó y dijo que el editor no había aceptado toda la demanda. A cambio, ofrecían $120,000 y un contrato para otros dos libros, una propuesta casi nunca escuchada por un escritor nuevo.

Cuando finalmente fue publicada por primera vez, Noreen tenía 52 años. Su primer libro, *"A World the Color of Salt"*, publicado en 1992, recibió excelentes críticas. *"Caracas Trade"*, su segundo libro, fue publicado en 1994, y recientemente completó un tercer libro, *"The Juan Doe Murders"*.

A pesar que Noreen escribió por más de tres décadas, antes que su primera obra fuera publicada, al final alcanzó su meta. Nadie sabe acerca de qué escribirá Noreen en el futuro, pero estamos seguros que ella no escribirá acerca de lamentaciones.

> "Un escritor no puede predecir si el éxito vendrá o cuándo. Uno debe hacer su mejor parte y estar preparado para el momento de oportunidad y esto se logra escribiendo, escribiendo, escribiendo, y aún escribiendo más".
> —Noreen Ayres

"Esto es solo un preludio de mi regreso al doctorado"

"No hay sustituto para el trabajo duro
habrán desilusiones,
pero entre más duro trabajes,
más afortunado serás.
Nunca quedes satisfecho
con menos que tu mejor esfuerzo.
Si te esfuerzas por llegar a la cima y no lo logras,
Aún habrás tenido tu propio logro".
—GERARD R. FORD, *34gésimo Presidente de los Estados Unidos*

* * *

EN SUS PROPIAS PALABRAS

"Mi madre era una mujer joven de 19 años cuando nací, de modo que crecí con mis abuelos en un pueblo rural de Carolina del Norte. Yo era una niña obesa con pies torcidos y como resultado, me caía frecuentemente. También tenía un impedimento en el habla y cuando lo hacía, sonaba como si tuviera rocas en la boca y todo el mundo ser reía porque no podían entender lo que decía. Por esa razón, pasé buena parte de mi niñez escondida detrás del delantal de mi abuela.

En la escuela las cosas empeoraron porque me di cuenta que no podía hablar como las demás niñas y ellas me molestaban hasta que yo no quería pronunciar una sola palabra. Afortunadamente, tuve dos profesoras que se interesaron en mí y me ayudaron a afinar mi voz.

La primera maestra fue la señorita Phar. Era una mujer recién graduada de la universidad y muy creativa, aunque al principio no la consideré así. Ella nos pidió que escribiéramos una historia y que la leyéramos en frente de toda la clase. Yo sentí como si esa actividad fuera un golpe en mi rostro porque había sido víctima de burlas y mofas todo el tiempo y pensaba que no podía soportar un escarnio más. Me aterrorizaba la idea de ver a las otras niñas burlándose de mi cuando yo leyera la historia frente a ellas. Después de mis suplicas, ella dijo que si yo escribía una gran historia –con todos los puntos sobre las [íes] y todas las [t] bien cruzadas– ella leería la historia por mí. De modo que así lo hice.

Me fue tan bien, que empecé a escribir muchos poemas e historias. Pensé que podría impresionar a los profesores siendo creativa y haciendo siempre un poco más y que así, ellos no notarían mi impedimento en el habla. Pronto mis compañeras empezaron a venir y a pedirme que les ayudara a encontrar un tema sobre el cual escribir. Eso hizo que mi autoestima aumentara porque ya ellas no se reían cuando venían a hacerme una pregunta.

Pero mi vida realmente cambió cuando cumplí 14 años. Mi hermano menor, siendo bebé y de forma accidental, me golpeó con una botella de vidrio en mi rostro. Mi boca se hinchó de forma impresionante y mis dientes se perdieron en las encías. Unas tres o cuatro semanas después, se pusieron negros y mi madre me llevó a donde el dentista. Él examinó mi boca y descubrió que algo no estaba bien. Tenía dos hileras de dientes acuñados en mi boca. Él me explicó que esa era la razón por la cual no podía hablar bien. Pero también me dijo que el problema se podía resolver.

El dentista retiró todos los dientes de mi quijada maxilar superior y me acomodó unos dientes postizos, aunque la parte superior de mi boca quedó desfigurada y adolorida. Cuando inicié de nuevo la escuela ese otoño, todavía tenía impedimentos para hablar. En mi clase de inglés, la maestra me pidió que leyera y cuando escuchó mi dificultad para hacerlo, me pidió que fuera a verla después de la clase. El nombre de ella era Abna Aggrey Lancaster. Yo le conté acerca de mis dientes postizos y que no quería que nadie más se enterara de ello. Ella sugirió que viniera a verla todas las tardes después de clase para hacer unos ejercicios.

Aquellos ejercicios resultaron ser bastante trabajo, algo que realizamos todas las tardes durante cuatro años. Ella me hizo memorizar y recitar poemas y monólogos de Shakespeare. Me hizo practicar cada palabra. No solo aprendí a hablar sino también a pararme correctamente, a respirar y a hablar, controlando la respiración desde el diafragma. Todos los días cuando me dirigía al salón de clases, anhelaba en secreto que ella estuviera allí. Y siempre estaba allí.

En mi año de graduación, tuve una presentación y recité el monólogo llamado "El amor de una madre", en una competencia de oratoria. Cuando terminé la totalidad de la escuela se puso de pie y aplaudió. Aquello me produjo una gran satisfacción porque había ganado el primer premio ante aquellos que se habían estado burlando de mí durante la mayor parte de mi vida.

De forma irónica, fue mi mayor impedimento, mi discapacidad en el habla, el que me ayudó a desarrollar mi don más grande. Pero nunca olvidaré la cantidad de trabajo que requirió llegar hasta ese punto y el tiempo que tuve que invertir.

Yo pienso que todos tenemos el potencial de superar nuestras deficiencias y hasta de utilizar nuestras debilidades como punto de partida para alcanzar el éxito. Si estamos dispuestos a practicar con diligencia y a desarrollar las habilidades que deseamos alcanzar, podremos lograr el éxito en cualquier campo en el que nos lo propongamos".

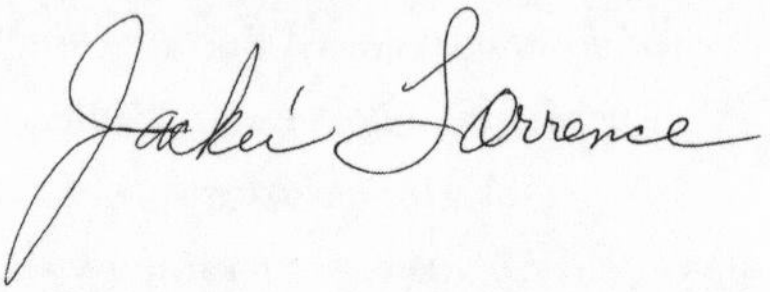

Jackie Torrece es una relatora profesional de historias cortas, y viaja alrededor del mundo para compartir sus relatos con su alegre público en festivales, colegios, universidades y en la radio y la televisión.

TU PLAN PERSONAL DE ACCIÓN

Preparándote para el futuro

La voluntad de ganar es importante; la voluntad de planear es vital. Eso fue lo que dijo un entrenador de fútbol y las victorias que obtuvo su equipo demuestran que tenía toda la razón.

La mayoría de personas desean ganar. Desean obtener recompensas, gloria, satisfacción y sentido de logro. Sin embargo, la mayoría de gente no lleva esos deseos al siguiente nivel, el cual consiste en planear el éxito. Planear no es tan placentero como ganar. Planear implica trabajo duro sin recibir inmediatamente una recompensa a cambio. No obstante, sin un plan uno deja su futuro en manos de la casualidad y así, nos convertimos en víctimas de las circunstancias. Si tenemos un plan, nos convertimos en los capitanes de nuestra vida, determinamos la dirección de nuestro futuro.

La mayoría de las personas no hacen un plan para sus vidas. Muchos tienen la idea que trabajarán un buen número de años y que luego se pensionarán. Muchos tienen fantasías e ilusiones, pero no tienen planes. Al contrario, reaccionan a lo que la vida les presente de acuerdo a como se presente el día. Algunas personas pueden tener ideas innovadoras pero entonces las piensan y las piensan, una y otra vez, hasta que encuentran razones por las cuales esas ideas no van a funcionar. Otros intentan adelantarse antes de estar listos. Tales personas empiezan un negocio antes de identificar los mercados donde van a incursionar, antes de determinar la ubicación apropiada o calcular los recursos financieros que se necesitan para mantener el negocio a flote hasta que éste se sostenga por sí mismo.

Tal vez tú conozcas personas que han cambiado de trabajo o hasta de profesión –usualmente por razones financieras– sin siquiera considerar si van a disfrutar la nueva actividad, o si el nuevo campo es verdaderamente lo que están buscando. Estos tipos de cambio hacen que se desperdicie una inmensa cantidad de tiempo, energía y dinero. Como lo mencioné en el primer capítulo, yo me encontraba en esa situación, invirtiendo mucho tiempo y dinero en cosas que no estaban en armonía con mi propósito o mi pasión. Afortunadamente, logré concentrar mis esfuerzos hacia determinar lo que más me interesaba y pude dedicarme completamente a ello.

Los siguientes pasos pueden ayudarte a preparar tu propio plan personal de acción.

PASO 1: IDENTIFICAR EL RESULTADO DESEADO

El primer paso al diseñar un plan es mirar hacia delante y prever el resultado final. Cuando se desarrolla una visión clara de lo que se desea alcanzar, es más fácil identificar los pasos que se necesitan para lograr los objetivos.

Acción: Escribe una declaración clara y concisa sobre lo que deseas alcanzar. Asegúrate que la declaración es consistente con tu propósito y pasión.

PASO 2: DETERMINAR LAS HABILIDADES QUE NECESITARÁS

La gente que alcanza sus objetivos está dispuesta a estudiar. Dedican las energías y hacen los sacrificios necesarios para educarse a sí mismos, para adquirir el conocimiento y las habilidades necesarias para alcanzar sus sueños. Esta formación puede implicar volver a estudiar o tomar cursos en las noches. Tal vez se necesite dedicar meses y hasta años en la investigación. Muchas personas toman cursos de entrenamiento o emprenden nuevas actividades con el fin de ampliar su conocimiento y experiencia. Sin excepción, toda persona que desee alcanzar el éxito debe demostrar un compromiso inquebrantable para *hacer lo que sea necesario* para estar completamente preparado en relación con las tareas que se propone emprender.

La preparación es esencial para alcanzar el éxito en toda clase de logros, desde los más grandes hasta los más pequeños. Para ser médico, primero se necesita tomar cursos preparatorios, luego ir a una facultad de Medicina y más adelante completar el tiempo como practicante. Solo después de eso se puede empezar a ejercer la Medicina. Los músicos desarrollan su talento mediante practicar durante horas todos los días, año tras año. Los comerciantes dedican años a adquirir habilidades, lo que puede incluir tomar clases en las noches, asistir a seminarios y conferencias o matricularse en cursos de pregrado y de posgrado.

Sugerencia: Si en la actualidad estás trabajando para una compañía grande, aprovecha las muchas oportunidades que hay para aprender. Los recursos educativos que ofrecen muchas compañías son excelentes. Muchas empresas ofrecen entrenamiento y subsidian al menos una parte del mismo, y otras, hasta la totalidad de los costos en programas de educación continuada.

Durante los diez años que trabajé para Sprint, completé mi programa de pregrado en Ciencias Administrativas y tomé cursos en preparación para mi maestría en Administración de Empresas. Adicionalmente, asistí a muchos seminarios de entrenamiento y programas de capacitación interna, lo que incluyó cursos sobre ventas, negociación, resolución de problemas, habilidades comunicativas, gerencia de proyectos y habilidades gerenciales. Al invertir tiempo, mejoré mis habilidades y mi conocimiento como empleada, lo que a su vez, benefició a la compañía. Al mismo tiempo, continuaba creciendo como persona y cada uno de esos pasos me han servido como preparación para los esfuerzos que ahora estoy adelantando.

Acción: Investiga e identifica las habilidades, la educación y la experiencia que se necesitan para alcanzar tu meta. Una de las formas de aprender sobre esos requisitos es mediante hablar con las personas que ya hacen lo que te gustaría hacer.

PASO 3: DESARROLLAR UN PLAN DE ACCIÓN

Por su misma naturaleza, los sueños tienen la tendencia a ser indeterminados e imprecisos. Para alcanzar el éxito debes convertir tu sueño en realidad. Uno puede lograr eso si toma el sueño y lo divide en pasos pequeños. Luego organiza los pasos en orden de prioridad y escribe fechas junto a cada paso indicando cuándo debe lograrse alcanzar el objetivo final. Un enfoque claro y metódico hace que se logren avances importantes e impide que uno llegue a estar abrumado con el objetivo final.

Utilizando mi meta como ejemplo, he incluido algunos apartes tomados de mi plan de acción para aplicarlo a estos tres pasos.

Identificar el resultado deseado:

Escribir el primero de una serie de libros de gran circulación. La meta del libro es inspirar y enseñar a las personas sobre cómo estar al tanto de las muchas posibilidades que hay en su vida y sobre cómo emprender la acción para desarrollarlas. *Descubre tu potencial ilimitado*, el primer libro, será publicado en la primavera de 1998.

Determinar las habilidades necesarias:

1. Investigación
2. Entrevistas

3. Habilidades de redacción y edición

Crear un plan de acción

Investigación

1. Contratar a alguien que tenga destrezas en la investigación en localizar personas que sean modelos para utilizar en mi libro. (Enero de 1996.)
2. Seleccionar a las personas que aparecerán en mi libro. (Marzo de 1996)
3. Entrevistar a los participantes. (Marzo a junio de 1996.)

Entrevistas

1. Identificar y leer libros sobre entrevistas.
2. Hablar con otros escritores y solicitar su retroalimentación sobre cómo programar y conducir las entrevistas.
3. Contratar a una persona que transcriba las entrevistas.

Redacción / Edición

1. Contratar a una persona con experiencia en desarrollar y editar libros. (Enero de 1996.)
2. Escribir el libro. (Junio a diciembre de 1996.)
3. Editar el libro. (Enero y febrero de 1997.)

En el desarrollo de estos objetivos, realicé algunas modificaciones a las tareas y horarios. Sin embargo, el plan de acción resultó ser una herramienta invaluable en ayudarme a alcanzar mis metas. La culminación de este libro es un paso adelante en mi viaje, y demuestra que escribir un plan y apegarse a éste, es algo que realmente funciona.

Acción: Ahora es el momento de crear tu propio plan de acción.

1. Escribe un enunciado clara, conciso y específico de lo que quieres lograr y la fecha en que desea lograrlo.
2. Divide tu meta en pasos y actividades.
3. Realiza una evaluación sobre los pasos prioritarios y escribe fechas al lado de estos indicando cuándo deben estar completos.
4. Revisa tu plan de acción todos los días.
5. Diariamente realiza algo que te acerque al cumplimiento de tu meta.

Muchos de ustedes ya han escrito su plan de acción y van encaminados hacia la culminación de sus metas. Algunos de ustedes probablemente estén definiendo lo que realmente les gustaría hacer. Pero sin importar lo que quieran lograr, todo comienza con un sueño. Sin embargo sin un plan, tu sueño continuará siendo precisamente eso, un sueño.

¡Comienza en este mismo instante! Desarrolla tu plan de acción. Y a continuación recuerda que lo que sigue, es emprender la acción.

> "Las grandes alturas que los hombres han alcanzado, no se lograron con un vuelo repentino. Ellos, mientras los demás dormían, se afanaban y se mantenían despiertos".
> —Henry Wadsworth Longfellow

CARACTERÍSTICA NÚMERO CINCO

Los equipos fortalecen la causa

Es posible que al perseguir tus sueños te sientas solo a veces. Pero no tiene por qué ser así. Las personas imparables que vas a conocer a continuación, construyeron una red de apoyadores; amigos, familiares, colegas, consejeros y mentores, quienes los acompañaron a lo largo del camino. Encontraron a quienes los apoyaron, aunque al principio, no tenían quién lo hiciera. Armaron su equipo, algunas veces pequeño, otras grande, pero siempre lo suficientemente fuerte para apoyarlos anímicamente y con suficiente conocimiento para guiarlos hacia el éxito.

No tienes por qué hacerlo solo y no deberías hacerlo solo. Mientras más fuerte sea tu equipo, más inatajable te harás para alcanzar el éxito.

En la sección "Tu plan personal de acción", hallarás instrucciones precisas sobre cómo encontrar modelos y mentores, para así conformar equipo de colaboradores que te ayudarán a alcanzar tus sueños.

> "Tú puedes lograrlo, pero te es mucho más fácil si no tienes que hacerlo solo".
>
> —Betty Ford

"Las palabras le fallaron"

Hasta que aprendió a pedir ayuda

El comité evaluador le dio a Tom Harken uno de los premios más prestigiosos de América, y sin casi comprender la razón del premio. Se trataba del premio Horatio Alger, el cual se da cada año a aquellas personas que superan una tremenda adversidad para alcanzar la excelencia en sus áreas de desempeño. Pero solo hasta cuando Tom pronunció el discurso de aceptación fue que la audiencia y los jueces lograron entender lo grande que había sido la adversidad. Esa noche, Tom Harken confesó un secreto que había estado ocultando durante casi 50 años.

Tom Harken, un empresario millonario, que se hizo a pulso y dueño de una franquicia de los restaurantes Casa Olé, confesó públicamente que había sido iletrado durante la mayor parte de su vida. Mientras la mayoría de los niños estaban aprendiendo a descifrar "See Spot Run", Tom estaba en el hospital. Tenía poliomielitis y estuvo confinado a un pulmón de acero durante un año. Luego, tras regresar a casa del hospital contrajo tuberculosis y fue puesto en cuarentena en su habitación durante ocho meses. El tiempo pasó y Tom se fue atrasando y atrasando en sus estudios escolares.

En su eventual regreso al colegio cierto profesor insensible se burló de él cuando Tom no pudo si quiera reconocer la palabra "gato". Ese profesor hizo añicos su confianza. Tom se retiró de la escuela y se refugió en lo que su padre llamó "su habilidad para hablar bueno y trabajar duro".

Tiempos más adelante también se refugió en algo más: el apoyo de Melba, su brillante y apoyadora esposa. "La señorita Melba", como la llama él cariñosamente, sabía que su esposo era iletrado aún antes que se casaran. Ella se enteró del asunto cuando él le pidió que llenara la aplicación de la licencia de matrimonio.

En esa época Tom comenzó trabajando como vendedor de aspiradoras puerta a puerta en Oklahoma. Cuando hacía una venta, memorizaba la información del cliente, como su nombre, su dirección y los datos del crédito. Cuando llegaba a casa, muchas veces tarde en la noche cuando los niños ya se habían ido a dormir, desocupaba su muy entrenada memoria y le repetía la información a Melba, quien completaba los formularios necesarios.

Lleno de ánimos y resolución, a veces tocaba en más de cien puertas antes de poder vender una aspiradora. Trabajaba tan duro que fue nombrado vendedor estrella en su compañía. Pese a ello, todavía no sabía leer.

Después de varios años, siempre con el apoyo y estímulo de Melba, Tom compró la concesión de un vehículo recreativo. Así Tom se convirtió en el mejor vendedor independiente del negocio. No obstante, todavía no sabía escribir. Su próxima aventura fue abrir el primero de lo que con el tiempo se convirtió en una cadena de 12 restaurantes. Aún así, él no sabía ni siquiera leer su propio menú.

Cuando iba a comer afuera, siempre ordenaba hamburguesa de queso, asumiendo que era algo que todo restaurante tenía en su menú. Así funcionó bien durante años, hasta cuando cierto día una mesera le replicó: "¿Qué te pasa, es que no sabes leer? Aquí no vendemos hamburguesas". Esa fue una de las incontables humillaciones que Tom tuvo que soportar casi todos los días de su vida.

Pero la mayor tristeza que Tom experimentaba no era en los restaurantes, sino en su casa, cuando se sentaba en su silla reclinable y nos niños saltaban a su regazo y le pedían que les leyera las tiras cómicas. Rápidamente, Melba intercedía. Le decía a los chicos que su padre estaba muy ocupado y que ella se las leería. Los hijos de Tom crecieron hasta llegar a ser adultos, se hicieron hombres de negocios, y nunca supieron que su padre no sabía leer.

Tom no podía leer los avisos en las carreteras, pero si podía leer los avisos de su vida. Él sabía que hasta que no aprendiera a leer, nunca sería completamente libre o feliz. Fue entonces cuando emprendió el viaje más difícil de su vida, su camino hacia aprender a leer. El primer paso y el más doloroso fue pedir ayuda. "Nada es imposible", se repetía, "solo debes ser lo suficientemente humilde y animoso hasta encontrar la gente correcta que te ayude". La persona más lógica para encabezar la lista, era quien siempre había creído en él, su esposa. Melba le enseñó a leer, palabra a palabra, noche tras noche. Le tomó años, y Tom no era un estudiante fácil. En ocasiones se sentía frustrado y le daba mal genio. Pero continuó perseverando y fue mejorando de forma continua, al principio leía frases muy corta pero luego lograba leer extensos pasajes de la Biblia.

Cuando se le dijo a Tom que recibiría el premio Horatio Alger, quedó aterrorizado. Después de pensarlo bastante, se resolvió a hacer público el secreto que él y Melba habían mantenido por años. Con ello, esperaba animar a otros americanos en la misma situación para que aprendieran a leer y se deshicieran de la carga de la vergüenza sobres sus hombros.

En primer lugar, sin embargo, se lo contó a sus hijos. Ellos quedaron asombrados. Pero su reacción no se podía comparar con la de la audiencia en la ceremonia de los premios Alger Awards. Cientos de hombres y mujeres, los mejores en sus áreas respectivas, escucharon en silencio mientras Tom confesaba su completo analfabetismo, el cual había terminado hacía muy poco.

Al final de su discurso, la audiencia se puso de pie y continuó aplaudiendo, entonces lo rodearon para estrechar la mano del hombre que los había hecho derramar varias lágrimas durante la ceremonia.

Tom Harken, como muchos otros que han logrado cumplir sus sueños, no se lamenta por las penurias del pasado. Fueron esas dificultades las que revelaron su fortaleza. Ahora, él comparte esa fortaleza con otros. En la actualidad, Tom ha dado más de 500 discursos sobre la importancia del alfabetismo tanto para los niños como para los adultos, les anima a emprender el mismo viaje que él hizo. Él anima a sus audiencias diciéndoles que puede que a veces se sientan perdidos durante el camino, puede que experimenten confusión e irritación, pero siempre habrá alguien dispuesto a ayudarlos, a guiarlos, palabra a palabra, conduciéndolos desde la vergüenza hasta su liberación.

> "¿Me puedes ayudar? Esas son las únicas palabras
> que necesitas decir, y alguien vendrá dispuesto en tu ayuda".
> —Tom Harken

"No puedes hacerlo todo tú solo.
No tengas miedo de apoyarte
en otros para cumplir tus metas".
—Oprah Winfrey

* * *

"ÉL LOGRÓ LO IMPOSIBLE"

Con un poquito de la ayuda de sus amigos

Iqbal Masih pasó su niñez encadenado a una deslustrada fábrica de alfombras en Pakistán. A la edad de cuatro años, cuando sus padres lo alquilaron para pagar un préstamo de $16, tenía que trabajar entre 12 y 16 horas al día, siete días a la semana, por menos de un dólar al mes. Nunca aprendió a leer o a escribir y estaba delgado y desnutrido.

Craig Kielburger pasó su niñez en los cómodos barrios residenciales de Toronto y fue criado por dos padres amorosos que trabajaban como profesores. Durante el día asistía a la escuela y en su tiempo libre, lleno de energía, practicaba patinaje en línea, natación y ski.

Dos niños en dos mundos totalmente diferentes –hasta el día en que ambos cumplieron 12 años. El niño pobre de oriente y el niño privilegiado de occidente fueron unidos simbólicamente en un esfuerzo universal para liberar a los niños esclavizados.

Iqbal fue rescatado de la fábrica prisión cuando tenía 10 años. Durante los siguientes dos años, fue tratado como un héroe internacional, un símbolo viviente en una cruzada contra el trabajo infantil en la industria de alfombra en Pakistán. Entonces, a la edad de 12 años, Iqbal fue asesinado y su voz fue silenciada para siempre.

Al otro lado del mundo, Craig Kielburger se enteró de la historia de la vida de Iqbal y de su muerte a través de un periódico local. En ese momento, los días tranquilos de la niñez de Craig llegaron a su fin. Movido por la compasión y por un sentimiento de justicia, Craig juró hacer todo lo posible para ayudar a acabar con la explotación infantil. Él tenía la perspicacia como para entender que no podría hacerlo por su propia cuenta y que tenía que hacer que otros se unieran a su causa. La gente le dijo que él era demasiado joven. Le dijeron que nadie lo escucharía. Pero Craig Kielburger, a la edad de doce años, era un activista eficaz. Él sabía cómo unir a otros para trabajar por la misma causa.

Leyó todo lo que encontró acerca de los 200 millones de niños que trabajan en el mundo en condiciones de esclavitud. Pero no bastaba con leer. Craig quería ver por sí mismo a los niños y las condiciones en las que trabajaban. Al principio sus padres rechazaron la idea. Después de todo, Craig no era lo suficientemente maduro como para siquiera tomar solo el tren en la estación del metro. No obstante, Craig tenía determinación. Vendió algunos de sus juguetes para obtener el dinero para el viaje. Sus padres quedaron tan conmovidos por su determinación que le dieron permiso para su viaje de siete semanas al continente asiático, y con la ayuda de otros familiares, completó el dinero que necesitaba.

Armado con una cámara de video y acompañado en cada lugar por activistas y defensores de los recursos humanos locales, Craig viajó desde Bangladesh hasta Tailandia y hasta India, Nepal y Pakistán. Se las arregló para entrar a las fábricas sin ventanas y sin ventilación de esos países. En su viaje conoció a una niña cargando dulces durante 11 horas al día en una bodega apiñada y recalentada y a un pequeño descalzo cociendo balones de fútbol. Él habló con cada uno de ellos, niño a niño y los niños abrieron su corazón como nunca antes. Al final de su viaje, Craig hizo una peregrinación al lugar donde había terminado el viaje de Iqbal, una tumba sin identificar en un cementerio pequeño.

Mientras Craig recorría Asia, el Primer Ministro de Canadá también estaba de visita allí. Craig solicitó una entrevista con el Primer Ministro, pero él se rehusó a aceptarla. Después de todo, Craig era solo un niño, demasiado joven para votar. Sin embargo, los medios de comunicación, se interesaron en escuchar a Craig y a los dos niños trabajadores contar sus historias. El cubrimiento llamó la atención del público. De la noche a la mañana el tema del trabajo infantil recibió atención nacional en Canadá. De repente, el Primer Ministro quería ver a Craig también.

Craig sabía lo que tenía que hacer, pero no podría cumplir su meta solo. Necesitaba un equipo. Pensó, ¿qué mejores socios que sus compañeros de clase, quien, como él, eran "demasiado jóvenes para saber algo mejor"? Cuando regresó a su país, Craig llevó sus *impresionantes* fotos y sus escalofriantes historias al salón de clase. Craig dijo: "Aquí está el problema, ¿quieren ayudar?" Sus compañeros estaban más que dispuestos a hacerlo. Juntos conformaron un grupo llamado *Free the Children (Liberen a los niños).* Se reunían todas las semanas para compartir información y estudiar estrategias. Craig también se contactó con otras organizaciones para obtener información adicional, obtener apoyo y establecer contactos. Su equipo iba en aumento.

Después de escuchar a Craig hablar en la convención anual de la Federación de Trabajadores de Ontario, 2,000 líderes se unieron al esfuerzo. Donaron $150,000 a *Free the Children.* El alcalde de Toronto prohibió los juegos pirotécnicos fabricados por niños. El ministro de asuntos exteriores le ofreció a Craig una posición de consultoría en el gobierno canadiense y el Congreso de los Estados Unidos lo invitó a hacer una presentación. En la actualidad, Canadá es una de las naciones que lleva la delantera en actividades orientadas a la eliminación de las distintas e intolerables formas de trabajo infantil y la explotación de los niños.

Craig dijo: "Los niños tienen una cualidad especial que les da un poder mucho mayor que el que pueden tener los adultos. Tienen la capacidad de la imaginación. Los niños todavía piensan que pueden volar y hasta piensan también que pueden hablar con un primer ministro".

En dos escasos años, *Free the Children* se convirtió en un equipo de miles de personas que se extendió al ámbito internacional, con representación en toda Europa y Asia. *Free the Children* ha logrado cambiar la mente de muchas personas. Ha logrado cambiar la legislación de algunos países, y ha empezado a cambiar la vida de 200 millones de niños.

¿Cosas de niños? Tú lo decides.

> "Es más fácil permanecer indiferente y decir que desconocemos el problema. Pero una vez que te enteras y lo ves con tus ojos, entonces tienes la responsabilidad de hacer algo al respecto. En la unión está la fuerza, y si todos trabajamos juntos como un equipo, nos podemos hacer imparables".
>
> —Craig Kielburger

Caricatura de George Grenshaw de ratones trancando al gato

"Los jóvenes no saben mucho de prudencia y por ello es que se atreven a intentar lo imposible –y lo logran, una generación tras otra".

—Pearl S. Buck

* * *

"MAMÁ SABE QUÉ ES LO MEJOR"

Cómo fue que una madre salvó la empresa de la familia

Gertrude Boyle es una mujer de 70 años, presidenta de la junta y el espíritu guiador detrás de Columbia Sportswear, el más grande fabricante mundial de ropa deportiva. Pero Gert no comenzó en la cima del mundo de los negocios como la mayoría de los ejecutivos. La tragedia la forzó a incursionar en la arena corporativa, y los instintos maternales que desarrolló, de lograr la camaradería entre sus hijos, le ayudaron a sobrevivir y mucho más que eso, a triunfar.

Ella adquirió habilidades de supervivencia cuando, temprano en su vida, su familia judía tuvo que escapar de Alemania cuando el infame Adolfo Hitler ascendió al poder. En los Estados Unidos, su padre fundó una industria de sombreros llamada *Columbia Hat Company* en Portland, Oregon, la cual le dejó al esposo de Gert, Neal, a mediados de los años sesenta. Neal convirtió la compañía en una pequeña tienda que vendía ropa para cazar y pescar, mientras Gert se ocupaba de criar a sus tres hijos. Entonces, Neal sufrió un fulminante ataque al corazón solo tres meses después de recibir un préstamo por $150,000 de Small Business Administration (SBA). Para lograr asirse del préstamo, Neal había subastado su casa, su residencia en la playa, la casa de la madre de Gert, y su póliza de seguro de vida.

Así, a la edad de 47 años, Gert enfrentó problemas mayores. Cuando Neal murió no sabía casi absolutamente nada del negocio. Sin embargo, al día siguiente del funeral, Gert llamó a los 40 trabajadores de la planta y los reunió para pedirles que le ayudaran a mantener el negocio en funcionamiento. Ocupando la posición de su esposo como presidenta de la compañía asumió un gran desafío. Durante los siguientes meses, escuchó comentarios como: "Su esposo nunca habría hecho las cosas de esa manera". El abogado y contador de toda la vida de la empresa la animó a desistir del negocio, le dijo: "Vamos, Gert, tu eres una mujer. Tú no sabes cómo es que funciona esto". Pero renunciar significaba echar abajo todo lo que su esposo había construido, junto con la estabilidad financiera de la familia.

Pero Gert se resolvió a continuar adelante. Despidió al abogado y contador, y a toda persona que tuviera ideas negativas dentro de la compañía. Le pidió a su hijo Tim que viniera los fines de semana a ayudar. En ese tiempo él estudiaba en la Universidad de Oregon. Pero el desafío era mayor al que ellos habían imaginado. Gert admite: "Juntos, casi llevamos a Columbia al fracaso. Cometimos todos los errores imaginables y despedimos a todos los que sabían la forma cómo funcionaba este negocio". Y los libros lo reflejaban. Las ventas cayeron $200,000 el primer año.

Cansada y derrotada, con el banquero casi listo a emprender medidas, Gert consideró la idea de vender la compañía. Pero el comprador en perspectiva estaba dispuesto a pagar solo $1,400 y planeaba dividir la compañía. Gert se sentía horrorizada: ¡$1,400 por el trabajo de 30 años de su familia! "Qué caramba", le dijo ella, "¡Por $1,400 yo misma solita me voy a la quiebra!"

Gert hizo un nuevo compromiso de salvar a Columbia y reunió todo el valor que tenía para renovar el negocio, pero para eso ella sabía que tenía que reunir a un equipo de personas que la ayudaran. Al principio Gert acudió a sus empleados, animándolos por su trabajo e implementando un plan de incentivos basándose en el éxito que alcanzara la compañía. A continuación colocó los edificios de la compañía como garantía para un préstamo. El banco no solo la respaldó sino que se convirtió en un aliado. El banquero también le recomendó a Gert que hablara con otro de los clientes del banco, Ron Nelson, quien trabajaba para Nike, una compañía cercana que estaba en asenso. Impresionado con la dedicación de Gert, Ron se unió a la junta directiva contribuyendo con su tiempo. La integración de Ron a la junta fue un punto de viraje para Columbia, porque cada problema que la empresa afrontaba era un problema que Ron y Nike habían tenido que experimentar. Con la experiencia de Ron, el apoyo incondicional de Columbia y un grupo de excelentes trabajadores, Columbia se mantuvo a flote durante los años más difíciles.

De nuevo, Gert asumió otro riesgo al poner a su hijo Tim (a pesar de su falta de experiencia) a cargo de los distribuidores minoristas a nivel nacional. Tim descubrió que Columbia estaba perdiendo dinero al distribuir productos fabricados por otras compañías y sugirió que la empresa identificara un niche de mercado que le permitiera a Columbia concentrarse en su propia línea, la cual estaba enfocada en productos de calidad para uso al aire libre y a precios asequibles.

Ese nuevo enfoque le permitió a Columbia convertirse en el primer fabricante que utilizó tela respirable y resistente al agua, Gore-tex, que revolucionó la ropa deportiva. Columbia también introdujo el ahora famoso chaquetón esquimal parka con su forro ovejero removible, el cual era la mitad del precio de las chaquetas similares en el mercado y en poco tiempo superó en ventas a la competencia. Gert entonces expandió la línea de ropa deportiva hasta incluir todo para la nieve, desde pantalones hasta zapatos.

A través de todo esto, Gert tenía que batallar con la gente con mentalidad de vieja guardia que tanto domina al mundo comercial. Dado que ella era mujer, alguien que llamó rehusó creer que ella era la presidente de la compañía e insistía en hablar con alguien superior. Al final, ella tuvo que decirle al obstinado hombre: "Lo siento, pero Dios está ocupado".

Al final, Gert encontró una manera singular de capitalizar su feminidad. Ella aprobó una campaña publicitaria diseñada para explotar la imagen de "una mujer de mayor edad dirigiendo una compañía". Los comerciales la mostraban a ella como la Madre Gert, una madre regañona y difícil de complacer y que obligaba a su hijo Tim a hacer cosas absurdas para probar lo resistentes de sus productos. En un anuncio, ella obligaba a Tim a caminar a través de un túnel de lavado de autos para demostrar que sus chaquetas son resistentes al agua. Otro comercial mostraba a Tim empujando "accidentalmente" a su malhumorada madre por un precipicio, para luego rescatarla deshaciendo el nudo en la concha de su parka y restaurándola sana y salva.

Los "expertos" advirtieron que a una cultura todavía machista no le iba a interesar mucho la imagen de una mamá exigente diciéndoles qué vestir. De todos modos Gert siguió adelante con la campaña y los consumidores se caían de los sofás muertos de la risa al ver los comerciales. La campaña publicitaria fue todo un éxito, y las ventas pasaron de 10 millones de dólares en 1982 a más de 360 en 1995.

Y aunque Tim Boyle asumió la presidencia de Columbia en 1989, su visionaria madre continúa activa participando de las decisiones más importantes de la compañía. En la actualidad, Columbia Sportswear posee aproximadamente el 30% del mercado de ropa deportiva y su crecimiento ha superado el promedio del 40 % anual. La revista *Business Week* ha elogiado a Gertrude como una de las mejores gerentes de la nación y la revista *Working Woman* la designó como una de las mejores dueñas de negocios en América.

Pero más importante aún, detrás de los elogios, es una mujer que salvó el negocio de la familia construyendo una familia de negocios.

"Si no sabes algo, no temas pedir ayuda".
—Gertrude Boyle

"A través de los años he desarrollado un grupo muy importante de personas que considero mis mentores. Ahora bien, estos pueden ser el jardinero al lado del camino, o el granjero que ordeña las vacas. Pueden ser aquel profesor especial. Puede ser alguien que nunca he conocido, o alguien de quien haya leído... (como el autor Gabriel García Márquez). Uno de mis sueños es conocerlo. Todos ellos son mis mentores. George Eliot, el gran novelista. Jane Austen es una de mis grandes mentoras, en términos de la lengua. De esa forma he construido en mi vida una estructura de mentores".

—MARTHA STEWART

Extraído con permiso de American Academy of Achievement en www. achievement.org

* * *

"ÉL NO LOGRÓ GRADUARSE DE LA ESCUELA"

Pero su concepto de equipo le ayudó a construir un gran imperio de negocios

Lectura, Escritura y Matemáticas. Estas tres son la base de toda la educación. El fundamento para una vida de éxito. Al menos eso es lo que siempre se nos ha dicho. Paul Orfalea, logró solo el dominio de una de estas tres –pero eso no le impidió convertirse en una de las historias más sobresalientes de éxito en la parte final del siglo XX.

Para Paul, la página impresa siempre ha sido su gran obstáculo. Fue suspendido en el segundo año escolar porque no sabía el abecedario. Su lectura y deletreo eran tan deficientes que en el tercer año fue sacado de la escuela pública y puesto en clases especiales para niños con aprendizaje lento. Seis semanas después, su madre pidió que se le hiciera una valoración y se determinó que el niño no tenía deficiencias mentales. De hecho tenía un coeficiente intelectual de 128. De inmediato ella lo retiró de esas clases especiales, pero su única opción fue ponerlo de vuelta en el sistema de educación escolar pública. Luego, interminables visitas a los optómetras y a los especialistas en lectura no lograban dar ninguna respuesta. Desafortunadamente, para ese tiempo, no se sabía que existía la dislexia.

Pero por fortuna, Paul tenía un fuerte apoyo de sus padres. "Aunque todo el mundo a mi alrededor me hacía sentir como un tonto, mis padres siempre estaban de mi lado. A veces bromeaban que tenían que gastar $50 en tutores y clases especiales por cada palabra nueva que aprendía, pero nunca me culparon de ello. Lo único que hacían era darme estímulo".

Pese a sus limitados logros en la escuela, Paul decía que todavía se sentía muy bien porque podía jugar ajedrez y otros juegos muy bien. A una edad temprana, Paul demostró fascinación por el tema de la bolsa de valores. Su padre, quien se desempeñaba en la industria de la ropa, le había enseñado a Paul la importancia de ahorrar y de invertir bien el dinero. Cuando Paul tenía ocho años de edad, su padre le ayudó a comprar sus primera acciones y a través de los años escolares, Paul continuó invirtiendo el dinero que le daban para comprar comida en la escuela.

Cuando Paul al final logró graduarse de la secundaria, quedó clasificado en el último puesto de la clase. Había sido despedido de su trabajo en una fuente de sodas por no leer bien los pedidos. Solo duró un día trabajando en una estación de gasolina porque su jefe no podía leer lo que escribía en las hojas de cuentas.

Paul dice: "Llegué a convencerme que era imposible conseguir empleo. También llegue a darme cuenta que si quería hacer algo significativo con mi vida, iba a necesitar de la ayuda de otras personas".

En la adolescencia, la ayuda vino de dos de los primos de Paul. Ellos decidieron ganar dinero pintando los números de dirección en el frente de las casas. No obstante, como Paul no podía escribir los números en el orden correcto, sí podía ofrecer el servicio de puerta en puerta. Sin embargo, el negocio se fue al piso de forma abrupta, cuando los tres descubrieron que no habían utilizado pintura para exteriores y que la pintura que habían usado se había escurrido con la lluvia rápidamente hasta las alcantarillas.

Con todo, este equipo de tres socios volvió a intentarlo colocando un puesto de venta de vegetales al lado del camino. Ese negocio tuvo más éxito y ése verano Paul aprendió algo que fijaría el rumbo de sus futuros negocios. Paul recuerda: "Mi padre fabricaba ropa y yo vendía vegetales. A los pocos días la vida útil de los vegetales terminaba y con el tiempo la ropa pasaba de moda. Me di cuenta que no quería tener un negocio donde tuviera que administrar inventario".

Mientras continuaba atento a encontrar la oportunidad para el negocio correcto, Paul se concentró en otra meta muy importante para él, graduarse de la universidad. No se quería sentir inferior a nadie. A fin de lograr ser aceptado en University of Southern California (USC), tendría que obtener una clasificación de promedio B en un centro de formación tecnológica. Esta meta parecía enorme puesto que Paul escasamente se había podido graduar de la secundaria. Aún así, Paul se matriculó en un centro de formación tecnológica local y obtuvo una nota promedio B con el apoyo de amigos, tutores, y algo de ingenio. Paul tomó cursos donde podía sacar partido a sus destrezas, Algebra, Geometría y Finanzas, y utilizó su creatividad para salir adelante con las demás. Como opción tomó una clase de "Grandes obras," en vez de la tradicional clase de Literatura que envolvía leer 17 libros –toda una vida de lectura para alguien con dislexia. También pospuso la clase de inglés desde el primero hasta el último año, donde a duras penas logró una D.

A continuación Paul entró a University of Southern California donde se graduó en Finanzas con un promedio de C. Y mientras estaba en la universidad, Paul descubrió el negocio que había estado buscando durante mucho tiempo.

Paul recuerda: "Fui asignado a estudiar con un grupo en un proyecto para una clase, pero debido a mi problema de dislexia, no podía leer ni ayudar con el trabajo del proyecto final. De modo que hice un trato con los demás estudiantes que si ellos escribían el proyecto, yo sería el "mandadero"". Paul pasaba horas en la biblioteca del campo sacando fotocopias, y mientras lo hacía, se quedó maravillado con las maquinas fotocopiadoras. Estas máquinas eran un desarrollo relativamente reciente de la tecnología allá en los años 70, y como Paul observó: "La máquina opera de una forma tan fácil, que todo lo que tienes que hacer es conectarla".

El negocio de las fotocopias implicaba manejar un producto no perecedero.

En una clase de mercadeo Paul había estudiado acerca de los ciclos de vida de los productos y se dio cuenta que las fotocopiadoras iban a revolucionar la reproducción de los documentos en las décadas que estaban por venir. En su quinto año de la universidad, pidió un préstamo de USD $5,000 de un banco, y montó una pequeña tienda de fotocopiado para los estudiantes.

De nuevo, Paul se dio cuenta que necesitaba de la ayuda de otros, para que su negocio se convirtiera en realidad. Su fuerte no era precisamente operar y hacer mantenimiento a las máquinas. Paul rápidamente halló a un estudiante local que contaba con la bendición de tener las habilidades mecánicas que él carecía y lo convirtió en su socio.

Ellos cobraban 4 centavos de dólar por fotocopia –muy por debajo de los diez centavos que cobraban en la biblioteca del campus– de inmediato, su negocio fue un boom. "Me di cuenta que tenía un concepto que podía funcionar en cualquier campus," dijo Paul. "Para abrir y financiar nuevos locales, incluí a otros compañeros quienes aportaron el dinero a un bajo interés para cada local. Esto me permitió expandirme rápidamente sin la necesidad de utilizar capital externo. Construir las relaciones constituyó un factor clave en el crecimiento del negocio de Paul.

Al principio, Paul encontró algunos compañeros que querían hacer parte de su equipo. Él pedía una inversión inicial mínima y les animaba a explorar a lo largo de la costa este para abrir nuevos locales cerca de las universidades donde hubieran 20,000 estudiantes o más.

Además de buscar socios que participaran en su negocio de riesgo y éxito, Paul estableció una cultura empresarial que fomentaba el auto-respeto y la motivación. A Paul nunca le gustó la palabra "empleado" o la idea de trabajar para alguien. Dada su filosofía, se refería a todos los empleados con la expresión "compañero de trabajo". Todos tenían la misma designación, desde la persona que estaba en la caja, hasta el socio copropietario. Y todos tenían su participación en las ganancias. La meta de Paul era hacer que los miembros del equipo se sintieran valorados, por ejemplo tenía a los que llamaba "dedos felices". Ellos hacían los contactos telefónicos para las ventas y ellos obtenían su participación en las ganancias.

No obstante, el concepto de equipo no se detenía ahí. Paul desarrolló alianzas estratégicas con vendedores de los grandes fabricantes como Xerox, Kodak y Sprint. Al trabajar en coordinación con ellos, Paul podía equipar sus tiendas con maquinaria moderna y actualizable, que era prestada en vez de ser comprada. Este arreglo minimizaba la necesidad de tener grandes capitales, lo que le permitió a Paul posicionar su negocio muy delante de sus competidores.

Para el año 1990, habían 480 tiendas Kinko haciendo fotocopias en todo el territorio de los Estados Unidos. Pero en tan solo siete años, ese número ha crecido a 850 locales alrededor del mundo, con 23,000 compañeros de trabajo y más de 200,000 clientes al día. Sorprendentemente, hasta enero de 1997, Paul y sus socios no han tenido inversionistas externos y la compañía continúa siendo operada con capital privado. Kinko invitó a un inversionista externo para ayudar a financiar un plan de expansión ambicioso. La firma de inversiones retiene el 30% de las acciones ordinarias, mientras que Paul y sus socios conservan el 70% restante.

Paul señala, "Nunca ha sido fácil. En los 27 años que Kinko ha estado en el negocio, hemos tenido competidores que han estado a punto de batir nuestros precios, y nunca hemos tenido suficiente dinero para implementar las ideas que han surgido. Ha sido un milagro que hayamos podido mantener la compañía privada por 27 años". Y añade: "No logré eso solo. Muy temprano en la vida reconocí la necesidad de tener gente capaz y motivada a mi alrededor y de crear un entorno de equipo de modo que todos podamos compartir el éxito".

Paul Orfalea no pudo dominar la lectura y la escritura. No tuvo la bendición de tener habilidades para la mecánica. Pero entendió el valor de poner juntas a las personas correctas para hacer que las cosas sucedan. También destaca el valor del trabajo en equipo, al hacerlo, creó el negocio de manejo de documentación más grande del mundo.

> "Mi lema siempre ha sido que nadie puede hacerlo mejor que yo. Al integrar el apoyo de otros y tratarlos con equidad en el negocio, he podido concentrarme en mis fortalezas y desarrollar un negocio que ha beneficiado a todos sus participantes".
> —Paul Orfalea

"Sé que mis notas no son las mejores pero tú siempre has dicho que "lo importante no es lo que sabes, sino a quién conoces".

"YENDO POR LA DE ORO"

La amistad lleva a una ciudad a la gloria de los olímpicos

Él era abogado de finca raíz sin ninguna experiencia en administración profesional. Nunca había hecho un viaje de negocios al extranjero. Su única experiencia con los deportes había sido jugando fútbol en la universidad 20 años antes. Y la ciudad donde vivía no era exactamente una ciudad que se destacara a nivel internacional.

¿Entonces qué fue lo que hizo a Billy Payne pensar que podría llevar a los Juegos Olímpicos de verano de 1996 –el evento de deportes internacional más grande de la Historia– a la poco conocida ciudad de Atlanta?

Él contesta: "Mis amigos. La amistad mantiene un esfuerzo y una idea mucho antes que la razón lo haga".

De hecho, hasta algunos de los amigos de Billy se preguntaron si él había perdido el juicio cuando presentó su idea el 8 de febrero de 1987. Bill estaba en la iglesia ese día. Estaba asistiendo a un programa de dedicación de un nuevo santuario para el cual él había ayudado a recolectar fondos. La gente a su alrededor había trabajado duro y había hecho sacrificios con la esperanza de recaudar dos millones de dólares para el proyecto. Cuando los costos excedieron los estimados, hicieron todavía más sacrificios a nivel económico y unieron sus esfuerzos en sentido espiritual. Billy había visto a algunas personas que se habían alegrado de continuar contribuyendo dinero para construir el sueño y allí estaban ese día, compartiendo la alegría y el sentido de logro.

Él se volvió hacia Martha, su esposa y le dijo: "¿No sería maravilloso que la ciudad entera pudiera experimentar lo que estamos experimentando aquí en la iglesia hoy? Pensemos en una forma de hacer eso posible".

Sus primeras ideas –la Súper Copa o la convención electoral– ya estaban en la agenda de la ciudad. Entonces Billy decidió que tenía que pensar en grande. *La franqueza de la gente del sur combinada con los juegos olímpicos, ¿qué pudiera ser mejor que eso?*

Los siguientes juegos olímpicos disponibles eran los de 1996, pero esos serían el aniversario número 100 de los juegos, y todo el mundo esperaba que se celebraran en Atenas, Grecia, el sitio donde se habían celebrado los juegos olímpicos originales 2,500 años atrás. La segunda en la lista de posibles ciudades era Toronto, la cual ofrecía una imponente cantidad de recursos. Si Atlanta licitaba para los olímpicos, sería la primera licitación de la ciudad. Y desde que los juegos habían sido retomados desde la segunda guerra mundial, el Comité Olímpico Internacional (IOC) nunca había escogido a una ciudad que aplicara por primera vez.

Parecía que Atlanta no tendría la oportunidad. Pero la ciudad contaba con Billy Payne. Él contaba con la motivación y la fuerza y amaba la competencia, pero no de la misma forma que él había demostrado esas cualidades durante la mayor parte de su vida.

Billy recuerda: "Yo había sido tan competitivo en la adolescencia y en mi adultez temprana que aquello se me había convertido en un defecto. Como resultado, cierto día me desperté, cuando estaba por cumplir 30 años, y me di cuenta que no tenía muchos amigos". Después de considerar el asunto con su esposa, confeccionó una lista de las cosas en las cuales quería ser competitivo y otra lista donde enumeraba los campos donde la amistad y las relaciones significaban mucho más que ganar. "Casi de la noche a la mañana empecé a tener más amigos. También noté, que como resultado de tener más amigos, las oportunidades en mi vida profesional se incrementaron dramáticamente. Al final del día a la gente le gusta reunirse con sus amigos".

Sin embargo, se necesitó de un ataque al corazón en 1982, para que Billy hiciera el mayor cambio en su vida. De cara a la muerte, decidió invertir su tiempo a un esfuerzo consciente de hacer algo que contribuyera de forma potencial a lograr el bienestar de otros.

"Lo más importante sobre establecer metas es asegurarse que estas sean importantes para otros así como para usted", dijo Billy, "en otras palabras, existe una gran tendencia a querer servirse a sí mismo –"Quiero tener la casa más grande", "Quiero ser el presidente de la compañía", "Quiero tener muchísimo dinero". Pero lo que en verdad trae felicidad en la vida es tener una meta que a la vez que le beneficie y le motive a usted, también traiga alegría y beneficios a otras personas".

Traer los olímpicos a Atlanta encajaba con esos criterios. Ahora Billy necesitaba hacer que sus amigos compartieran su visión. Esa noche, su esposa le animó a hablar con su amigo Peter Candler acerca del asunto. Para sorpresa de los dos, Peter no solo apoyó la idea, sino que sugirió contactar a una serie de hombres de negocios en Atlanta que pudieran ayudar a ampliar el prospecto y así llegar a las distintas instancias de la comunidad.

Para marzo de aquel año, el equipo olímpico de Billy había crecido a cuatro personas. En una acción de compromiso, Billy se retiró de una sociedad de abogados para dedicarse de tiempo completo a su cruzada. Sostuvo a su familia con un préstamo que hizo por una propiedad que tenía. Billy sabía que el siguiente paso era involucrar a personas que tuvieran influencia política a su causa. Peter sugirió contactar a un viejo amigo, Horace Sibley, quien a su vez podía contactar al alcalde Andrew Young. No obstante, los asistentes y asociados ya habían llegado a saber de la idea descabellada de Billy e intentaron proteger a Horace de sus intenciones. Finalmente, Billy se presentó en la puerta de Horace y también en la de Young, pero ambos hombres pensaron que la idea era desacertada.

"Puedo decir que el alcalde no estaba quedando muy convencido, de modo que cambié de curso en la mitad de la conversación", dijo Billy. Él sabía que Young anteriormente había sido embajador para las Naciones Unidas así como un reconocido líder de los derechos civiles. La idea de Billy de participar en los olímpicos también debería tener un atractivo cívico. "Empecé a hablar del legado que dejaría tal intento fuera que tuviera éxito o no –podría inspirar un movimiento juvenil deportivo en nuestra comunidad, lo cual de todos modos lograría hacer algún bien".

Young recuerda que quedó impresionado con la resolución que demostraba Billy. El alcalde vio a un hombre que había renunciado a su trabajo, que había hipotecado su propiedad y que había empezado a vivir de sus ahorros para alcanzar una meta que parecía imposible, o al menos, altamente improbable. Billy habló sobre la forma de conseguir los fondos y de cómo la ciudad no necesitaría de más impuestos, ya que él creía que las grandes empresas estarían complacidas en contribuir, una vez compartieran el sueño.

"En el momento en que dije: "No te preocupes, no le va a costar a la ciudad ningún dinero adicional", el alcalde quedó enganchado"".

Para el mes de junio, con Young a bordo, el equipo del sueño de Billy ya era conocido como "los nueve de Atlanta". Los "nueve" recorrieron todos los rincones de la ciudad buscando apoyo. La revista *Atlanta Journal-Constitution* llamó a la iniciativa "el sueño loco" y lo calificó de salto largo. Las compañías de mercadeo deportivo pensaron que el grupo absolutamente había perdido la razón, y aunque a la Cámara de Comercio le pareció una maravillosa idea, no había forma en la que la Cámara invirtiera el dinero que conseguía a través de duros esfuerzos, en una idea con "cero posibilidades".

Billy dijo: "El escepticismo y la crítica estaban dirigidos más hacia la magnitud de la idea que hacia la idea misma. No muchas personas están preparadas mental y emocionalmente para tratar con algo más grande que su vida y les es difícil absorber y ver en su contexto cómo un proyecto de esta naturaleza, que muchos consideraban "una pérdida de tiempo", pudiera traer beneficios positivos a la comunidad".

Billy y su equipo persistieron, se resolvieron a evitar a los expertos y a los consultores quienes únicamente decían "no puede hacerse".

"Hay algo en cuanto a mí que permanece inmovible –no me gusta la gente negativa cerca a mí", dijo Billy. "No necesitábamos ser recordados en cada momento de los impedimentos que teníamos en nuestra contra. Necesitábamos personas que fueran positivas y que vinieran con una estrategia y una solución. Al final, terminamos haciéndolo todo nosotros mismos, e hicimos un esfuerzo consciente por aprender de nuestros errores".

Con Young a la cabeza, Billy y su equipo viajaron al extranjero, y consigo llevaron un poco del sabor de Atlanta con ellos. En cada una de sus paradas establecían una "Casa de Atlanta" e invitaban a los delegados del IOC a compartir una noche de cocina sureña y de hospitalidad. Su meta: hacerse los mejores amigos de los delegados del comité más que cualquier otro de grupo o entidad licitante.

Billy, ahora como presidente y director del Comité de Atlanta para los Juegos Olímpicos (ACOG), invertía 20 días al mes en viajar alrededor del mundo. No cobraba salario ni solicitaba reembolso por sus gastos en los viajes. Simplemente continuaba trabajando con la convicción que "los olímpicos son una idea basada en la bondad y la bondad hace todas las cosas posibles".

Las semanas se convirtieron en meses y los meses se transformaron en dos años y medio. Entonces llegó el momento en el que el IOC tenía que tomar su decisión. En medio de una reunión, una noche antes de la votación, el pecho de Billy parecía como si fuera a explotar. "Caminé hacia mi amigo Charlie Battle, y le dije "Sácame de aquí". Yo salí con una sonrisa en mi rostro, pero Charlie estaba literalmente soportando todo mi peso. Estaba aterrorizado pero no podía demostrarlo".

Los médicos locales examinaron a Billy y determinaron que esta vez no era su corazón, se trataba más bien de estrés. Aún así, Billy y su equipo, no querían que los demás se enteraran de la situación. Temían que aquello pudiera afectar el voto negativamente. Al día siguiente, es decir, el 18 de septiembre de 1990, la hospitalidad de Billy y su equipo sureño habían dado sus frutos. Desacatando la tradición y las políticas convencionales, el IOC escogió a Atlanta como la sede de los juegos olímpicos de 1996.

"Fue uno de los momentos más grandiosos de mi vida", recuerda Billy. "Tú te preparas para lo peor pero esperas lo mejor. El sentimiento era indescriptible".

En seguida toda Atlanta celebraba. Se instaló una valla publicitaria con el eslogan, "Sin pago, sin ganancia ¡Gracias Billy!" Pero Billy sabía que su trabajo apenas comenzaba. Él y su equipo necesitaban de cinco años para organizar una detallada campaña para coordinar los fondos de los juegos. Esta vez, al menos Billy tenía un salario, pero su trabajo era recaudar $1.5 billones a través de patrocinios corporativos y recursos del sector privado. De nuevo, todo el mundo decía que la meta era imposible. Pero de nuevo, Billy se apoyó en sus amigos.

Billy admite: "Implicó mucho más de lo que imaginábamos. Si los bancos de la nación no nos hubieran apoyado con un préstamo inicial de $300 millones, hubiéramos tenido muchos problemas. No teníamos evidencia que podríamos devolver el dinero, pero aquello era una declaración de fe y confianza que en últimas animó a otros a darnos su apoyo".

Billy y ACOG regresaron a la Cámara de Comercio, el mismo grupo que había sido elegante en su respuesta el año anterior, pero en esta ocasión consiguieron $5,5 millones en menos de semana y media. Los patrocinios sumaron una cifra sin precedentes de $40 millones. También el ACOG pidió $400 millones a la Televisión por los derechos de transmisión. Los expertos pensaban que eso era imposible porque la NBC había perdido $100 millones en los olímpicos de Barcelona en 1992. Al final, Billy y su equipo consiguieron $456 millones por derechos televisivos.

Con todo, este éxito vino con un precio que se debió pagar a nivel personal. Para asegurar que su sueño se hiciera realidad, Billy empezaba a trabajar a las 4:00 am todos los días y su trabajo se extendía hasta tarde en la noche. Él alargaba cada onza de energía, trabajaba hasta que quedaba exhausto físicamente, entonces, comenzaba de nuevo al siguiente día. Las demandas exigentes llegaron a ser demasiado para su débil corazón. Billy tuvo que regresar al hospital y esta vez tuvo que ser sometido a una cirugía de bypass triple. Los amigos de Billy conmovidos, continuaron el esfuerzo olímpico adelante, hasta su recuperación. Un mes más adelante, contra las órdenes de los doctores, Billy regresó de vuelta a su trabajo.

Con el tiempo Billy logró reunir todo el dinero que se necesitó para honrar su promesa y realizar los olímpicos.

Después de nueve largos años de duro trabajo y un enorme compromiso Billy logró hacer lo que casi todo el mundo había dicho que no podía hacerse. Un aproximado de cinco millones de personas de todo el mundo se reunieron por 17 inolvidables días y participaron de una parte de la historia que había comenzado hacía 2,500 años atrás. Y allí estaba Billy Payne, deleitándose en cada momento, desde la ceremonia de apertura, hasta el acto de conclusión, rodeado de la gente que le había ayudado a lograrlo. Su equipo. Sus socios. Sus amigos.

> "Para un proyecto de esta magnitud su éxito depende de la capacidad de otras personas para llevarlo a cabo completamente hasta el fin. No existen llaneros solitarios. Mi participación individual en el proyecto posiblemente terminó cinco años atrás. Mientras que otras personas, a través del empoderamiento asumieron importantísimas responsabilidades con compromiso férreo, y todos disfrutamos del resultado".
>
> —Billy Payne

"La gente necesita de modelos en cada una de las etapas de su vida...
no simplemente cuando son niños.
No espere a que un modelo se presente simplemente porque sí.
Allá afuera hay muchísimas personas que quieren ayudar.
En vez de esperar que alguien venga y lo lleve bajo sus alas,
salga y busque unas buenas alas sobre las cuáles alojarse".

—DAVE THOMAS,
Fundador de las clásicas hamburguesas Wendy´s

* * *

EN SUS PROPIAS PALABRAS

"Después de ocho años y de sesenta extenuantes competiciones de maratón en natación, en los más imponentes océanos y lagos del mundo, imaginé terminar mi carrera atlética con inconmensurable aventura. En ese tiempo, el récord para aguas abiertas, tanto para hombres como para mujeres era de 60 millas y yo soñaba con sobrepasar la cifra de 100 millas sin parar en el océano. Después de investigar por semanas, escogí la ruta entre las Bahamas y la costa de la Florida. Ello implicaría dos días completos de natación a un ritmo fuerte y para mí era obvio que no iba a lograr esto únicamente por mi cuenta.

Las competencias corrientes en circuitos de natación son entre 25 y 40 millas, y en estas distancias uno se apoya en un compañero o entrenador, quién permanece en un bote a una distancia de unos diez metros, suministrándole alimento, estímulo e información sobre su situación en la carrera.

Pero nadar 100 millas en el mar abierto es una empresa mucho más compleja. Implica cosas como navegar en aguas mucho más agitadas, calcular los cambios en la corriente del viento, cuidarse de los tiburones y mantener los niveles de glucógeno hasta poder alcanzar la otra orilla. Yo sabía que el éxito iba a requerir de un equipo especializado.

Mi trabajo consistió en entrenar unas ocho horas al día durante un año. Durante ese tiempo, reuní a un equipo de personas con una gran experiencia en varios campos –sin mencionar el gran sentido de aventura y amistad. Yo le pedí al experto en navegación Ken Gundersen que me guiara durante mi travesía. Ken no solo escogió el momento preciso para empezar, sino que una vez en el agua, cambiaba de dirección cada 15 minutos, a medida, que el viento, la corriente y los obstáculos se presentaban a nuestro paso. Ken también trajo consigo un equipo de hombres para que le ayudaran a mantener nuestra flotilla de botes en curso, durante dos días sin descanso, a la fastuosa velocidad de dos millas por hora.

Jackes Cousteau amablemente suministró a cuatro de sus mejores buceadores, expertos en tiburones. Utilizando el sonar, identificaban a cuerpos grandes nadando debajo de mí y buceaban más al fondo para distraerlos. También recibí el consejo de un especialista en aguante de la NASA, quien me suministró instrucciones de alimentarme cada hora con 1,100 calorías de glucosa pura. Durante el entrenamiento, el sabor dulce de la glucosa mezclado con el agua salada del mar me hacía dar náuseas, de modo que él me ayudó a probar con yogurt puro para ayudar a neutralizar el dulce.

Las maratones de natación son similares al boxeo en el sentido que el personal en la esquina del cuadrilátero –los entrenadores en mi caso– le dan respaldo y estímulo a uno cuando se encuentra desorientado o desanimado. Yo perdí cerca de 30 kilos en las Bahamas y dada la dureza de las condiciones, experimenté escalofríos, nauseas, alucinaciones y hasta desespero. Y cuando sentía que no podía continuar más, uno de mis entrenadores, amigo cercano, decía justo las palabras necesarias para hacer otras veinte brazadas. Después de eso, sentía que podía hacer otras veinte, y otras cincuenta, y cincuenta más, y luego cien más.

Ése récord de 102.5 millas, tanto para hombres como para mujeres permanece invicto hasta la fecha. Es un gran récord, pero hay 51 personas más, mi equipo, quienes saben que sus valiosos esfuerzos fueron mi éxito. Todos necesitamos a alguien en la maratón de nuestras vidas que nos aliente y que crea en nosotros, cuándo las inevitables olas de la adversidad traten de derrotarnos".

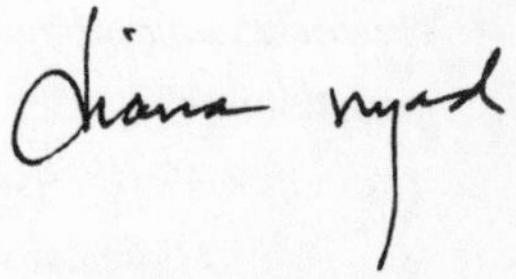

Durante una década, Diana Nyad fue la mejor nadadora de larga distancia. Ella impuso el récord de nado más largo de la historia, 102.5 millas y es considerada una de las mujeres pionera en los deportes.

EN SUS PROPIAS PALABRAS

"A la edad de 35 años estaba divorciada, desempleada y preocupada por la forma como iba a mantener a mis dos hijos. En el pasado había trabajado medio tiempo, mientras que mi esposo tenía una empresa de alquiler de camiones y grúas. Ahora enfrentaba la pregunta de qué iba a hacer de allí en adelante. Dado que tenía conocimientos sobre la industria de la construcción, decidí empezar mi propio negocio especializado en erigir e instalar maquinaria industrial.

Pero la gente no era ni siquiera un poco amable cuando les informaba acerca de mis planes. Decían que estaba fuera de enfoque si lo intentaba, que tenía muy poca experiencia, y adicionalmente la economía en Denver estaba en picada. Pero yo no tenía un plan B y esto tenía que funcionar y yo tenía que salir adelante.

Tomé los ahorros que tenía, los cuales sumaban USD $50,000, alquilé un pequeño edificio y compré un camión que tenía 13 años de uso. Yo sabía que tenía brechas en mi conocimiento y que si esto iba a funcionar, necesitaba desarrollar un equipo que cerrara esas brechas. Para lograrlo, busqué la ayuda de personas que tuvieran buen conocimiento de la industria de la construcción.

Lo primero que hice fue contratar personal de planta que tuviera gran habilidad técnica. Enseguida, a través de un amigo, encontré una compañía de seguros con la cual establecimos alianzas y un banco familiarizado con el negocio de la construcción. También agregamos un abogado y un contador público titulado; ambos tenían experiencia en la industria de la construcción. Hoy quince años después, todas estas personas continúan conmigo en la empresa y son como si fueran mi junta directiva.

He logrado el éxito en mi negocio porque de forma honesta evalué mis fortalezas y debilidades y conformé un equipo de personas que tenían la experiencia que yo necesitaba para llevar a mi empresa al lugar donde la quería llevar".

Barbara Grogan es presidenta de Western Industrial Contractors, una firma de construcción y consultoría que empezó en 1982 y se ha convertido en un negocio que vale $10 millones de dólares.

Tu plan personal de acción

Consolida tu equipo

"Cuando las telas de la araña se unen,
pueden sujetar a un león"
—Proverbio Etíope

Detrás de una persona exitosa, hay otra persona exitosa. Nadie alcanza el éxito sin la ayuda de otros. Una vez uno se resuelve a alcanzar el éxito, puede comenzar a conectarse con un gran número de gente y de recursos que le pueden ayudar. El mejor recurso de todos son los individuos exitosos. Todo lo que necesitas hacer es buscar a esos triundadores y solicitarles su ayuda. Y rara vez ellos se rehúsan en colaborar.

El saltador con pértiga y dos veces medallista olímpico, Bob Richards, habló de la ocasión en que estaba trabajando para romper el récord del alemán Warmerdam. No importaba cuánto ensayara, siempre quedaba a un pie por debajo del récord. Al final, en una acción decidida, levantó el teléfono y llamó al alemán y le pidió ayuda. Warmerdam lo invitó a visitarlo y le prometió que compartiría con él toda la información que necesitara. Y así lo hizo. Dedicó tres días a entrenar a Bob y le indicó cómo corregir sus errores. Como resultado, el desempeño de Bob aumentó en ocho pulgadas.

La gente exitosa está dispuesta a ayudar a otros a ser exitosos. Cuando Gertrude Boyle vio que su compañía de ropa estaba en problemas, fue a donde un ejecutivo de Nike, quién gustoso le dio consejo. Cuando Craig Kielburger buscó el apoyo de sus compañeros, los miembros de los sindicatos y líderes del gobierno, para trabajar en pro de eliminar la explotación infantil, todos contribuyeron con su ayuda. Y cuando Diana Nyad se comprometió con establecer un nuevo récord mundial en natación, encontró a un equipo de personas, que no solo compartieron su experiencia pero también su sentido de aventura.

PASO 1: IDENTIFICA MODELOS DE LOS CUALES PUEDAS DERIVAR FORTALEZA E INSPIRACIÓN

Las personas de las cuales se habla en este libro fueron inspiradas por toda clase de individuos: grandes líderes del pasado, gente que alcanzó la excelencia en algún campo en particular y hasta personajes ficticios y mitológicos. Los modelos inspiradores nos demuestran lo que es posible y suministran una invaluable fuente de motivación, fortaleza y esperanza.

Muchos de estos emprendedores encontraron a sus primeros modelos caracterizados por los personajes de algún libro, y tales personajes se convirtieron en ejemplos para su vida entera. Esta clase de inspiración ciertamente fue el caso de la presentadora de shows televisivos Oprah Winfrey. Ella leyó acerca de héroes y heroínas cuando era niña e interiorizó tales modelos ficticios. Más tarde, dijo que esos personajes le habían suministrado una "puerta abierta" en su vida. Ellos le dieron esperanza y una nueva forma de ver su propio potencial.

Arnold Schwarzenegger, encontró a su modelo, Reg Park, en una revista sobre fisiculturismo. Reg era el fisiculturista más famoso en su momento, y Arnold soñaba con tener unos músculos como los de Reg. Arnold averiguó lo que más pudo sobre Reg –su rutina de entrenamiento, su dieta, y estilo de vida. Entre más aprendía de Reg e imitaba su ejemplo, más se daba cuenta Arnold que era posible llegar a ser como él.

Otros han encontrado sus modelos en programas de video o de audio; como Pan Lontos con sus cintas sobre motivación. Para Stephen Cannell, fue su propio padre. Las personas modelo están en todas partes, y se manifiestan de diversas formas.

Este libro contiene el ejemplo de 45 testimonios que te pueden servir de modelo. Benefíciate de los ejemplos que más te inspiren. Estas personas constituyen una prueba irrefutable de lo que es posible si te rehúsas a dejarte detener por las circunstancias.

Acción: Diseña tu propia galería de modelos. Este concepto fue suministrado por Christopher Hegarty, autor y orador, y un gran amigo. En sus 20 años de participar en seminarios, sus participantes han concordado que esta sugerencia les ha impactado de forma significativa en sus vidas. Es posible que tú también quieras intentarlo.

Para crear tu galería, primero identifica a tres o cuatro modelos que te inspiren. Es posible que los sueños de ellos reflejen tus propios sueños. O tal vez fue el tipo de obstáculos que ellos enfrentaron con lo que te identificas más. Aprende lo que más puedas acerca de lo que les ayudó a perseverar cuando las cosas se pusieron difíciles y *cómo* vencieron los desafíos que tuvieron para así poder alcanzar sus metas.

Busca fotos de ellos y cuélgalas en un lugar donde puedas hallar tiempo tranquilo para la reflexión. Si no cuentas con ese lugar, coloca las fotos en tu oficina o en algún otro lugar donde las vea con frecuencia.

Cuando enfrentes una situación difícil o te sientas desanimado, mira las fotos de tus modelos. Deriva fuerza de tu potencial. Recuerda que ellos estuvieron en la situación que estás y que pese a los problemas pudieron prevalecer. Si ellos lo lograron, ¡Tú también puedes lograrlo!

Mientras yo escribía este libro, mi espíritu se renovó incontables veces a medida que reflexionaba en las vidas de las personas de las cuales se habla aqui. A veces cuando el dinero escaseaba, pensaba en Tom Mohaghan, fundador de Domino´s Pizza (lo conoceremos en el capítulo 7). Él sufrió serios reveses económicos durante años y nunca se dio por vencido. Cuando alguien no compartía su entusiasmo por una idea en particular porque "eso no se había hecho antes", pensaba e Billy Payne y su sueño olímpico. Casi todo el mundo le dijo a él que su sueño era imposible. Sin embargo, ¡lo convirtió en realidad! En los momentos de duda, cuando yo misma me preguntaba si quizás mis metas eran demasiado "altas" o "inalcanzables", derivaba fuerzas de Pam Lontos, quien logró resultados sin precedentes debido a que no sabía lo que no era posible. Debido a que todas estas personas que me han servido de ejemplo prevalecieron, me convencí de que yo también podía prevalecer.

> "La capacidad de la esperanza es el hecho más significativo de la vida. Nos da a los seres humanos sentido de dirección y la energía para iniciar".
> —Norman Cousins

PASO 2: ESCRIBE UN INVENTARIO DE TUS CONTACTOS EXISTENTES

Solo estás a una llamada de cualquiera de ellos

La historia de Billy Payne demuestra claramente el poder de los amigos para ayudarle a uno a convertir sus sueños en realidad. Tal vez tú digas que no tienes amigos tan influyentes como los de Billy Payne. Sin embargo, tu red es indudablemente más extensa de lo que quizás tú mismo imaginas. Tu verdadera red se extiende mucho más allá de los contactos que tienes a diario. Esta red extendida incluye a la gente con la que trabajas actualmente y con la que también trabajaste en el pasado, como por ejemplo, antiguos compañeros de estudios, alumnos, amigos, miembros de tu familia extendida, miembros de la iglesia o en la sinagoga a dónde asistes, la Cámara de Comercio local, los padres que has conocido en la escuela de tu hijo, y los participantes que has conocido en seminarios y convenciones. Y tu red, por supuesto, incluye a cada una de las conexiones que la gente en tu red conoce y con las cuales tienes contacto.

Hay un dicho que todo el mundo está a solo seis contactos del presidente. Tú conoces alguien que conoce a alguien y ese a alguien a otro alguien, hasta llegar a la oficina oval. Y si estás a esos pocos pasos del presidente, también estás a esos mismos pasos de cualquier otra conexión que necesites, trátese del presidente de una compañía, un productor de Hollywood, o una celebridad cuya ayuda pudieras necesitar para apoyar tu causa.

Sácale el provecho a tus relaciones existentes

A la gente le gusta hacer negocios con la gente que a ellos les agrada, y también les gusta ayudar a la gente que a ellos les gusta. Cuando comencé a escribir este libro, sabía que si deseaba alcanzar mis metas, necesitaría contactarme con personas clave que supieran de la distribución y el mercadeo de los libros de gran circulación. Como autora desconocida, la gente no iba a ir exactamente a mi puerta para decir que querían trabajar conmigo.

Una estrategia de ventas clave para lanzar una idea a alguien cuando su producto es desconocido es asociarse con alguien que sea bien conocido. O, como lo dice Harvey Macky: "Si no tienes un gran nombre, pide prestado uno". La persona más reconocida que yo conocía en el momento era Paul Orfalea, el presidente y fundador de *Kinko's Inc.*, que había sido cliente mío por más de seis años cuando trabajé en *Sprint*. Yo había trabajado con diligencia para *Kinko's* y tenía una buena relación comercial con Paul. Luego de dejar *Sprint*, le pedí a Paul, en varias ocasiones que escribiera cartas a mi favor. Él acordó en hacerlo de forma generosa. Aquellas cartas de recomendación dieron credibilidad a mi proyecto y me posicionaron de una forma diferente a si yo hubiera enviado mi libro sin la carta de Paul.

Acción: Elabora una lista de todos tus contactos. Piensa en cada persona que conoces y que ha hecho negocios hasta con el presidente de alguna compañía de tu interés. Desarrolla una estrategia que le saque el mejor provecho a tus contactos. Tal vez necesites que alguien haga una llamada telefónica a favor tuyo o te refiera a un contacto en la industria en particular, o tal vez necesites que alguien escriba una carta de recomendación a favor tuyo. En todos los casos, facilítale a la gente el ayudarte. Si estás solicitando una carta, escribe el borrador por ellos. El borrador les será de gran ayuda porque les ahorrará tiempo, puesto que no tendrán que crear la carta desde cero. Cuando envíes el borrador, envía también tu número de cuenta de FedEx o un sobre auto-direccionado y estampillado. La mayoría de personas está dispuesta a ayudar. Ellos no han alcanzado sus posiciones siendo pasivos, y de todas las personas, ellos son quienes más respetan la "chispa" cuando la ven manifestada en otros. No temas pedir las cosas. Si no lo haces, tú mismo ya está diciendo no por ellos.

Paso 3: desarrolla tu "circulo interno"

No se necesita que alguien venga de la América Corporativa para entender la expresión "amiguismo". Ese "club" de élite puede hallarse en cualquier área. Desafortunadamente, la mayoría de nosotros no somos miembros de ese club. Durante décadas, estos hombres en posiciones ejecutivas, han sido maestros en construir sus equipos de forma efectiva. El resultado de sus esfuerzos ha sido un sistema de apoyo fuerte que les beneficia en todas las áreas de su vida.

Estas relaciones no sucedieron por casualidad. Fueron desarrolladas a través de los años y mediante la inversión de tiempo y energías. Fueron a jugar golf con sus colegas y socios de negocios, participaron en actividades de apoyo a la comunidad, se unieron a clubes campestres y a organizaciones de negocios.

La habilidad de crear redes es algo que no se enseña en las universidades y que es absolutamente esencial si tus sueños requieren del apoyo de otros. ¿Por qué no seguir el ejemplo de quienes son los mejores en el tema? En mi opinión, Harvey Mackay es uno de los maestros de todos los tiempos en crear redes. Su libro, *"Dig Your Well Before You're Thirsty"*, es un excelente recurso que suministra magníficas directrices sobre cómo desarrollar y mantener una red personal propia.

Tal vez tu meta no sea la de convertirte en un alto oficial en una gran corporación. Pero no importa, cualquiera que sea tu meta, los principios son los mismos. Todo el mundo puede derivar beneficios de tener su propio círculo de personas que le pueden apoyar.

> "Desde el principio de los tiempos, quienes se convirtieron en líderes no fueron precisamente los más fuertes ni los más aguerridos... sino aquellos con más amigos y con mejores conecciones".
> —William F. Allman,
> Autor del libro, "The Stone Age Present"

Busca los candidatos para tu círculo interno

Organizaciones sin ánimo de lucro: La mejor manera de encontrar personas, orientadas a la acción, y dispuestas a ayudar, es a través de las organizaciones sin ánimo de lucro. Por lo general las juntas directivas de estas organizaciones están compuestas por ejecutivos, empresarios y líderes comunitarios. Sin importar lo ocupado que te encuentres, si no estás asociado con una organización no lucrativa, te estás perdiendo una oportunidad importante de invertir en la gente. Al mismo tiempo, estarás trabajando al lado de quienes generan cambios significativos en tu comunidad.

Identifica una organización no lucrativa que coincida con tu propósito y tu pasión. Ofrécete de voluntario para trabajar con el comité. Al dar de tu tiempo y de tus recursos, tendrás la oportunidad de lograr ayudar a hacer la diferencia en tu comunidad y tendrás la oportunidad de conocer a excelentes personas con las cuales quizás nunca entrarías en contacto.

Asociaciones de profesionales y congresos: Interesados de todo el país se reúnen para compartir ideas, métodos y técnicas relacionados con la industria. Estas reuniones ofrecen una excelente oportunidad para hacer conexiones nuevas y conocer personalmente a líderes que han logrado grandes cosas en diferentes campos. Haz tu parte de investigación. Una vez identifiques la industria o el campo en que te gustaría participar, vas a una biblioteca o investigas por internet las asociaciones que se alistan bajo esa categoría. Llama a la asociación y solicita un paquete de información, así como una lista de las asambleas venideras, seminarios, publicaciones disponibles, así como otros materiales que estén disponibles. Identifica a las personas que quieres conocer, asiste a las reuniones, y preséntate a sí mismo. ¡No seas tímido!

Tu lugar actual de empleo: Si en la actualidad estás trabajando para una empresa, no te pierdas de la oportunidad de maximizar tus recursos actuales. Todos los empleados tienen un título y una descripción de trabajo. Desafortunadamente, muchos empleados se rehúsan a hacer algo más allá de sus funciones asignadas. Si deseas crecer y alcanzar tus metas, deberás "salirte de la cajita" e ir más allá de los confines de la descripción de tu trabajo. Se proactivo. Muchos empleadores ofrecen oportunidades sin precedentes para quienes se muestran asertivos y creativos. Algunos dicen que yo soy maestra en ese sentido.

Como ejemplo, mientras trabajaba para *Sprint,* concreté la venta de un contrato de USD $30 millones lo que incluía la primera red de videoconferencia hecha a nivel nacional. Una venta de esta naturaleza implicó el apoyo de varias divisiones dentro de la compañía. En vez de limitarme a mis funciones preestablecidas –gerente nacional de ventas– me involucré activamente en todos los aspectos de la venta, lo que incluía la gerencia del proyecto, la implementación, el entrenamiento, el mercadeo y las relaciones públicas. Por supuesto, una gerente nacional de ventas podía participar en muchas de esas reuniones, pero yo fui un paso más allá. Aquí hay dos ejemplos:

En una ocasión, mi cliente, *Kinko's, Inc.*, tenía una conferencia nacional de ventas. *Kinko's* solicitó que un ejecutivo de *Sprint* presentara el discurso principal a su personal de ventas compuesto de unas 750 personas, en la nueva alianza entre *Kinko's* y *Sprint* para realizar videoconferencias. Yo me ofrecí como voluntaria para hacerlo. Estoy absolutamente segura que *Kinko's* esperaba que lo hiciera con una posición de mayor rango en la jerarquía, en vez de su representante de ventas. Sin embargo, yo vi en el discurso una gran oportunidad de crecer y de llevar mis habilidades oratorias al siguiente nivel. Después de considerarlo, *Kinko's* aceptó mi oferta.

Dado que yo nunca antes había hablado ante un grupo tan grande, me esforcé por prepararme lo mejor posible. Me uní a la National Speakers Association, asistí a varios talleres sobre oratoria y contraté a un orador profesional y mago para que participara en la reunión. Por supuesto, en mi discurso yo no era exactamente como Tim Robbins, pero la presentación salió bien y yo obtuve invaluable experiencia para hablar ante un auditorio grande. Luego, unos meses más adelante, *Kinko's* necesitaba que un representante de *Sprint* presentara un discurso en la reunión anual de su empresa, con 2,500 asistentes. En esta oportunidad, ellos me llamaron directamente.

En otra ocasión, *Sprint* tenía la necesidad de capacitar a 750 representantes de ventas en unos 150 sitios diferentes, para vender sus servicios de videoconferencias. De nuevo, yo me ofrecí como voluntaria. Yo no era capacitadora; pero, ¿QUIÉN mejor para entrenar a vendedores que una vendedora? Con el apoyo de los departamentos de entrenamiento de *Sprint* y *Kinko's,* diseñamos un programa de capacitación a través del sistema de videoconferencias. No tuvimos que empacar ni una sola maleta de viaje. Al participar en este proyecto, aprendí muchas cosas y adquirí mayor experiencia.

En los dos casos yo pude haber delegado estas oportunidades a los departamentos "encargados." Era claro que tales proyectos estaban por fuera de la descripción de mis funciones y, de hecho, eran algo intimidantes, puesto que en el pasado nunca había participado en actividades como estas. Pero gracias a que asumí el reto, sin saberlo me encaminé en una nueva dirección en mi carrera –la oratoria pública– algo que nunca antes había explorado.

Piensa en oportunidades que puedas desarrollar más plenamente. ¿Cómo pudieras maximizar el trabajo que tienes en la actualidad? ¿Qué proyectos especiales pudieras ofrecerte a liderar? ¿A quién admiras en tu compañía de quién pudieras aprender nuevas habilidades? Sal del "cuadro". Nadie va a crear esas oportunidades para ti. Tú tendrás que hacerlo por ti mismo. Y al hacerlo, te beneficiarás de trabajar con personas con las cuáles no has tenido la oportunidad de trabajar antes. Y en el proceso, expandirás tus habilidades y tendrás la oportunidad de conocer nuevas opciones que antes no habías considerado.

Consigue un entrenador: A partir de los años 90, ha surgido una nueva profesión. Los entrenadores personales. Los entrenadores trabajan ayudan a las personas a definir y a alcanzar metas personales, profesionales o ambas. Los honorarios de los entrenadores varían normalmente entre $150 y $500 al mes por sesiones de media hora semanal al mes. Hay entrenadores personales que hacen consultoría sobre todo tipo de temas, desde cómo comenzar un negocio, hasta mejorar en el juego del tenis.

Si los honorarios de los entrenadores no encajan en tu presupuesto, existe una alternativa: busca a una persona que sea experta en el área donde necesitas apoyo. Piensa en las habilidades que tienes y haz un acuerdo de intercambio, de forma que la persona también se beneficie del arreglo.

Para ilustrar el punto, viniendo en un vuelo desde Nashville conocí a una persona maravillosa que desde entonces se convirtió en un amigo estimado. Él es un manager independiente y trabaja para varias compañías disqueras y algunos de los artistas más reconocidos. Él tiene 20 años de experiencia en la industria y ha desarrollado las campañas promocionales de artistas con ventas de más de un billón de discos. Yo le mencioné brevemente de mis planes del libro y él me contó de sus promociones más exitosas.

A medida que continuamos en la conversación, descubrí que su meta era la de llegar a ser un ejecutivo de mercadeo en alguna de las disqueras de mayor impacto. A simple vista, yo me di cuenta que él tenía considerable experiencia y habilidades de mercadeo y un registro consistente y comprobable que él daba por sentado y que necesitaba explotar mejor. De modo que basándome en mi experiencia corporativa y en las estrategias que yo había utilizado en mi propio negocio, estuve en posición de ofrecerle algunas estrategias de posicionamiento que él no había considerado. Desde entonces nos hemos continuado comunicando a través del correo electrónico y hemos estado compartiendo sugerencias sobre cómo podemos cada uno alcanzar nuestros objetivos. Ambos nos beneficiamos de nuestra mutua experiencia, y más importante aún, del estímulo. Y ¡el precio es correcto!

Acción: Identifica un campo específico sobre el cual te gustaría aprender más. Tal vez tengas planes de iniciar un negocio de consultoría, o convertirte en un artista de estudio o desarrollar un nuevo producto para internet. ¿Quién pudiera suministrarte consejería experta? Elabora una lista potencial de los recursos disponibles. Si es alguien en tu compañía, abórdale. Habla con tu círculo interno, pregúntales si ellos conocen a alguien en ese campo. Cada nombre que consigas va a resultar en un referido, hasta que encuentres a quien necesitas. Ahora, si todas tus pistas resultan en callejones sin salida, haz un poco más de investigación. Identifica a aquellos que han escrito artículos recientes sobre el tema. Escríbeles una carta o utiliza el correo electrónico, éste provee acceso rápido y fácil a toda clase de personas, desde profesores universitarios hasta presidentes corporativos. Pídeles a ellos posibles referidos o solicítales sugerencias para encontrar otros recursos. Hasta Bill Gates puede ser localizado a través del correo electrónico. Aprovecha la tecnología, pero lo más importante de todo, ¡emprende la acción! No tienes nada qué perder y cada paso te acercará a tu meta.

> "Los hombres sabios aprenden de la experiencia de otros. Los hombres comunes aprenden de su propia experiencia. Y los tontos no aprenden de la experiencia de nadie".
> —Vern McLellan

PASO 4: DESARROLLA UN GRUPO DE MENTE MAESTRA – TU JUNTA DE CONSEJEROS PERSONALES

En su libro "*Think and Grow Rich*", Napoleon Hill define a un grupo de mente maestra como "la coordinación de conocimiento y esfuerzo bajo un espíritu de armonía entre dos o más miembros para el logro de un determinado propósito." Si "dos cabezas piensan mejor que una," cuando tú tienes un equipo entero, cuentas con magia exponencial. Hill pasa a decir que "surgen ventajas económicas cuando una persona se rodea del consejo y la cooperación de un grupo que está dispuesto a suministrar ayuda de corazón bajo un espíritu de armonía. Esta forma de alianza cooperativa ha sido la base de casi toda fortuna importante". Traducción: Dos cabezas son más exitosas que una.

Sherry Phelan, discursante, facilitadora y fundadora de *TAP Turn-Around Programs*, ha conducido grupos de mente maestra para toda clase de individuos y organizaciones. Ella señala tres beneficios de conformar estos grupos: (1) sirven como mesa de consultoría, (2) suministran información, y (3) cada uno se hace responsable de la consecución de un logro.

No importa si tu proyecto es navegar alrededor del mundo, escribir un libreto, o apoyar una causa, te puedes beneficiar de un grupo de mente maestra. Existen muchas personas con intereses similares a los tuyos que pueden ayudarte y que pueden, a su vez, beneficiarse de tu experiencia. Los miembros de un grupo de mente maestra contribuyen con sus variados antecedentes, con información y con contactos por una razón específica y ayudan a cada miembro del grupo a alcanzar sus metas.

Un grupo de mente maestra suministra una gran oportunidad para que su círculo interno beneficie a otros. Cada uno de nosotros tiene contactos y conocimiento que pueden resultar de valor para un número indeterminado de personas, sea que trabajen para una organización no lucrativa o sea que trabajen para una multinacional. Aquí hay un ejemplo que nunca he mencionado. Cuando yo estaba entrevistando a Kemmons Wilson, fundador de *Holiday Inns*, para este libro, él leyó en mi biografía que yo había vendido un contrato de videoconferencias a *Kinko's*. Kemmons estaba interesado en considerar la posibilidad de adquirir un sistema de videoconferencia para los hoteles en todo el mundo. Yo tuve la oportunidad de darle sugerencias sobre cómo implementar el proceso y lo puse en contacto con las personas con las que podía lograr una alianza. Nunca se me hubiera ocurrido que yo le podía ser de utilidad a este famoso innovador.

Finalmente, nunca subestimes a las personas que conoces ni lo que tú sabes. Siempre busca maneras de ofrecer ayuda en la primera oportunidad. Gánate la reputación de ser un "dador". Haz una lluvia de ideas sobre cómo puedes utilizar tu experiencia y tus contactos para ayudar a otros. Si la gente se cambia de acera o se oculta cuando tú caminas es posible que necesites reconsiderar tu trato con otros.

Se tú el primero en dar. Obtendrás mucha satisfacción personal ayudando a otros. Y recuerda la ley del universo: "Lo que se va es lo que regresa". Si te concentras en dar y en ser útil a los demás, la gente también querrá devolverte y serte útil.

Acción: Identifica tres áreas donde necesites apoyo. Identifica a una persona, durante esta semana que pueda suministrarte apoyo en una de estas áreas e invítala a unirse a tu grupo de mente maestra. Haz una lluvia de ideas con ella sobre cómo se pueden ayudar mutuamente para alcanzar sus metas respectivas. Consideren a otros posibles candidatos para que se unan al grupo, compartan información sobre sus contactos y recursos que puedan ser de mutuo beneficio. Ofrécete a presentar a tu socio a otras personas.

Cuando se trata de trabajo en equipo las matemáticas que se aprendieron en la escuela no aplican. Uno más uno equivale a muchísimo más que dos, y uno más otros puede resultar en una cifra con resultados impresionantes.

(Nota: Si deseas obtener más información sobre desarrollar una mente maestra, consulta el apéndice.)

CARACTERÍSTICA NÚMERO SEIS

La creatividad se conecta con recursos nunca imaginados

Le ha sucedido a todos los que tienen una meta. Decides lo que deseas, desarrollas un plan, das el primer paso, y entonces, lo inesperado ocurre.

El préstamo no se logra. Tu socio decide darse por vencido y mudarse a otro país, o ves en el periódico un anuncio donde se vende el mismo producto que has estado desarrollando durante tres años.

Las cosas *nunca* salen como uno las imagina y las seis personas que vas a conocer en este capítulo lo saben con total certeza. No obstante, la creatividad desempeñó un papel determinante en permitirles conquistar las luchas diarias. Si ellos no hubieran presentado soluciones alternativas, sus sueños hubieran muerto y los obstáculos hubieran salido triunfadores.

"Tu plan personal de acción" te indicará maneras de rejuvenecer tu sueño y de expandir tu creatividad innata para identificar nuevos enfoques y solucionar los problemas que surjan. La gente de éxito siempre considera que hay una salida. Cuando opinas igual, ya estás a la mitad del camino para alcanzar tu meta.

> "Los obstáculos no tienen por qué detenerte. Si te encuentras con una pared, no te des por vencido dando marcha atrás. Invéntate la manera de trepar esa pared, de atravesarla o de pasar por un lado".
>
> —Michael Jordan

"DÁNDOLE UN NUEVO ROSTRO AL NEGOCIO"

La creación de una corporación dedicada al cuidado cosmético

Si deseas iniciar un negocio nuevo:

- No escojas una industria que ya esté dominada por varias compañías grandes.
- No planees vender productos sin una campaña de publicidad.
- No mezcles la política con las ventas.

Cualquier graduado de la Escuela de Negocios en Harvard puede recitarte esas reglas. Y es por eso que Anita Roddick contrataría como último en su lista a un graduado de la Escuela de Negocios de Harvard.

Anita quebrantó todas las reglas del libro cuando comenzó *The Body Shop* para vender cosméticos sobre bases naturales. Y todavía continúa rompiendo todas las reglas. Por supuesto, esa irreverencia tuvo sus consecuencias. En el caso de Anita, las consecuencias fueron las siguientes: *The Body Shop* tiene ahora más de 1,500 tiendas en todo el mundo y su precio supera los 500 millones de dólares, y ha influido en los productos y en el mercadeo de todos sus competidores principales. Y esas son solo las consecuencias en la arena comercial. *The Body Shop* también es un vehículo poderoso para despertar la consciencia social respecto al medio ambiente y para generar cambio. En lo que a Anita respecta, esta es la consecuencia más importante de todas.

Desde el momento en que Anita concibió la idea de abrir una tienda en 1976, para vender cosméticos con componentes naturales, estaba pensando de la forma menos comercial posible. La mayoría de los empresarios se lanzan a empezar una empresa con un potencial de crecimiento que algún día los lleve a hacerse ricos. Anita únicamente estaba buscando la forma de sostenerse a sí misma y a sus dos hijos, mientras su esposo, otro inconforme, estaba lejos en una aventura de dos años, montando a caballo desde la Argentina hasta Nueva York.

El primer desafío fue encontrar a un fabricante de cosméticos que estuviera dispuesto a hacer sus productos. Ninguno de los que ella contactó había escuchado alguna vez acerca del aceite de jojoba o el gel de aloe vera y todos se imaginaron que la crema de cacao tenía que ver algo con el chocolate. Sin que se diera cuenta en su momento Anita había descubierto un mercado a punto de explotar: mujeres jóvenes que preferían que sus cosméticos fueran producidos en un entorno libre de la avaricia y de manera responsable. Cuando los fabricantes demostraban no tener esa misma misión, Anita encontró a un herbolario que podía encargarse del trabajo que ella necesitaba.

Puesto que Anita no era la empresaria típica, ella no vio ningún problema en iniciar su compañía casi sin ningún capital. Para ahorrar dinero, ella embotellaba sus cosméticos en los mismos contenedores plásticos que los hospitales utilizaban para tomar muestras de orina y animaba a sus clientes a traer de vuelta los recipientes para una recarga. Y puesto que Anita no tenía el dinero para poner etiquetas impresas sobre los frascos ella y sus amigos los marcaban a mano. Su sistema de empaque no hubiera resultado mejor si ella lo hubiera planeado. Dado su empaque improvisado, su producto tenía la misma imagen natural que sus cosméticos.

Anita abrió su primera tienda de *The Body Shop* en Brighton, Inglaterra. Cuando la tienda recién abrió, los propietarios de los negocios vecinos hicieron apuestas sobre cuánto iba a durar. Menos contentos estaban los dueños de las salas funerarias vecinas quienes insistían que ella debía cambiar el nombre "*The Body Shop*" (*La tienda del cuerpo*). Anita resistió y el nombre permaneció.

La primera tienda fue escasamente exitosa. No obstante, Anita decidió abrir una segunda. Su banco cuestionó la viabilidad del plan y se rehusó a hacer un préstamo. Así que ella encontró al amigo de un amigo quien estuvo dispuesto a prestar el equivalente a USD $6,400 a cambio del 50% de la propiedad de *The Body Shop*. Hoy en día, esa persona tiene una participación de $140 millones en el valor del negocio. Firmar por la mitad del negocio no fue el único error que Anita cometió. He aquí tres mas:

- Nunca ha hecho publicidad, aún cuando abrió tiendas en los Estados Unidos. La gente le dijo que era un suicidio entrar en un mercado nuevo sin el apoyo de una campaña masiva de publicidad.
- Ella no vende en ningún otro punto de distribución excepto las tiendas de The Body Shop. (Algunas de sus tiendas en Asia son la excepción y están localizadas en tiendas por departamentos.)
- Ella resolvió que sus tiendas serían un catalizador del cambio, no solo en el mundo de los negocios, sino en el mundo en general.

Pero aquellos errores han resultado ser unos de los "errores" más inspiradores en la historia de las ventas. Aún a pesar que bien entrada la década de los 90 Anita nunca ha pagado por publicidad, sus ideas poco convencionales han inspirado cientos de artículos y entrevistas lo que le ha generado abundante publicidad. Su primera tienda en Nueva York estaba llena de clientes el primer día que abrió. En cierto momento, una mujer de 35 años entró en patines, extendió los brazos y gritó, ¡Aleluya, por fin estás aquí! Esto es demasiada publicidad.

Cada dos días y medio se abre una nueva tienda de The Body Shop en el mundo. En ocasiones Anita ha tenido problemas al abrir tiendas en centros comerciales. Pero dueña de un pasado lleno de desafíos, Anita está acostumbrada a presentar soluciones creativas. Por ejemplo, cuando un centro comercial rehusó alquilarle un espacio, ella organizó que cada cliente de órdenes por correo dentro en un radio de 110 millas, escribiera una carta a la administración del lugar. En pocos meses, una nueva sucursal de *The Body Shop* fue abierta allí.

Anita también tuvo la idea de poner los ideales por encima de las ganancias. Desde el mismo principio Anita quiso, no solo cambiar los rostros de sus clientes, sino también cambiar la entera cara del negocio. Ella concibió una compañía responsable en sentido social orientada hacia la compasión. Ella dice: "Yo veo al espíritu humano jugando un papel importante en el negocio. El trabajo no tiene porqué ser fatigoso, y el enfoque final no tiene que ser el de producir dinero. Puede ser una empresa humanista con la cual la gente se sienta completamente a gusto".

Algunas de las materias primas utilizadas en sus productos son cultivadas por grupos de personas en regiones subdesarrolladas, lo que les permite tener ingresos a ellos. *The Body Shop* ha iniciado campañas para salvar a las ballenas, prohibir el uso de animales de laboratorio en la industria cosmética, ayudar a las personas sin hogar, y proteger las pluviselvas. Todas estas campañas han sido apoyadas por sus clientes leales.

Los empleados de *The Body Shop* participan activamente en el desarrollo de estas iniciativas. Todos los meses, los empleados reciben medio día libre remunerado para que puedan participar en actividades voluntarias a favor de la comunidad. Algunos empleados, por ejemplo, fueron a Rumania a participar en obras de reconstrucción de orfanatos. En las tiendas, se anima a los clientes a reciclar sus contenedores plásticos para cosméticos y a traer sus propias bolsas, para así ahorrar papel y plástico. Dadas todas estas actividades, la gente ha sugerido que la empresa de Anita debería llamarse "*The Body and Soul Shop*" *(La tienda del cuerpo y del alma).* Los clientes salen, no solo viéndose bien, sino también sintiéndose bien.

"Los negocios comunes" no hacen parte del maquillaje de Anita Roddick. Pero en cuanto a lo que a ella respecta, hacer lo que no es común es lo que ha hecho toda la diferencia.

> "Lo que nos salvó una y otra vez fue nuestra disposición a reconocer lo que no estaba funcionando bien y a la vez identificar una nueva manera de hacer las cosas. Permanecer flexibles y abiertos a soluciones creativas ha producido resultados maravillosos".
> —Anita Roddick

ALGO PARA REFLEXIONAR...

Stephen Hilbert, Presidente de *Conseco Inc.*, dijo que conseguir el dinero para fundar *Conseco* fue el trabajo más difícil de su vida. Stephen no logró encontrar un solo inversionista o banco dispuesto a invertir en su nueva compañía de seguros.

Pero en vez de darse por vencidos, él y su socio, se volcaron a las calles. Anteriormente, en sus épocas de universitario Stephen había vendido enciclopedias de puerta en puerta, por lo cual tuvo la idea de vender acciones de su compañía de la misma manera. Tenga en mente que esto fue en 1980, cuando era posible invertir en cualquier mercado y obtener el 17% de interés.

Stephen y su socio ofrecieron las acciones para la puesta en marcha de su compañía a partir de un plan de negocios de tres páginas. Entre 1979 y 1982, tocaron en miles de puertas y al final obtuvieron una cifra de cerca de 4 millones de dólares.

En la actualidad *Conseco Inc.* es una compañía con un capital de unos mil millones de dólares y Stephen Hilbert, a la edad de 51 años, hace parte de la lista de Forbes´s (1997) como una de las 400 personas más ricas del mundo.

"CÓMO RESCATAR UN VECINDARIO"

La creatividad fue el lema de Rocky

Su verdadero nombre es James, pero todo el mundo le dice Rocky. Y ese nombre es muy apropiado. Él es grande, de más de 1.90 de estatura, y un poco duro cuando se necesita. James "Rocky" Robinson vive y trabaja en el distrito Bedford-Stuyvesant en la ciudad de Nueva York, uno de los vecindarios más peligrosos de los Estados Unidos. Sin embargo, es allí en "Bed-Stuy" que Rocky trabaja salvando vidas y reconstruyendo una comunidad como nadie lo hizo antes.

En el año 1966, cuando Rocky, tenía 26 años, su sobrina de 17 años fue arrollado por un camión en las calles de Bed-Stuy. Si alguien en el lugar del suceso hubiera sabido de primeros auxilios o de resucitación cardiopulmonar, ella hubiera sobrevivido; pero para el momento en que llegó al hospital ya había muerto.

La muerte innecesaria de su sobrina fue lo que llevó a Rocky a convertirse en paramédico. Cuando trabajó para el Servicio de Emergencias de Nueva York se dio cuenta que más de la mitad de las llamadas de emergencia provenían de zonas con altos índices de criminalidad. De acuerdo a Rocky, los residentes de zonas como Bed-Stuy tenían que esperar hasta 26 minutos después de llamar al 911 por una ambulancia, mientras que las zonas de comunidades más ricas recibían atención al mismo llamado en una fracción de ese tiempo. Como resultado, mucha gente que pudiera salvarse debido a recibir una atención temprana, moría; personas que como la sobrina de Rocky tenían que esperar demasiado tiempo por una ambulancia.

Rocky se decidió a investigar un poco más respecto al problema. Su investigación reveló que las comunidades más acaudaladas habían organizado su propio sistema de ambulancia porque la ciudad estaba sobrecargada de llamadas. "Si esa es la clave del éxito", le dijo él a su amigo y colega del servicio técnico de emergencias médicas (EMT), Joe Pérez, "nosotros iniciaremos nuestra propia flotilla en Bed-Stuy".

En el año 1988, Rocky no tenía idea de que él y Joe estaban intentando crear el primer servicio de ambulancias operado por una comunidad minoritaria en los Estados Unidos. Tampoco tenía idea de la creatividad que tendrían que tener para solucionar los obstáculos que habrían de vencer en su camino. El primer desafío que enfrentaron fue localizar un lugar para su oficina principal. Ellos compraron un edificio abandonado que estaba siendo utilizado por distribuidores de drogas. Rocky dijo: "Si el hampa puede utilizar este sitio para cobrarse vidas, nosotros podemos utilizarlo para salvar vidas". Dado que el edificio no tenía electricidad ni agua corriente (excepto las goteras en el techo) Rocky y su socio trabajaban en las horas diurnas. Utilizaban un radio de dos vías para recibir llamadas de emergencia.

Y aunque los nuevos socios se las arreglaron para funcionar con las instalaciones, todavía no tenían el componente más importante de su servicio: una ambulancia. Tenían una vieja camioneta Chevrolet la cual les permitía llegar al lugar donde se les necesitaba (incendios, balaceras, peleas con armas blancas), pero el auto no siempre encendía. A veces, se veían forzados a amarrarse sus equipos de primeros auxilios y tanques de oxígeno a la espalda e ir corriendo a pie hasta el lugar de la emergencia. A fin de salvar vidas, a veces tenían que pasar frente a traficantes de drogas que los abucheaban, policías burlones y transeúntes asombrados. Todo el mundo se reía, excepto las víctimas que todavía estaban con vida cuando Rocky y Joe llegaban.

Durante el invierno el viejo edificio en ruinas era demasiado frío para habitarlo, de modo que se mudaron a un remolque que les fue donado y lo colocaron en un lote vacío en la propiedad del frente. Derribaron dos chozas que habían construido los distribuidores de drogas locales y establecieron su local allí. Para los distribuidores de droga, aquello era una afrenta. Durante ocho meses, los traficantes intentaron desterrar a Rocky de su zona de influencia. Dispararon a los vidrios del tráiler y amenazaron con quemarlo. También le dispararon a Rocky y a su socio cuando se dirigían a atender llamadas de emergencia. Rocky continuó desde entonces manteniendo un perfil bajo hasta cuando los traficantes se dieron cuenta que los dos hombres estaban salvando a algunos de sus propios camaradas luego que ocurrieran sangrientas luchas callejeras.

Estos dos hombres soportaron también proyectiles (del tipo verbal) de sus propios colegas, algunos de los cuales los veían como competidores. Ambos llegaron a ser el blanco de bromas crueles, acoso y rumores de incompetencia. Rocky sabía que solo había una forma de silenciar a sus detractores; él y Joe tenían que transformar sus operaciones de a pie a una unidad de atención bien entrenada y dotada que pudiera responder eficazmente a toda llamada de emergencia y así salvar la mayor cantidad de vidas posible.

Para lograr dicha transformación, Rocky necesitaba un equipo de voluntarios, un auténtico "cuerpo de emergencia". Y para conformar dicho cuerpo, necesitaba la ayuda de la comunidad. Bed-Stuy era la comunidad típica del centro de una ciudad. En Bed-Stuy habían 250 casas donde se distribuía crack, también habían cientos de distribuidores de droga y prostitutas en las calles, muchísimas personas sin hogar y adolecentes abandonados y muchos residentes viviendo de la beneficencia así como trabajadores de la clase obrera. Así pues, muchos residentes no estaban muy convencidos de participar en un cuerpo de voluntarios que pudiera ofrecer algo mejor de lo que se conseguía mediante marcar el 911.

De modo que Rocky y Joe inundaron el vecindario con volantes y explicaron el nuevo servicio a todo aquel que quisiera escuchar. Sus palabras empezaron a tener eco en una comunidad de residentes que había visto al dúo corriendo para atender emergencias, tanto a pie como en auto, salvando a sus vecinos y seres queridos que de otra manera habrían muerto.

Rocky logró levantar un grupo de voluntarios que se componía de ex-alcohólicos, personas desempleadas y hasta distribuidores de drogas que querían reformarse y hacer las cosas bien. En pocos meses, Rocky y Joe estaban entrenando a docenas de personas jóvenes para que ayudaran a rescatar a otros. Una vez recibían entrenamiento en primeros auxilios y resucitación cardiopulmonar, los voluntarios estaban listos para contestar llamadas. A través de todo ese proceso muchos de los voluntarios aprendieron a desarrollar sus habilidades, encontraron un propósito para su vida y lograron salir de una situación desesperada. Algunos hasta se convirtieron más adelante en médicos y enfermeras. Rocky ya no solamente estaba salvando a los moribundos, estaba rescatando a los vivos.

Más adelante, el periódico *Daily News* publicó una historia de los "chicos corriendo por el vecindario con tanques de oxígeno a sus espaldas". Entonces un filántropo leyó la historia y donó una vieja ambulancia a la causa. ¡Por fin Rocky tenía su cuerpo de ambulancia! El primer día de entrar ésta en operación, el cuerpo de rescate llegó primero a la escena de un incendio y rescató a diez personas de un edifico en llamas. Al día siguiente atendieron un parto. Vez tras vez, Rocky, Joe y los voluntarios eran los primeros en la escena, y hasta los críticos de Rocky que pertenecían al Emergency Medical Service empezaron a ser de utilidad.

Entonces empezaron a llover donaciones y subsidios de distintas fundaciones. Un grupo de personas de Montana escribieron: "Somos un puñado de campesinos aquí, pero nos inspira saber lo que están haciendo y queremos ayudar". Cuando los tiempos no iban tan bien y los fondos eran escasos, Rocky se las arreglaba para reunir el dinero necesario. Prestaba servicios de lavado de autos y solicitaba donaciones en la calle. Hacía lo que fuera necesario para pagar el alquiler, entrenar a los voluntarios y comprar suministros –cosas que salvaban vidas.

En la actualidad, el cuerpo de ambulancia voluntaria de Bedford-Stuyvesant, el primer cuerpo de ambulancia administrado por una minoría en la nación cuenta con unos 350 voluntarios. La organización responde unas 300 llamadas de emergencia al mes, así como otras llamadas de agradecimiento del cuerpo de policía, empleados del servicio de emergencia de la ciudad y de los ciudadanos que saben que pueden contar con un servicio rápido y confiable.

Normalmente no es posible calcular el valor de la imaginación y de un espíritu creativo, pero en el caso de Rocky Robinson y su socio, Joe Pérez, eso sí es posible. El valor es 26 minutos –el tiempo que hace la diferencia entre la vida y la muerte en una comunidad que vive en una zona de edificios abandonados y de almas olvidadas.

> "No permito que los obstáculos me desanimen. Más bien me concentro en la manera de superarlos. Puedes superar el obstáculo si pasas por debajo de él si es muy grande o si lo saltas si no es tan alto. ¡Siempre hay una manera de hacerlo!"
> —James "Rocky" Robinson

"Para ganar tal vez necesites dar la batalla más de una vez".
—MARGARET THATCHER

* * *

"EL DULCE OLOR DEL ÉXITO"

Él fue lo suficientemente persistente y logró superar los que se consideraban grandes obstáculos

Él lo tenía todo. Tenía una excelente posición como analista financiero en una empresa de *Fortune 500*. Tenía una casa cómoda en Hilton Head en Carolina del Sur, uno de los lugares más agradables de los Estados Unidos. Tenía una novia por la cual enloquecía. Entonces, ¿Por qué estamos hablando de John Mautner? Él lo arriesgo todo por uno de los planes más obstinados de la historia.

John se sentía frustrado. La posición que tenía nunca le iba a permitir desarrollar todo su potencial ni le iba a dar la libertad financiera que estaba buscando. La lucha por avanzar en la carrera corporativa había dejado de ser de su interés. John deseaba tener independencia financiera; y la única manera de alcanzar la seguridad que estaba buscando era mediante tener su propio negocio.

Pero John no era como la mayoría de personas. Él hizo mucho más que soñar, ¡él actuó! En el año 1990, dejó su trabajo y vendió su casa en la hermosa Hilton Head. Y mientras se mudaba junto con su esposa Anne a la ciudad turística de Orlando, Florida, todo el mundo, desde amigos a familiares le decían que había enloquecido.

John vio que el camino para lograr independencia financiera estaba pavimentado con nueces –del tipo que vienen recubiertas de azúcar y canela, y que se venden bien calientes a la gente en la calle. Inspirado por los empresarios europeos de carretilla de mano, e impulsado por su amor a la cocina, John invirtió largas horas desarrollando su propia receta especial para cristalizar almendras y nueces de pacán. Con un préstamo de USD

$10,000 y un nombre nuevo "The Nutty Bavarian", John estableció su negocio con un carrito que le permitía ver a sus clientes como se tostaban y cristalizaban las nueces.

Un nombre creativo, una presentación creativa, un producto creativo. Pero a pesar de toda esa creatividad, John luchaba para sostenerse financieramente. Al no ser bien recibido por la competencia, John no tuvo acceso a las áreas comerciales de mayores ventas. Al final del primer año de operaciones John estaba casi en la quiebra. Para poder sobrevivir, Anne continuaba apoyándolo trabajando como enfermera de tiempo completo.

Pero el plan de John era no trabajar, de modo que la estrategia tenía que cambiar. Si quería cambiar la situación John tenía que conseguir una ubicación excelente. En el área de Orlando, el mejor lugar para vender golosinas de alta calidad era uno de los parques de fama mundial. No obstante, entrar a uno de los parques era otra historia. En Universal Studios en la Florida, le dijeron a John que la única manera de entrar al parque era invertir USD $100,000 y proveer el producto. Así Universal Studios manejaría su carrito. De hecho, las compañías grandes como Orville Redenbacher y Haagen-Dazs ya estaban haciendo eso, pero para *The Nutty Bavarian*, $100,000 eran demasiadas nueces de pacán. Para competir con las grandes compañías John tenía que encontrar la manera de superar los conductos regulares.

Entonces John llamó al servicio de alimentos de Universal Studios y habló con el vicepresidente. John le habló sobre sus irresistibles almendras y pacanes. El vicepresidente le pidió a John enviar una propuesta, lo que John hizo de inmediato. Pasaron semanas sin que hubiera alguna respuesta del ejecutivo. John continuó llamando todos los días durante un mes. Enviaba cartas y muestras de su producto. Al final John envió una carta al vicepresidente diciéndole que no iba a dejar de llamar sino hasta cuando él acordara recibirlo por treinta minutos y de plano le dijera que no estaba interesado.

La carta funcionó. El vicepresidente acordó en celebrar una reunión con él. Entonces se presentó una gran prueba para la imaginación de John. Él sabía que esta reunión tendría que ser inolvidable. Sabiendo que el aroma de sus almendras y pacanas tostadas era irresistible, John decidió que era mejor que el producto hablara por sí solo. El gran día, John enganchó su carrito y lo condujo hasta la sala de juntas y procedió a cristalizar con canela y dulce sus almendras de pacán. Las nueces saltaban haciendo clic a los lados del tazón de cobre. El aroma llenó la sala y luego se filtró por los pasillos. En pocos instantes, otros ejecutivos se acercaron para preguntar qué era lo que se estaba cocinando y se encontraron con un tazón lleno de pacanes cristalizados, calientes y vaporosos.

John ofreció una porción de su producto a todos los asistentes. A los ejecutivos se les hacía agua la boca deseando tener más. Pero a pesar de lo llamativo que resultó ser el producto, los ejecutivos pidieron más tiempo para considerar la propuesta. ¿Más tiempo? Solo un poco de tiempo más y John tendría que estar pidiendo un trabajo de medio tiempo para poder sostenerse. John sabía que era ahora o nunca, de modo que se le ocurrió una idea. "Les pedí que si me permitían hacer una prueba de treinta días, yo operaría personalmente el carrito todos los días durante un mes, doce horas al día y le daría a Universal Studios el 25% de mis ventas. Universal no tendría ningún riesgo y yo tendría la oportunidad de demostrar que tenía un excelente producto y que tenía la razón". Los ejecutivos estuvieron de acuerdo con la propuesta.

Ese primer mes John vendió USD $40,000. Las ventas aumentaron rápidamente y luego del segundo mes, John firmó un contrato de dos años con Universal. Al final del primer año, con solo dos carritos, las ventas de John alcanzaron un millón de dólares.

"Yo no lo supe en su momento", dijo John, "pero nunca antes se había permitido que un vendedor externo, alguien totalmente independiente, viniera a vender en Universal. El trato fue uno sin precedentes".

En la actualidad *The Nutty Bavarian* tiene carritos licenciados en 150 lugares y tres países distintos y las ventas anuales sobrepasan los diez millones de dólares. Las almendras y pacanes cristalizadas de John son las golosinas favoritas del presidente Clinton y han sido servidas en ambas ceremonias de posesión presidencial. Estos pasabocas han sido noticia en CNN, y Bryant Gumbel y Willard Scott rapearon acerca de ellos en el *Today Show* en NBC.

Y John ha sido lo suficientemente amable al compartir su "receta secreta" con todos nosotros –una pizca de convicción, un poquito de audacia y un asador lleno de creatividad.

> "Todo esto fue posible porque yo no me detuve en la negativa a mi propuesta número 100. Si una estrategia no funciona, hay que intentar una diferente, y nunca darse por vencido."
> —John Mautner

"La verdad es que la persona promedio al final de la escalera corporativa, es tan potencialmente creativa como lo es la que está sentada en el puesto del gran jefe. El problema es que la persona del final de la escalera no confía en su propia capacidad y por lo tanto no cree en sus propias ideas".

—DR. ROBERT H. SHULLER,
autor de Tough Times Never Last, but Tough People Do

* * *

"EL PODER DEL ESPÍRITU CREATIVO"

Trasladando montañas en los Montes Apalaches

Eula Hall no tiene licencia médica, sin embargo, todos los días participa en cuidar de los enfermos. Eula nunca ha tenido entrenamiento en Leyes o en Política, pero es una de las promotoras más eficientes del país en cuanto a conseguir donaciones para los pobres. Eula tampoco tiene un diploma en Trabajo Social, ni siquiera un diploma de Secundaria, sin embargo, es defensora y aboga por los ancianos, los pobres y quienes sufren de abusos.

Si el mundo otorgara diplomas profesionales por desplegar compasión, creatividad y tenacidad, Eula tendría un diploma de doctorado. Pero, en cambio, Eula es una mujer del campo, de las casuchas de los Montes Apalaches de Kentucky. Su trabajo es aliviar el sufrimiento en su ciudad natal, y este es un campo en el cual Eula tiene abundante experiencia de primera mano.

Eula nació en el Condado de Pike, Kentucky, en 1927. Pertenecía a una familia de siete hijos la mayoría de los cuales tenía algún tipo de trastorno físico. Eula tuvo cinco hijos. Nunca tuvo cuidados prenatales y todos sus hijos nacieron en casa. Uno nació prematuro y sordo; otro murió en la infancia. A través de los años, los niños de Eula murieron por malnutrición y parásitos y los adultos murieron de enfermedades que se pueden prevenir como el tétano. Aquellas muertes ocurrieron porque no había un médico en su comunidad, tampoco había hospital ni suministros médicos y porque ella no tenía el dinero para pagar aún los servicios médicos más básicos.

A la edad de 18 años, la misión de Eula estaba bien definida. Ella quería hacer algo para ayudar a la gente. Esta joven abandonada quién nunca había asistido a una clase de Ciencias estaba resuelta a establecer un centro médico para beneficiar a su comunidad. En su trabajo, Eula ganaba 50 dólares a la semana. Ahorrando lo que pudo durante un periodo de siete años pudo alquilar una pequeña cabaña por 40 dólares al mes en un camino aislado en un área conocida como Mud Creek (riachuelo fangoso).

Eula necesitaba recaudar fondos para la clínica, pero algo todavía más difícil era conseguir doctores para su centro. Los Montes Apalaches no son el lugar donde precisamente un médico joven quisiera construir su sueño de vida, donde el salario de un médico al mes es superior a lo que un lugareño puede ganar en toda su vida. Hasta los médicos que mostraban interés daban largas al tomar una decisión al ver que no era posible encontrar un lugar decente para vivir. De modo que Eula se las arreglaba para hospedar a los médicos en su propia casa y los alimentaba con su deliciosa comida casera. Los médicos que lograba conseguir eran médicos extranjeros que necesitaban participar en servicio comunitario en áreas marginadas a fin de obtener su permiso de residencia y trabajo.

Desde el momento en que las puertas de la clínica abrieron, el lugar fue abarrotado por pacientes en necesidad. La gente venía con toda clase de dolencias, desde dedos aplastados hasta pulmones congestionados. Muchos de los pacientes que llegaban al lugar nunca habían visitado a un médico en su vida. La mayoría escasamente podían pagar la insignificante cuota de cinco dólares por la consulta. No obstante, los pacientes acudían al lugar buscando desesperadamente atención médica. Esto ocurrió así durante tres años. Sin embargo, la habilidad de Eula para resolver problemas estaba a punto de ser probada como nunca antes.

Cierta noche, ocurrió un incendio en la clínica la cual quedo completamente reducida a cenizas. Su sueño de toda la vida y una década de trabajos y sacrificios había quedado en ruinas. Frente a los escombros, Eula pensaba en los 15,000 habitantes de la zona que se habían convertido en su responsabilidad y también pensaba en el equipo y los suministros vueltos cenizas. Eula recuerda: "Aquellas ruinas destrozaron mi corazón de una forma mayor a todo lo que había experimentado antes". Lo primero que hizo fue llorar.

A continuación se armó de valor, puso a un lado su dolor y anunció a su personal: "La edificación está destruida, pero nosotros estamos aquí".

Durante esa noche, Eula puso su mente a trabajar, intentando imaginar maneras de reconstruir. Al día siguiente empezó a recibir a los pacientes fuera del sitio, utilizando un pequeño banco de picnic y un teléfono persuadió a la compañía telefónica de que le permitieran enganchar su línea telefónica a un árbol. Los pacientes formaban filas y el personal médico continuó atendiéndolos. Eula continuó buscando fondos de toda forma imaginable –iba a la radio, organizaba cenas benéficas y hasta se paraba al lado de un camino cercano con una cajita de donaciones durante los días que sabía que la gente había recibido su bono de seguridad social o sus cheques por incapacidad. En tres meses ella recaudó $102,000 dólares, suficiente dinero para solicitar un subsidio federal para construir una nueva clínica.

Cuando una escuela local cerró para tener las vacaciones de verano, Eula trasladó la clínica allí. En el otoño ella transfirió la clínica a un remolque, un paso a la vez, un dólar a la vez, se construyó la nueva clínica, más moderna, con aire acondicionado y sistema de calefacción y parqueadero pavimentado. Gracias a la incansable visión de Eula, las llamas que destruyeron la clínica original, resultaron ser el camino de preparación para algo más grande y mejor.

En la actualidad, la clínica de Mud Creek, permanece como el único centro de salud que funciona con el sistema "paga lo que puedas" en cientos de millas a la redonda. La gente viaja a través de las montañas para hacer vacunar a sus hijos, para controlar su presión arterial o para conseguir una prescripción médica para el tratamiento de su corazón. Si la clínica no puede ayudarles, Eula consigue quién pueda hacerlo. Ella ha logrado hacer arreglos para suministrar cirugías a pacientes pobres con cáncer. En una ocasión, persuadió al Club de Leones para que ayudara a pagar la cirugía correctiva de una niña con visión cruzada. Cuando se hace necesario, Eula trabaja como conductora de la ambulancia de la clínica, llevando a los pacientes críticos en un viaje de dos horas, hasta el hospital más cercano. En una ocasión el carro se deslizó y ella se rompió su hombro. Pero la siguiente mañana estaba lista para trabajar. Su filosofía, así como su entusiasmo, le permiten continuar adelante, "Nadie dijo que la vida era un jardín de rosas", dice ella, "pero el sol siempre brilla una vez se disipa la lluvia".

Eula dice que si tan solo hubiera tenido una mejor educación, habría podido hacer muchísimo más por la gente. Pero es difícil imaginar qué habría sido ese "más". Eula ha ido a la Corte para luchar por reclamos de incapacidad para los pobres, incluidas las víctimas de la enfermedad de pulmón negro. También consiguió un subsidio del estado para reorganizar el acueducto del distrito, y construyó una planta de tratamiento de aguas para reemplazar cientos de pozos contaminados. También recaudó el dinero para comprar un automóvil para distribuir comidas entre las personas que no pueden salir de casa, ayudó a construir un centro de atención para las personas mayores, y ayuda a suministrar almuerzos gratis para niños pobres en las escuelas. Cualquier cosa que se ha propuesto para ayudar a la gente la ha logrado hacer realidad.

Hoy en día, el teléfono de Eula suena constantemente. Eula sufre de artritis y de enfermedades coronarias, pero a pesar de haber sido hospitalizada hace unos años, ella dice, "El trabajo duro nunca mata a la gente".

La clínica permanece como un monumento a la poderosa visión de Eula, su incansable trabajo y su espíritu creativo. Todos los días, alrededor de cien personas caminan o conducen por los caminos serpenteantes para llegar a la clínica. Dentro de ella, un grupo de 17 personas, incluyendo a dos médicos, se esmeran por atender a los pacientes en siete consultorios muy bien equipados.

Eula vive con un salario anual de $22,000 al año y no ha tomado vacaciones en cuatro años. Ella está en la clínica todos los días desde que abre y muchas veces hasta bien adentrada la noche, esperando hasta que el último paciente sea examinado y tratado, antes de cerrar la puerta. Solo entonces, cuando se asegura que sus "hijos" están bien y han recibido el cuidado apropiado, Eula va a casa a descansar.

> "Las cosas no ocurren porque sí. Uno tiene que hacer que sucedan, y uno no puede esperar que las cosas resulten como las ha planeado. Al trabajar duro y al utilizar la creatividad para encontrar soluciones, uno encontrará la forma de hacer frente a los obstáculos de la vida".
>
> —Eula Hall

ALGO PARA REFLEXIONAR...

Cuando uno se encuentra contra la pared, sin aparente solución, John Johnson, fundador de las revistas *Negro Digest, Jet* y *Ebony*, sugiere hacerse a sí mismo las siguiente pregunta:

"¿Qué puedo hacer con lo que tengo para conseguir lo que quiero?"

Él se ha hecho esa pregunta muchas veces y el resultado ha sido asombroso. A pesar que todo el mundo le dijo a John Johnson que comenzar una publicación para negros sobre negros era una idea absurda, él no les escuchó. Utilizando los muebles de su madre como respaldo, pidió un préstamo de $500 de un banco y el primero de noviembre de 1942, imprimió el primer número de la revista *Negro Digest.*

Johnson imprimió 2,000 copias y fue rechazado por todos los distribuidores que abordó. Sin darse por vencido, le pidió a treinta de sus amigos que fueran a distintos sitios de venta de publicaciones en la ciudad y que preguntaran una copia de Negro Digest. En seguida, un distribuidor llamó a Johnson y convino en distribuir la publicación.

EN SUS PROPIAS PALABRAS

"Yo tenía 22 años de edad y era estudiante de Contaduría en University of Southern California. Luego de dos semestres, me di cuenta que no quería ganarme la vida como contador sino como empresario y que quería asistir al famoso programa empresarial de la USC´s Business School.

El problema era que yo no podía entrar. El funcionario del decano me informó que mi promedio alcanzado en mi anterior universidad no era lo suficientemente alto, y que, además de eso, no habían más cupos.

Yo realmente deseaba graduarme de la Escuela de Negocios. De modo que con todas los conductos regulares en mi contra, tenía que encontrar una ruta menos obvia o menos tradicional. Despues de considerarlo detenidamente, desarrollé una estrategia: Yo inscribí las materias del programa empresarial a través del sistema de "cupos vacantes", el cual implica asistir a clases el primer día, aún cuando uno no se haya matriculado oficialmente, y luego tomar el cupo vacante dejado por un estudiante que abandone el curso en las semanas subsiguientes.

En dos años, hice lo mismo con todos los siete cursos requeridos y obtuve los créditos académicos que se exigían en cada uno. Durante el semestre final, fui a ver al decano. Le mostré mis transcripciones, le expliqué cómo las había obtenido y le pregunté si podía graduarme con el programa, aunque sabía que técnicamente no estaba inscrito. El decano quedó sorprendido –y a la vez impresionado.

El decano dijo: "Parece que usted es un empresario en el pleno sentido de la palabra. No veo razones para negar tu petición".

Esa primavera, me gradué de la USC's Business School con una certificación de su programa empresarial. Y todo, gracias a que utilicé mi imaginación para superar los obstáculos que salieron en mi camino".

Tim Bearer es un ejecutivo de negocios bastante exitoso. Recuerda con agrado aquel momento de creatividad en su juventud y aquella chispa que cambió la dirección de su educación y de su vida.

EN SUS PROPIAS PALABRAS

"Cuando el aeropuerto de Atlanta estaba en proceso de construcción en el año 1979, nosotros éramos una pequeña compañía intentando salir adelante. National Car Rental necesitaba pavimentar cuatro acres de terreno, de forma tal que los automóviles estuvieran listos una vez que el aeropuerto abriera, y aquello iba a ocurrir solo diez días después. Ninguna otra compañía local de pavimentos quería hacer el trabajo, diciendo que el trabajo no podía hacerse en el tiempo tan corto en el que se solicitaba.

Dado que nosotros éramos nuevos en el negocio y realmente necesitábamos producir, estábamos dispuestos a intentar aquella dura misión, asumimos el reto y prometimos hacer nuestros mejores esfuerzos para terminar el trabajo durante los diez días siguientes. También les recordamos que si fallábamos, no tendrían algo peor, pero que lograrían mucho si lo lográbamos.

El contrato nos fue otorgado e inmediatamente entramos en acción. Trabajar doble turno requiere de iluminación nocturna, de modo que renté unos generadores portátiles. Nuestro siguiente desafío fue mantener la mezcla de los materiales al nivel apropiado de humedad. Todos los camiones cisterna habían sido alquilados para la construcción del aeropuerto y nosotros no podíamos darnos el lujo de comprar uno nuevo. Como alternativa, obtuve un permiso especial para alquilar mangueras de uso contra incendio y conectarme a los hidrantes cercanos; a continuación yo misma me puse al frente de una de esas mangueras para regar la gravilla.

Aquellos diez días estuvieron llenos de desafíos y requirieron de soluciones creativas, unas tras otras. Nueve días después, una noche antes que el aeropuerto fuera abierto, National Car Rental era la única agencia que tenía autos en su lote.

La clave de nuestro éxito fue haber tenido el valor de asumir el reto del trabajo y a continuación haber usado nuestra creatividad en el compromiso de lograrlo".

Carolyn Stradley

Carolyn Stradley fue la fundadora de C&S Paving, Inc. Ella recuerda ese trabajo que desafió su imaginación y sus habilidades y que le permitió explotarlas al límite.

TU PLAN PERSONAL DE ACCIÓN

Conéctate a tu creatividad

El ir tras una meta es un proceso en constante desarrollo. Nadie que alguna vez haya ido tras un sueño ha ido por una ruta directa y ha llegado a su destino sin enfrentar obstáculos. Ir tras un sueño no es una ruta directa, sino más bien un camino accidentado lleno de giros y vueltas y hasta obstrucciones ocasionales. El viaje requiere de hacer modificaciones y ajustes, tanto de pensamiento como de acción, y no solo una vez, sino muchas veces, y eso significa que uno debe ser flexible y creativo.

Imagina que eres un piloto entrenado. Los expertos en la Aviación dicen que un vuelo típico de Nueva York a Hawái está fuera de su curso el 90% del tiempo. El piloto o el computador tienen que hacer continuamente pequeños ajustes hasta que el vuelo llega a su destino. Las personas de las cuales se habla en este libro han sido pilotos por excelencia de sus propios destinos. Ellos modificaron la dirección de su vida, ajustaron los instrumentos y enfrentaron los continuos cambios climáticos, y respondieron a cada desafío con una actitud flexible y creativa, y eso, fue lo que les aseguró el éxito.

PASO 1: DESARROLLA TU CREATIVIDAD INNATA

La creatividad es un músculo

"La imaginación es más importante que el conocimiento." Eso fue lo que dijo Albert Einstein y él tenía razón. Aunque eso algunos lo debaten, a Einstein se le ha considerado como una de las personas más inteligentes que han vivido. Él resolvió algunos de los mayores enigmas de la Ciencia, enigmas que habían confundido a los científicos durante siglos. Einstein era un maestro resolviendo problemas. Sin embargo, él mismo decía que su gran don para resolverlos no era su inteligencia sino su imaginación.

La buena noticia es que tú no tienes que ser tan imaginativo como Einstein para resolver tus inconvenientes de forma efectiva. Todas las personas tienen una abundancia de creatividad dentro de sí para resolver las dificultades que surgen. El desafío consiste en mantener tu mente fortalecida y flexible. La mente funciona como un músculo. Cuando uno o varios músculos no se utilizan, pierden su habilidad para realizar sus funciones. Si deseas convertirte en un solucionador de problemas imparable, tienes que ejercitar tu cerebro continuamente. Y hacer eso significa pasar menos tiempo frente al televisor y más tiempo en actividades que estimulen el pensamiento, la creatividad y la generación de nuevas ideas en la compañía de otras personas y mantenerte enfocado en cómo identificar la solución a los desafíos.

Ejercítate para expandir tu creatividad

Uno de mis ejercicios favoritos que ilustra el poder de la creatividad proviene del doctor Robert Shuller. Él ha utilizado ese ejercicio en seminarios por más de treinta años, y miles de personas se han beneficiado de su poder. Él llama al ejercicio "El juego de las posibilidades del pensamiento".

Para hacer el ejercicio únicamente necesitas un papel y un lápiz. En primer lugar, identifica el conflicto y escríbelo en la parte superior de la hoja. A continuación escribe los números de uno a diez de forma vertical de arriba hacia abajo en la parte izquierda de la hoja. Al final escribe diez posibles soluciones al problema.

El propósito del ejercicio es explorar tu imaginación y conectarte a recursos de los cuales no hemos estado muy conscientes. El doctor Schuller utilizó este ejercicio cuando estaba a punto de iniciar una nueva iglesia en California. En ese tiempo, se le dijo que no había un lugar disponible que pudiera alquilar. Las posibilidades que él escribió en su lista de diez (las cuales fluyeron de forma intuitiva) incluían alquilar una escuela, un anfiteatro, o un autocine.

A medida que apuntaba sus ideas, el doctor Schuller se sorprendió de tener un cambio repentino en su actitud. Al principio pensar en la solución parecía difícil. Pero a medida que avanzaba en el ejercicio, la palabra "imposible" sonaba ajena e impensable. En ese momento, el mundo pareció estar nuevamente lleno de posibilidades. Su convicción en el sueño se renovó por completo.

El siguiente paso del ejercicio es examinar cada solución y tachar las que no conduzcan a ningún lugar. En el caso del doctor Schuller, él tachó ocho soluciones antes de llegar a la que finalmente funcionó –el autocine.

Al apuntar espontáneamente las ideas basadas en la intuición y en la imaginación, algunas de las cuales parecían descabelladas, el doctor Schuller encontró la solución a su problema.

Yo utilicé este mismo ejercicio con mi esposo. Él es un contratista general y su negocio tiene picos y valles. En el momento que utilicé el ejercicio él se estaba aproximando a un valle. Él estaba terminando un contrato grande y no se veían nuevos contratos en el horizonte. Yo le sugerí que hiciera una lista de diez personas a las que él pudiera llamar y pedir referidos. Al principio él se resistió a la idea porque dijo que no conocía a diez personas que le pudieran referir trabajos, pero proseguimos con el ejercicio y al final logramos tener diez nombres en treinta minutos. Y de esos diez nombres, él consiguió pistas que condujeron a nuevos contratos.

Acción: Aplica el ejercicio a uno de tus problemas actuales. Es posible que estés buscando la forma de crear un nuevo negocio, o de identificar a quienes te puedan ayudar a lanzar tu producto, o tal vez desees determinar la solución a un problema en tu comunidad. Escribe diez diferentes maneras de enfrentar el problema y lograr una solución. Asegúrate que todas sean opciones viables, y explora a profundidad tu imaginación. Recuerda, la solución a cada problema reside en ti mismo. Tal vez necesites de unos minutos para realizar el ejercicio o tal vez tengas que hacer una lluvia de ideas con un amigo. Siéntete libre de hacer lo que consideres necesario para conectarte con tu conocimiento interno. Cuando hayas completado el ejercicio, descubrirás que las soluciones propuestas renovarán tu sentido de posibilidad y de compromiso con tu meta.

Paso 2: se flexible

> "Tu imaginación es una vista por anticipado de las buenas cosas que traerá la vida".
> —Albert Einstein

"Creativo," "flexible," "imaginativo" –estas tres palabras son casi intercambiables. Si eres creativo puedes pensar en las alternativas posibles para superar los problemas, puedes explorar opciones que estén en armonía con tus propias habilidades y reflejen tus valores. Si eres flexible, estarás en capacidad y a la vez estarás dispuesto a modificar tus planes; podrá ajustarte a las nuevas circunstancias y necesidades. Si eres imaginativo, podrás visualizar lo que se puede lograr –podrás ver en tu mente lo que no se puede ver en el mundo material. Las tres palabras tienen que ver con tu disposición a experimentar nuevos enfoques y soluciones frescas. Cuando demuestras estas cualidades, te doblarás pero no te romperás ante los desafíos.

Cuando sopla un viento fuerte, lo que es rígido se rompe, pero lo que es flexible se dobla. Cuando el viento cede y regresa la calma, la flexibilidad hace que se pueda recuperar la posición inicial.

A veces observamos la creatividad ilimitada en los inventores. Todos hemos leído historias de personas como la de los hermanos Wright, Eli Whitney, Thomas Edison y Henry Ford. Todas estas personas triunfaron utilizando su imaginación y su flexibilidad. Lo intentaron con nuevos materiales y nuevas estrategias y estos con frecuencia parecían poco realistas o hasta ridículos. Durante años experimentaron fracaso tras fracaso, pero nunca se lamentaron de ello. En cada intento, abandonaban lo que no funcionaba, revisaban sus teorías y continuaban buscando aquello que sí pudiera funcionar. Ellos fueron lo suficientemente flexibles y humildes para aprender de las ideas y de los experimentos de las otras personas y los adaptaron a sus propios proyectos.

Brian Tracy, escritor y consultor de negocios, dice que para crear un producto exitoso, se necesita que éste solo sea un cinco por ciento diferente a los productos ya existentes. Si el producto es demasiado diferente, tal vez sea muy "adelantado para su tiempo", y los consumidores tal vez no estén listos para usarlo. Las ideas también son productos. Por lo tanto, es posible que una idea creativa necesite ser ligeramente diferente para que dé resultados significativos. La historia de Anita Roddick ilustra muy bién el valor de un pequeño cambio en una idea. Ella entró en el campo de los cosméticos en un momento en que las grandes corporaciones ya habían estado dominando el mercado por años. Pero el producto de Anita no era totalmente diferente al de esas corporaciones, solo que los ingredientes naturales y el empaque de los productos de *The Body Shop* le dieron la ligera diferencia que necesitaba para lograr el éxito.

La gente exitosa, la gente imparable siempre encuentra la manera de pasar por encima, por el lado o por debajo de las barreras que surgen en su camino. Tal vez una pared de ladrillos parezca intimidante, pero no es insuperable. Quienes se convierten en líderes imparables opinan que existe una solución a cada problema que se presente si tan solo continúan intentándolo.

Y no se necesita ser tan creativo como Shakespeare, tan flexible como Houdini o tan imaginativo como da Vinci. Pero es posible que te sorprendas cuando descubras todo lo que reside en tu interior. Explora en el pozo de tu creatividad. Aplica la imaginación, la creatividad y se flexible ante los desafíos que inevitablemente aparecerán a medida que avanzas hacia tu meta. Si te conectas con tan solo el cinco por ciento de tu potencial, estarás rumbo a convertirte en una persona 100% imparable.

> "Se nos suele decir que nunca crucemos un puente sin haber llegado a él. No obstante, este mundo es de los que "cruzan los puentes" mucho antes en su imaginación".
> —Speakers Library

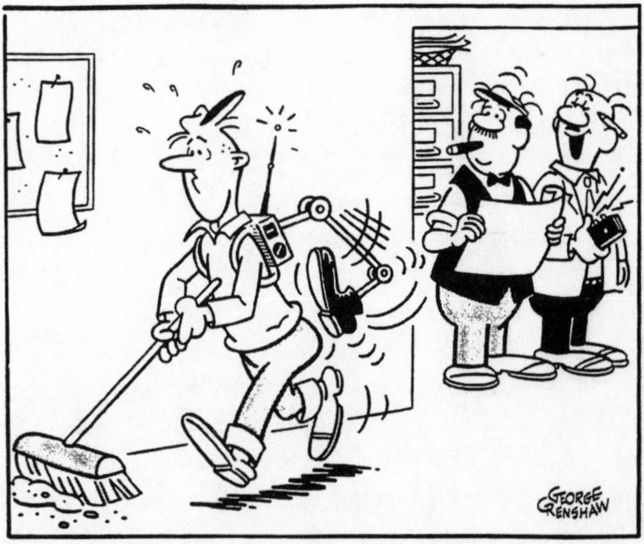

"El inventor es un chiflado que de repente se convierte en genio cuando su idea resulta".

CARACTERÍSTICA NÚMERO SIETE

La perseverancia produce sus recompensas

Si al final has de recordar una sola cosa respecto de este libro, debería ser ésta: ¡La perseverancia produce sus recompensas! Cada una de las lecciones y cada una de las características de personalidad sobre las cuales has leído en este libro ofrecen una clave importante para el éxito. Pero la clave final –la que separa abismalmente a los triunfadores de los que no lo son, es la perseverancia. Si incorporas solo la perseverancia y no incluyes las demás característica, tu viaje hacia tu meta será más largo y lento, pero aún así tendrás la feliz perspectiva de alcanzar tu objetivo.

Observa que las personas de las que se habla en este capítulo no son superhéroes, sino más bien personas comunes, pero de extraordinaria perseverancia. Medita en la forma en que ellos perseveraron a través de los problemas. ¿Cuál fue su actitud? ¿Qué los hizo continuar en la lucha?

Con el fin de ayudarte a desarrollar una perseverancia inquebrantable, la sección "Tu plan personal de acción" te revelará cuatro estrategias poderosas, que te permitirán avanzar la distancia necesaria para hacer que tu sueño sea una realidad.

> "Si a mí se me pidiera que le diera lo que considero el mejor consejo posible a la humanidad, diría esto: Espere problemas como parte inevitable de la vida, y cuando estos vengan, mantenga su cabeza erguida, mírelos de frente y dígales: yo seré más grande que ustedes, no podrán derrotarme".
> —Ann Landers

"EL HÉROE DE PUERTA EN PUERTA"

Caminando millas para poder permanecer bien plantado

Él es de los cientos de miles de personas en los Estados Unidos que se gana la vida en el mundo de las ventas. Como el resto de los demás se levanta temprano para preparar el día por adelantado. Pero a diferencia de los demás, le toma tres horas vestirse y llegar a su territorio.

Y no importa cuán doloroso le resulte, Bill Porter se apega a su exigente rutina. El trabajo lo es todo para Bill: significa su supervivencia. No obstante, su trabajo representa también parte de su valía como ser humano. Alguien que alguna vez el mundo rehusó reconocer. Hace algunos años Bill se dio cuenta que tenía dos opciones: él podía ser una víctima o podría rehusarse a serlo. Cuando él trabaja, no es una víctima, es un agente de ventas.

Bill nació en 1932 y el parto no fue fácil. Los médicos utilizaron unos fórceps y accidentalmente aplastaron una sección del cerebro de Bill. El resultado de la lesión fue que Bill desarrolló un tipo de parálisis cerebral, un desorden del sistema nervioso que afecta la habilidad de Bill para hablar, caminar y controlar completamente sus extremidades. A medida que Bill crecía la gente asumía que él tenía deficiencias mentales. Las agencias del gobierno lo designaron como alguien que no podía trabajar, y los expertos dijeron lo mismo.

No obstante las agencias estatales no pueden medir al espíritu humano. Las agencias vieron únicamente lo que Bill no podía hacer, pero gracias al apoyo de su madre, Bill se concentró en lo que podía hacer. Una y otra vez ella le decía, "Puedes lograrlo. Puedes trabajar y hacerte independiente".

Apoyado en las palabras de su madre, Bill se concentró en la carrera de las ventas. Nunca consideró su condición como una "discapacidad". Al principio aplicó a la Fuller Brush Company, pero la compañía lo rechazó diciendo que él no podría siquiera llevar consigo un maletín de mostrario. The Waltins Company dijo lo mismo. No obstante, Bill persistió convencido que podía realizar el trabajo; al final Watkins Company accedió pero puso una condición: Bill tenía que aceptar el territorio de Portland, Oregon, el cual nadie había querido aceptar. Aquello era una oportunidad y Bill la aceptó.

Le tomó cuatro intentos antes que Bill pudiera tener el valor para pronunciar una palabra en la primera puerte en 1959. La persona que atendió la puerta no estaba interesada. Tampoco la siguiente, ni la siguiente. No obstante, la vida de Bill le había enseñado a desarrollar estrategias de supervivencia. Si los clientes no estaban interesados él volvería vez tras vez hasta que tuviera un producto que los clientes quisieran comprar.

Durante 38 años, la rutina de Bill ha sido esencialmente la misma. Todas las mañanas, de camino a su territorio, Bill se detiene frente a un lustrabotas y le solicita que le amarre sus zapatos: sus manos están muy torcidas para que él lo pueda hacer. Luego, se detiene en un hotel donde el hombre que sirve como botones abotona la camisa de Bill y le sujeta la corbata para que Bill tenga una excelente apariencia.

Todos los días, sea que haya un buen clima o no, Bill recorre 10 millas llevando su maletín de muestras colina arriba y colina abajo, también se sujeta su brazo derecho, el cual es inmóvil, a la parte posterior de su cuerpo. Le toma tres meses hacerlo, pero Bill toca en cada puerta de su territorio. Cuando él cierra una venta, sus clientes llenan el formulario, ya que a Bill le cuesta trabajo sujetar un bolígrafo.

Luego de un día de 14 horas de trabajo regresa exhausto, con sus coyunturas adoloridas y su cabeza sufriendo de migraña. Con cierta frecuencia, Bill escribe a máquina las direcciones para que una mujer a la cual contrata, pueda hacer las entregas de los productos que vende. Dado que Bill solo puede utilizar un dedo, esa simple tarea le puede costar 10 horas. Al final se va a descansar y ajusta la alarma de su reloj a las 4:45 del siguiente día.

Con el paso de los años más y más puertas se han abierto para Bill y sus ventas han aumentado lentamente. Después de 24 años y millones de puertas tocadas, finalmente alcanzó su meta: Fue reconocido como el mejor vendedor de la división oeste de Watkins Company. Y desde entonces ha continuado alcanzando grandes logros.

Bill ya tiene más de sesenta años, y aunque Watkins Company tiene más de 60, 000 personas que participan en la venta de sus productos, Bill es la única persona que lo hace de puerta en puerta. Muchas personas compran los productos que Bill vende al por mayor en tiendas de descuentos, lo que hace su trabajo aún más complicado. A pesar de las tendencias cambiantes de los consumidores, Bill nunca se excusa ni se queja. Simplemente continúa haciendo lo que sabe hacer –salir a su territorio y cuidar de sus clientes.

En el verano de 1996, Watkins Company celebró su asamblea anual. Esta vez Bill no tuvo que tocar en ninguna puerta ni convencer a nadie de comprar su producto. Esta vez Bill fue el producto: el mejor en la historia de la compañía. La empresa rindió un sentido reconocimiento a Bill por su sobresaliente valor y sus logros notables como ser humano. Bill llegó a recibir un premio especial que otorgó por primera vez el presidente de la compañía por la dedicación y compromiso de Bill, premio que será otorgado en el futuro únicamente en raras ocasiones, al individuo que demuestre cualidades similares a las demostradas por Bill Porter.

Durante la presentación, los compañeros de trabajo de Bill se pusieron de pie y dieron un resonante aplauso. Las ovaciones y las lágrimas continuaron repitiéndose por espacio de cinco minutos. Irwin Jacobs, presidente de Watkins se dirigió a sus empleados diciendo: "Bill representa todas las posibilidades que la vida puede dar si una persona retiene sus objetivos en la mente y luego encauza su corazón, alma e intelecto para cumplir las metas".

Esa noche no hubo dolor en los ojos de Bill Porter. Hubo únicamente alegría.

> "Decide qué es lo que quieres lograr en la vida. Siempre resuélvete por el lado positivo, y nunca te rindas hasta cuando alcances lo que quieres".
> —Bill Porter

"Él no va a aceptar un no como respuesta"

"DE AMASAR HARINA A 'NADAR EN ELLA'"

Un empresario vuelve a definir lo que es el fracaso y el éxito

Tom Monaghan tenía al menos cien "excusas" para fracasar en los negocios. Desde crecer en orfanatos y hogares de paso hasta comenzar una empresa sin un conocimiento de negocios, desde expandirse con rapidez hasta llegar a la quiebra, de perderlo todo hasta volver a comenzar y casi perderlo todo otra vez.

Pero lo increíble acerca de Tom Monaghan es que nunca utilizó ninguna excusa. Él lo ve de la siguiente manera: no has fracasado hasta cuando te das por vencido.

Su historia en los negocios se remonta hasta cuando era estudiante. En el año 1960, Tom y su hermano Jim solicitaron un préstamo de USD $900 y abrieron una pizzería cerca del campus de la Eastern Michigan University en Ypsilanti, Michigan. Siempre y cuando el periodo académico estuviera en desarrollo, la pizzería tenía un buen desempeño. Cuando las clases terminaban, el negocio decaía en un 70%. Durante el verano Tom prácticamente vivía en el local, y hacía casi todas las funciones él solo; fabricaba la salsa, alistaba la masa, preparaba las mezclas de vegetales y las variedades de carne y distribuía el queso en lo que parecían horas interminables de faena.

Jim, por su parte, tenía un trabajo más estable en la oficina postal y contaba con menos tiempo para dedicárselo al negocio. Cuando las cosas no resultaron tan bien la sociedad de estos dos hermanos empezó a tambalear, de modo que Jim le vendió su parte del negocio a Tom a cambio de un automóvil Volkswagen escarabajo modelo 1959, el cual los hermanos utilizaban como medio de transporte para entregar domicilios. Tom admite: "Aquello significó un retroceso, pero permanecí optimista. Yo sabía que el éxito de mi negocio dependía únicamente de mí y me dispuse a asumir plenamente mis responsabilidades".

A Tom le hubiera gustado continuar estudiando, pero ahora como único propietario, no tenía otra opción. Con sueños de crecer Tom encontró a un hombre que había administrado su propia pizzería y que había sido el primero en la historia en ofrecer domicilios de pizza. Ansioso, Tom le ofreció trabajo, pero al hombre le interesaba formar una sociedad con iguales derechos. Con una compra de $500, Tom terminó aceptando la propuesta, aunque no le gustaba mucho la idea.

Ese otoño Tom y su nuevo socio abrieron dos locales, y para el mes de enero siguiente incorporaron el servicio de restaurante. El único problema era que Tom nunca había visto los $500 de su socio y todo estaba todavía a nombre de Tom debido a los antecedentes de bancarrota de su socio. Y mientras Tom trabajaba 100 horas a la semana, se dirigía a pie a todas partes y ocasionalmente se causaba su salario de $125 a la semana, su socio se iba de juerga, se iba de compras para su automóvil, de compras de otros vehículos y a hacer mejoras menores a su casa. A pesar de las advertencias a Tom de parte de sus amigos, que le decían que su socio se estaba aprovechando, Tom consideraba que la experiencia de él era un as que él necesitaba. Tom continuó expandiendo el negocio. Dijo: "Yo creía que nunca saldría perjudicado si actuaba honestamente".

Después de dos años, cuando su socio fue a parar al hospital y solicitó disolver la sociedad, Tom decidió que la confianza era la mejor decisión de negocios. La sociedad estaba tan enredada que el abogado de Tom le recomendó declararse en bancarrota y comenzar de nuevo. Tom se opuso de forma categórica a declararse en bancarrota y en cambio, le dio a su socio $20,000 por su participación en el negocio. Tom sabía que si su socio se endeudaba de nuevo, sería a su propio nombre. Tom se despidió cordialmente, le deseó lo mejor, esperando que recuperara la salud, que lograra pagar sus deudas y que volviera al negocio de la pizza.

La meta de Tom era tener la pizzería número uno y construir la reputación de hacer la mejor pizza de Ypsilanti. Para lograrlo daba directrices muy precisas respecto de los ingredientes utilizados en su pizza, todos tenían que ser de la mejor calidad y más importante aún la masa tenía que ser fresca y hacerse a diario.

Gradualmente el negocio empezó a crecer y Tom logró pagar las deudas en las que había incurrido con su anterior sociedad. Trabajaba días laborales de 18 horas –desde las 10:00 a.m. hasta las 4:00 a.m. del siguiente día, siete días a la semana. Luego de años de dedicación, su trabajo hecho con amor, le permitió ponerse al día con las deudas y hasta irse de vacaciones, aunque esas resultaron ser unas vacaciones donde también trabajó. Él y su esposa, con quien había estado casado durante tres años visitaron todas las pizzerías que pudieron. El objetivo de Tom era aprender de otros sobre la implementación de procesos que le permitieran crecer en el negocio. Para Tom, aquel fue un tiempo maravilloso y las cosas empezaron a estar en el lugar correcto. Tom deseaba expandirse hasta lugares más allá de Ypsilanti y sus alrededores. Su visión era expandir los alcances de *Domino's* a otras ciudades universitarias todo en derredor de Michigan.

Dos años después que su sociedad se disolviera, ocurrió lo que Tom más temía. Su ex socio se declaró en bancarrota. El día de Acción de Gracias Tom tuvo que darle la noticia a su esposa. Tom ahora era responsable de deudas por más de 75.000 dólares. Tom dijo: "Había trabajado tan duro para construir este negocio, para hacerlo crecer, que no podía imaginarme perdiéndolo todo". Tom llegó a un acuerdo con los acreedores y prometió pagar cada centavo que debía. Ahora más determinado que nunca a alcanzar el éxito, Tom se dispuso a continuar fabricando pizza.

El año siguiente, mientras cumplía sus compromisos con los acreedores, Tom se las arregló para obtener $50,000 en ganancias netas. Desafortunadamente, sus ganancias duraron poco tiempo. Un voraz incendio devastó su local principal y el seguro cubrió únicamente $13,000 de los $150,000 de los daños ocurridos. *Domino's* casi se va a la quiebra. Se apretó el cinturón, hizo recortes de gastos donde pudo y diseñó estrategias para compensar las pérdidas ocasionadas por el incendio. Una vez más Tom se dispuso a continuar haciendo pizza.

El primero de abril de 1967, abrió la primera franquicia de *Domino's*. El abogado de Tom le recomendó expandirse lentamente y concentrarse en administrar su negocio. Pero Tom impaciente con los asuntos legales se concentró en hacer lo que mejor sabía hacer, crecer en el negocio. Tom continuó trabajando tan resuelto como siempre.

Los esfuerzos de Tom dieron de nuevo frutos y un año y medio después el negocio se había vuelto a levantar. *Domino's* había crecido a doce pizzerías y otras doce estaban en proceso de apertura. De repente Tom empezó a ser invitado para hablar con empresarios de las comidas acerca de cómo alcanzar el éxito. *Dominio's* estaba madurando como organización y se empezó a rumorar que se iban a vender acciones del negocio. De esa manera, Tom empezó a tener el mejor momento de su vida. Después de casi una década de trabajar entre 16 y 18 horas, siete días a la semana, sus esfuerzos empezaron a rendir frutos.

El éxito parecía demasiado bueno para ser realidad, y así sucedió. En un periodo de 18 meses, Tom se quedó sin capital y *Domino´s* empezó a tener problemas financieros. Los cheques empezaron a rebotar a derecha e izquierda y la firma de contabilidad renunció porque *Domino´s* no podía pagar el servicio. Sin estados financieros Tom no sabía cuánto debía. No podía dar crédito a sus ojos cuando en sus libros vio que debía un millón y medio de dólares.

De nuevo, estaba a las puertas de una bancarrota.

Tom recuerda: nos habíamos sobre expandido y habíamos abierto nuevas tiendas en otros territorios antes que las primeras tiendas estuvieran bien establecidas. También cometimos el error de enviar administradores sin entrenamiento ni experiencia y a la vez contratamos demasiado personal en nuestra oficina central.

Ahora, la comunidad comercial que lo había elogiado tan solo unos meses atrás, ahora lo trataba de forma despectiva. Desesperado con la idea de salvar a *Domino´s* Tom empezó a buscar un socio capitalista o alguien que viera el potencial de la compañía. Pero Tom no encontró a nadie. No obstante, el banco que le había hecho algunos prestamos significativos a Tom lo persuadió de incorporar a un hombre de negocios local que tenía experiencia en ayudar a compañías que se hallaban en dificultades.

El primero de mayo de 1970, Tom Monaghan perdió el control de su compañía. Renuente, asignó sus acciones al banco y los intereses restantes al hombre de negocios local. Él aceptó un arreglo que le permitió quedarse como presidente –sin autoridad. Al fin y al cabo, ¿quién iba a estar dispuesto a trabajar siete días a la semana durante 16 horas por un cheque semanal de $200? De nuevo sus posesiones menguaron –conducía un auto viejo y destartalado y los únicos muebles que tenía eran un par de camas y una cocineta. Era claro que no estaba derrochando el dinero.

Trabajar para otra persona resultó ser un arreglo doloroso, pero eso mantuvo a Tom alejado de declararse en bancarrota. La nueva administración cerró las pizzerías que no eran rentables, redujo el personal y reorganizó lo que quedó. Tom fue puesto a cargo de los doce locales corporativos. Cuando viajaba para visitar las tiendas, Tom dormía en su automóvil para mantener los costos al mínimo.

Aún así, aquellos esfuerzos resultaban insuficientes. Después de diez meses, el hombre de negocios local decidió que *Domino´s* no tenía futuro y quiso salirse del negocio. Y puesto que lo más probable era que el negocio iba a entrar en liquidación dentro de poco, el socio acordó en tomar una de las franquicias y darle a Tom su inventario a cambio. Una vez de nuevo al mando en *Domino's* Tom le aseguró a sus acreedores que les pagaría a todos hasta el último centavo si ellos lo permitían tiempo para recuperarse.La mayoría de ellos estuvo de acuerdo. Sin embargo, sus franquiciados, no fueron tan comprensivos y entablaron una demanda en contra de *Domino's.* Cuando Tom recibió la notificación legal, se sentó en su escritorio a llorar.

Durante los siguientes nueve años, Tom empezó a reconstruir lentamente su negocio y continuó pagando a cada acreedor. Durante cinco años, luchó ante los tribunales por una demanda por infringimiento de marcas con los dueños de Domino Sugar, y también luchó para sobrevivir ante una oleada de competencia en la creciente industria de la pizza.

No obstante, la reputación de Tom hizo más que simplemente sobrevivir. Logró posicionarse en el mercado como el mejor restaurante que podía entregar pizza caliente y bien hecha, dentro de los siguientes treinta minutos en la puerta del cliente. Esto convirtió a *Domino's Pizza* en el más grande distribuidor de pizza en el mundo y Tom se convirtió en uno de los empresarios más ricos del país, reteniendo el 97% de las acciones de su compañía.

Así, Tom alcanzó la cumbre del éxito a pesar de las dificultades que experimentó en la niñez, lo estrecho de sus recursos económicos y solo un poco de educación universitaria. Tom tenía más de una razón para presentar excusas, para fracasar, para darse por vencido. La expresión "darse por vencido" no hace parte del vocabulario de Tom Monaghan, pero sí hay una palabra que definitivamente hace parte de su vida y es "persistencia".

> "Siento que todos mis reveses se convirtieron en herramientas de aprendizaje. Yo los utilicé como piedras de apoyo y nunca los vi como fracasos. Se fracasa cuando se deja de intentar y yo nunca hice eso".
> —Tom Monaghan

Estoy haciendo una lista de las cosas que he aprendido en la vida...
Bueno, la verdad estoy haciendo dos listas
¿Por qué es más larga una lista que la otra?
Esta es la lista de las cosas que he tenido que aprender de la forma difícil

"SI NO LOGRA EL ÉXITO EN EL PRIMER INTENTO..."

Inténtelo, inténtelo (47 veces) de nuevo

Las últimas personas en tu lista de ventas han colgado el teléfono. Cinco bancos, uno tras otro, han rechazado tu aplicación para un préstamo. Tu libreto ha sido devuelto con otra carta que comienza diciendo: "Gracias por pensar en nosotros pero..."

Ese es probablemente el momento cuando levantas tu quijada, pones erecta tu espalda y te dices a tí mismo: "Maxcy Filer".

¿Por qué? Porque la primera vez que Maxcy Filer tomó el examen para ejercer Derecho en California fue en 1966 y en ese año él tenía 36 años. Pero no aprobó el examen, de modo que lo intentó de nuevo, y de nuevo, y de nuevo, y de nuevo. Maxcy tomó el examen en Los Ángeles, en San Diego, en Riverside, San Francisco y cualquier otro lugar donde se pudiera presentar en California. Él tomó el examen cuando sus hijos todavía vivían en la casa, y lo hizo cuando dos de sus hijos lo tomaron y obtuvieron su titulación para ejercer el Derecho. Tomó el examen luego de empezar a trabajar como practicante de Derecho en la oficina de sus hijos, y continuó tomando el examen cuando la mayoría de personas empiezan a pensar en su jubilación.

Y al final pasó la prueba. Después de 25 años y $50,000 en gastos para presentarla, e incontables cursos de refuerzo. Dedicó 144 días a contestar el test y cuando lo tomó la vez número 48 por fin lo pasó. En ese momento Maxcy tenía 61 años.

Y, ¿por qué lo hizo?

"Porque no tenía forma de darme por vencido", explicó Maxcy y continuó: "Yo no me doy por vencido. Yo lo vi desde el punto de vista que la evaluación era posible de pasar y que algún día yo iba a lograrlo si no me daba por vencido".

A pesar de cada respuesta negativa, Maxcy se rehusó a verse a sí mismo como un fracaso. Él había decidido que quería ser abogado en los años 50 y comprendía que la Ley y la Justicia es algo que no siempre estaba totalmente equilibrado para los hombres de color. Él observaba cómo Thurgood Marshall, Nathaniel Jones, Lauren Miller y otros abogados empezaron a hacer cambios y decidieron que querían utilizar la Ley para empezar a cambiar la sociedad.

Sin embargo, a Maxcy no no le fue posible ir a la Escuela de Leyes después de ir a la universidad junior. Él y su esposa, Blondell, tenían siete hijos para criar. Estaba retrasado ocho años cuando aplicó y eventualmente se graduó de Van Norman University.

Maxcy siempre sintió que conocía suficiente de Leyes de la misma manera cuando aplicó por tercera vez como cuando aplicó por vez número 48. A través de los años, siempre obtuvo los puntajes más altos y se clasificó en el 10% más alto de los cursos remediales que tomó. Maxcy trabajó como consejero para la ciudad de Compton donde vivía e impresionaba a sus hijos por su conocimiento sobre las leyes aplicables a los casos que manejaban en la oficina, levantando las actas de las querellas y procesando mucho del papeleo por ellos.

De modo que, ¿cuál era el problema? A Maxcy no le iba muy bien en las evaluaciones y la de California, la cual tiene uno de los índices más altos de reprobados, es en parte una prueba escrita y los hijos de Maxcy señalaron que su "sintaxis" no contenía el estilo que se esperaba de un abogado. Maxcy también conocía muy bien los casos y se concentraba en los aspectos prácticos en vez de las minucias académicas.

¿Qué lo hizo continuar adelante a pesar que la mayoría de gente se hubiera dado por vencida y se hubiera dedicado a otra área del conocimiento?

El inquebrantable apoyo de su familia y amigos. Cada vez que su esposa se enteraba que no había pasado la prueba, ella de inmediato escribía otra solicitud diciendo: "Sabes Maxcy, estuvieste muy cerca esta vez. Inténtalo de nuevo. Estoy segura que lo lograrás la próxima vez".

A Maxcy Filer también le animaba recordar que algunos de sus compañeros de clase que habían sido desaplicados en sus días escolares ahora estaban ejerciendo las leyes. Así que, "¿por qué darse por vencidos?" Se preguntaba Maxcy.

"Cada vez que presentaba el examen yo tenía la actitud que esa era la primera vez que lo hacía y eso ayudaba", explica Maxcy. Él también se fortalecía con la convicción que algún día iba a pasar a pasarlo. "Yo lo veía del siguiente modo: yo pasaba el examen cada vez que lo tomaba, eran ellos quienes no me habían pasado".

La ocasión del intento 48 fue uno de los hijos de Maxcy quién abrió el sobre que contenía la noticia. Maxcy había arrojado el sobre al mantel, así como lo había hecho con los demás durante 25 años, y había permanecido allí sin abrir entre la vajilla de la familia por horas. Al final, el hijo de Maxcy abrió el sobre y dio un grito de emoción, saltó sobre su padre y empezó a abrazarlo y a felicitarlo. A Maxcy le tomó cuarenta minutos asimilar lo que estaba leyendo: "Señor Filer, felicitaciones..."

Durante la ceremonia de juramento, unos mil de sus colegas demostraron su respeto y admiración por el hombre cuyo espíritu optimista y tenacidad persistente fue como la de ningún otro hombre que ellos conocían.

En la actualidad Maxcy Filer ejerce el derecho en una posición de medio tiempo en la Corte de Compton, California. Cuando él les dice a sus clientes que peleará el caso hasta el fin, ellos están absolutamente seguros que así será.

> "Sigue adelante. Di, "lo lograré" y verás que lo lograrás".
> —Maxcy Filer

ALGO PARA REFLEXIONAR...

El manuscrito de la novela de David Saperstein "Cocoon," fue rechazado 52 veces por los agentes, editores, en los estudios y por los productores. La gente le dijo una y otra vez: "Esa es una historia de arrugas..." "La gente mayor no va al cine..." "A nadie le importan unos ancianitos" Bien, esa es la primera novela de ficción que David escribió.

Una vez que el manuscrito fue aceptado para su filmación, Richard Zanuck, el productor de la cinta no quiso contratar a David para escribir el guión diciendo que él era un "don nadie" y que él necesitaba a "alguien" que hiciera el escrito. Cinco años después, y varios guionistas después, el último escritor regresó a la historia original de David y la cinta se produjo.

Esta es la conclusión de David basándose en su experiencia: "El nombre correcto del juego de la vida es "Cree en ti mismo y persevera" (añade algo de talento, algo de suerte y mucha paciencia)."

La historia de David demuestra que todo el que sigue adelante después de 51 rechazos, forja su propia suerte.

"No tienes por qué ser el más rápido"

"UN SUEÑO SE VA A 'LA BASURA'"

¿Quién dice que no puedes competir con la alcaldía?

Mientras las demás niñas de doce años se la pasaban en el teléfono, chateando sobre sus últimos enamoramientos, Laura-Beth Moore estaba en la línea hablando con la alcalde intentando cambiar la forma como se hacían las cosas en la ciudad. Mientras otras jovencitas estaban caminando por los centros comerciales, Laura-Beth estaba poniendo vallas de anuncios sobre peticiones. Durante las vacaciones de verano los compañeros de Laura-Beth estaban en el cine o compartiendo con los otros muchachos. Sin embargo, Laura-Beth estaba en casa de nuevo en el teléfono, intentando encontrar apoyo para un sueño que a todo el mundo le parecía impráctico.

¿Qué motivó a Laura a dedicar tres meses de sus vacaciones a trabajar incansablemente en vez de participar en actividades recreativas? ¿Qué fue lo que inspiró en ella esa pasión y esa convicción?

La basura. Sí, la basura que no había sido reciclada. Luego de ver las marchas de 1990 del Día de la Tierra, Laura-Beth se hizo muy consciente que la ciudad de Houston, su ciudad natal, no tenía un programa de reciclaje. Ella se decidió a cambiar esa situación. "Sin reciclar, estamos desperdiciando la Tierra", pensó.

Con sus primeras averiguaciones, Laura-Beth se estrelló con un muro. Los funcionarios de la ciudad no le devolvían las llamadas. Los empleados del sector administrativo le decían que hiciera que una persona adulta hablara por ella. Cuando al final, encontró a alguien que al menos la escuchó, esa persona no demostró suficiente interés en el tema. A continuación, ella probó escribiendo cartas y le preguntó a la alcalde si podía conducirse un programa para mejorar la situación. La respuesta fue un rotundo no. Sin embargo, seis meses más adelante, ella se enteró que Houston estaba conduciendo un programa piloto sobre reciclaje en los hogares. Con la esperanza que el programa abarcara su vecindario, Laura-Beth preparó una petición con cientos de firmas y la entregó en la alcaldía. De nuevo la respuesta fue no. El reciclaje en toda la ciudad no era "rentable" dijo la funcionaria.

"La alcalde sencillamente me despidió", recuerda Laura-Beth: "básicamente dijo, "Tú solo eres una jovencita"".

Tal vez eso podía ser cierto, no obstante, Laura-Beth había sido educada con la convicción que podía lograr todo lo que se propusiera si perseveraba en trabajar duro para lograrlo. Laura-Beth comenta: "Nada en la vida es fácil. Tienes que trabajar duro para lograr lo que te propones, y sin importar lo pequeña que sea tu voz, tú puedes hacer la diferencia".

A veces hacer la diferencia solo implica cambiar las tácticas. De modo que Laura-Beth decidió que si las agencias gubernamentales no querían ayudarle, tal vez la industria privada lo haría. Empezó a llamar a las empresas grandes de reciclaje. Tenía la esperanza que éstas le dieran alguna ayuda o consejo, pero también se rehusaron a tomar a esta niña de doce años en serio.

La madre de Laura-Beth se mantenía al margen, convencida que su hija pronto aprendería la lección de "tratar de morder más de lo que podía masticar" y que entonces abandonaría la causa. No obstante, quien estaba a punto de aprender una lección era la madre de Laura-Beth sobre lo determinada que puede ser una joven de 12 años.

Laura-Beth continuó perseverando sin lograr muchos resultado. Aún así, con cada rechazo, se decía a sí misma: "Ese es solo un paso que he dado, solo una llamada telefónica más, una persona menos con la cual tratar. Lo intentaré con la siguiente hasta que encuentre a alguien dispuesto a ayudar".

Poco se daba cuenta ella en ese momento que esa persona resultaría ser ella misma. Laura-Beth se decidió a crear un plan de reciclaje para su propio suburbio. Dedicó ese verano a buscar información y apoyo de las agencias y de las compañías, intentando diseñar un plan que le funcionara. Entonces cuando sintió que lo tenía listo, presentó su causa ante los propietarios del sector. El grupo aprobó el plan y ofreció su apoyo.

Pero todavía había otro obstáculo. Laura-Beth necesitaba un lugar para que sus vecinos dejaran sus artículos reciclables y el lugar más práctico para eso parecía ser la escuela local, pero igual que había sucedido anteriormente el director rehusó pasar al teléfono. Y al igual que antes, Laura-Beth persistió al enfrentar la resistencia. Durante meses, hizo incontables llamadas telefónicas hasta que un grupo de padres acudió en su ayuda y convenció al director de cooperar.

Laura-Beth explica: "Aún si no hubiese obtenido ayuda no tengo la menor duda que hubiera continuado apegada a mi causa. Yo iba a hacer que esto funcionara sin importar el tiempo que tomara".

El primer día de recolección en la primavera de 1991, cientos de residentes sacaron fuera su basura reciclable. Cientos de voluntarios se presentaron en el lugar, trayendo sus camionetas de plataforma para llevar la basura a la planta recicladora. Durante los tres primeros meses el programa de reciclaje pareció dar resultados. No obstante, el número de voluntarios empezó a menguar. Entonces, Laura-Beth tuvo otra idea. Utilizando el dinero de su mesada, que equivalía a $20 al mes, alquiló un camión y convenció a un voluntario para que condujera el reciclaje (compuesto de papel, hojalatas, aluminio, vidrio y plástico) hasta el lugar donde operaban las compañías de reciclaje al otro lado de la ciudad.

Dos años después, el camión todavía hace un viaje al menos una vez al mes, y el programa se está autososteniendo. Durante un sábado, el camión llevó 17 toneladas de material reciclable que de otro modo iría a parar a los terrenos de relleno sanitario, pero ahora se ha reutilizado y se ha convertido en productos útiles.

Pocos años después que el programa de reciclaje entró en operaciones, la alcalde de Houston decidió que le gustaría tener programas similares en otras zonas de la ciudad. Cuando la alcalde le pidió a sus oficiales que escribieran el plan de acción, ellos supieron exactamente a dónde acudir. En esta ocasión eran los funcionarios de la administración haciendo la llamada y esta vez ellos eran quienes estaban llamando a Laura-Beth Moore.

> "Nunca te des por vencido; sigue adelante. Alguien al final se dará cuenta de lo que estás haciendo y te ayudará".
> —Laura-Beth Moore

"Yo soy muy buena visualizando mi éxito… pero las otras personas son muy buenas visualizando mi fracaso".

EN SUS PROPIAS PALABRAS

"Hasta donde recuerdo, siempre quise hacer una carrera en el mundo del espectáculo; y recuerdo que la gente siempre me decía que eso no iba a ser posible.

"El 7 de diciembre de 1958, entré en The Showbar en Boston. Mi salario habría de ser $125 a la semana –dos shows por noche. Yo me acababa de registrar en el hotel en la calle del frente. El lugar estaba sucio y horrible pero eso no importaba. Era mi primer trabajo.

"Para el momento en que conocí a Harry Brent ya había sido rechazada por todos los agentes en Nueva York. Harry fue el hombre que estuvo dispuesto a trabajar conmigo, transformó mi actuación y en últimas me llevó a The Showbar para participar en la comedia "Pepper January… Comedy With Spice!" Las cosas entonces parecían comenzar a ir bien, o por lo menos, eso fue lo que yo pensé. Pero luego del primer show, el administrador me llamó y me dijo: "Hey Pepper, ¡estás despedida!"

Me sentí devastada. ¿Despedida? ¿Despedida de mi primer trabajo? Regresé al cuarto de ese hotel desvencijado y colapsé. Literalmente no podía dejar de llorar. Lloré mientras permanecía bajo la ducha de ese lugar asqueroso, mis pies estaban protegidos por mis medias y mantenía la cortina abierta para que el asesino de Phyco no me sorprendiera. En medio de esa bañera, ya no me sentía segura si aquello que llevaba por dentro era talento o algún tipo de obsesión. No obstante, no me di por vencida.

Al poco tiempo fui contratada y despedida de mi segundo trabajo. Harry Brent también me dejó, llevando consigo el nombre "Pepper January". Dijo, "Puedo encontrar a muchas mujeres comediantes, pero este nombre, un nombre como este es muy difícil de conseguir". Mientras tanto yo estaba de vuelta en primera base.

Llamé a todo el mundo y lo intenté todo. Muy pocas cosas funcionaban y todo el mundo decía no. Hasta mi propia madre dijo: "No tienes talento. Estás desperdiciando tu vida." Uno de los agentes más poderosos de la industria me dijo: "Estás demasiado vieja. Si has de lograrlo, lo tienes que lograr ahora mismo". El coordinador de talento para Tonight Show, dijo: "No creemos que puedas trabajar en televisión". La sentencia parecía estar dictada, pero yo simplemente no me di por vencida.

No tenía dinero. Mi oficina era una cabina telefónica en Gran Central Station. Mis posesiones se reducían a una maleta pequeña y dormía en mi automóvil. Mi padre me amenazaba con enviarme a Bellevue. En todo caso, aquel no fue un momento fácil en mi vida. Sin embargo, aquello me ayudó a formar mi carácter y a desarrollar determinación y derivar fuerzas para seguir adelante, cosas que necesité posteriormente en mi vida.

Las personas jóvenes a veces ven el éxito como un "boleto de lotería" que uno se gana. Pero en mi caso yo tenía 31 cumpleaños, tiempo en el cual había estado escuchando no como respuesta. 31 largos años antes de obtener algo. Y aún en mis momentos más difíciles, sabía intuitivamente que mi resolución indomable era mi bien más preciado. La perseverancia siempre será una cualidad muy importante, tan importante como el talento".

"!Nunca dejes de creer en ti! ¡Nunca te rindas! ¡Nunca abandones la lucha! Nunca". Joan Rivers

Joan Rivers es comediante, escritora, actriz, dramaturga, mujer de negocios y madre de familia. Tal vez el público la recuerda mejor por haber obtenido un premio Emmy por su show en la televisión y por ser la primera mujer en permanecer sola como anfitriona en el escenario en *The Tonight Show*. En la actualidad Rivers es la anfitriona de un show televisivo en *E! Entertainment* llamado "*Fashion Reviews*." De igual forma, junto a su hija Melissa son las anfitrionas de los comentarios pregrabados "en vivo" de *E! Entertainment* para los premios Academy Awards, Golden Globe Awards y Emmy Awards.

Extraído con el permiso de *Storms of Perfection*, de Andy Andrews.

EN SUS PROPIAS PALABRAS

"*¿Qué relación tiene un a ex ama de casa de Schenectady con las ruedas de un auto de carreras? Ninguna, si tú hablaras con cualquier persona que rodeaba mi vida para ese entonces. Pero yo veía las cosas de forma diferente.*

Todo lo que yo quería hacer era dedicarme a las carreras de autos, pero a mediados de los años sesenta no había manera que una mujer se pudiera ganar la vida de esa forma. En esa época el deporte estaba completamente dominado por los hombres y todo el mundo me decía que era imposible que una mujer compitiera. Los fabricantes de autos rehusaban darme algún patrocinio, en la asociación The National Hot Rod Association (NHRA) no me tomaron en serio y esperaban que yo me marchara. Pero eso nunca sucedió. Yo soy una mujer luchadora.

Continué perseverando, y poco a poco, me fui acercando a mi sueño. En vista que no tenía patrocinadores, mi esposo y yo diseñamos un plan para preparar un auto, con él como personal de servicio. Para entrar en el circuito nacional necesitábamos permiso de la NHRA, que es la asociación que controla todos los evento de automovilismo. A pesar de satisfacer todos los requisitos tuvimos que luchar para que la NHRA revocara su política de muchos años que impedía que las mujeres corrieran en las carreras.

Teníamos tantos obstáculos para vencer y ni siquiera habíamos competido en alguna carrera nacional. Pero en el año 1970 se me presentó una oportunidad para participar en las nacionales de Indianápolis, solo que al final no clasifiqué por solo dos centésimas de segundo. No obstante, eso demostraba que éramos competidores serios. De todos modos, yo continué corriendo y en el año 1976 me convertí en la primera mujer en ganar un evento deportivo en las carreras de automovilismo de la NHRA a nivel nacional. Al año siguiente, me convertí en la primera persona que ganaba tres competencias, una tras otra, en mi categoría.

Continué perseverando pese a los obstáculos y contra las reglas porque yo creía en mis sueños. Me hubiera resultado más difícil vivir con un sueño no realizado y sin luchar para que fuera posible.

Debido a que me aferré a mis sueños, hoy en día sé lo que es tener la sensación de manejar un auto de 5,000 caballos de fuerza y también la sensación de conducir a más de 300 millas por hora. Pero lo más importante de todo, sé lo que es tener la sensación de ser campeona".

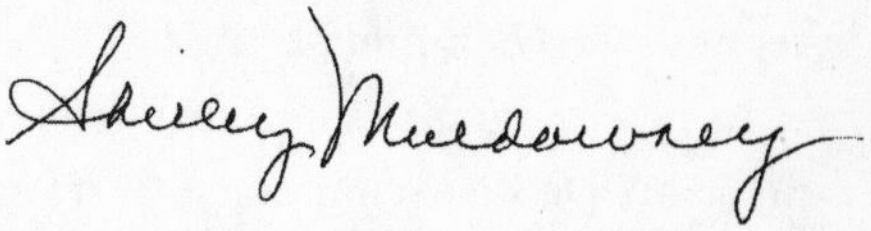

Shirley Muldonwney compite en la actualidad en el circuito de la IHRA (International Hot Rod Association) y ocupa el resto de su tiempo a participar en competencias amistosas. Shirley ha logrado numerosos récords entre ellos el de haber ganado el campeonato mundial cuatro veces. También ha impuesto varios nuevos registros de velocidad de la IHRA y en la actualidad mantiene el récord de 303.70 millas por hora. La United States Sports Academy eligió a Shirley Muldowney como una de las 25 mejores atletas en los últimos 25 años.

TU PLAN PERSONAL DE ACCIÓN

La perseverancia recompensa los esfuerzos

"Nunca... Nunca... Nunca te rindas."

Winston Churchill expresó estas palabras luego de muchos años de errores y fracasos políticos, que posiblemente hubiesen doblegado a un estadista promedio. Pero por el contrario, Churchill se convirtió en el primer ministro de Inglaterra y en el principal líder de los aliados durante la segunda guerra mundial.

La perseverancia es una cualidad para toda persona que desee alcanzar el éxito. Desde el empresario hasta el político, desde el artista hasta el ministro.

Las personas sobre las cuales has leído en este libro no son súper héroes; no tuvieron la dicha de ser bendecidos con dones o talentos mayores a los que la mayoría de nosotros tenemos. Más bien, son seres humanos, comunes y corrientes con tenacidad extraordinaria. Perseveraron a través de las dificultades, algunas de ellas físicas, otras mentales y otras emocionales. Ellos ya tenían interiorizadas muchas de las lecciones que estamos considerando en este libro: el poder del propósito, la pasión, la fe, la preparación, la creatividad, el construir un equipo de apoyo y la perseverancia. De forma consciente o inconsciente estas personas utilizaron estas estrategias poderosas, lo que les permitió recorrer la distancia necesaria hasta que sus sueños se transformaron en realidad.

PASO 1. CONCÉNTRATE EN TU META

Quienes logran el éxito mantienen su vista fija en el objetivo todo el tiempo. Con frecuencia utilizan ayudas visuales para recordar, durante el día, la meta sobre la cual están trabajando.

El medallista de oro olímpico en decatlón Bruce Jenner hasta decoró su apartamento de forma tal que le permitiera recordar su meta todos los días. El colocó artículos de uso de los diez deportes de la decatlón en diferentes lugares de su hogar con el objetivo de encontrarlos en momentos distintos a sus horas de entrenamiento. Puesto que el salto de vallas es su mayor debilidad, colocó una valla en medio de su sala, la cual tenía que saltar al menos unas 30 veces al día. El tope de su puerta era un tiro de hierro. Sus barras de levantar pesas estaban en el patio. Sus garrochas y jabalinas estaban a la vista detrás del sofá y en los closets guardaba sus uniformes deportivos, sus sudaderas y sus zapatos de atletismo. Esa decoración poco usual, explica Bruce, le ayudaba a mejorar su forma a medida que se preparaba para ganar la medalla olímpica de oro.

Acción: Inventa un recordatorio constante de tu meta. Para este momento deseo que ya hayas logrado identificar tu propósito y que hayas puesto por escrito una declaración de tu llamado o vocación, y que a su vez, hayas creado un sueño que evoque tu pasión. El siguiente paso es mantener ese sueño y las metas que lo soportan muy fijo en la mente. A continuación se indican algunas manera de lograr eso:

- Escribe la declaración de tu llamado y tus metas en tarjetas o papeles pegables y colócalos en lugares estratégicos alrededor de tu casa u oficina.
- Graba una declaración sobre tu llamado o vocación en un sistema de audio y escucha la grabación mientras conduces, haces oficios, descansas o meditas.
- Escribe las metas que tienes en el protector de pantalla de tu computador.

Por ejemplo, yo escribí mis metas más altas en un programa de computador y las imprimí en papeles decorativos. Luego puse esos papeles en mi oficina, en el espejo de mi alcoba y hasta en mi nevera. También laminé una copia, perforé un hueco en la parte superior y la puse sobre mi planeador diario. Mis metas siempre están a la vista para ayudarme a mantenerme concentrada en lo que es lo más importante para mí.

Rodéate de tu sueño y consolida tu compromiso de diversas formas. El método que se escoja no es lo importante. Lo que es importante es que se haga algo. Los métodos de Bruce Jenner fueron excepcionalmente creativos y hasta extremos, pero los resultados obtenidos demostraron su eficacia. Si haces el esfuerzo de permanecer concentrado de forma constante, así como Bruce lo hizo, nada podrá detenerte.

A Sir Isaac Newton se le preguntó cómo había descubierto la ley de la gravedad y él contestó: "Pensando en ello todo el tiempo".

PASO 2: ACEPTA LOS FRACASOS COMO EXPERIENCIAS DE APRENDIZAJE

> "Nuestra mayor gloria no consiste en nunca fallar, sino en recuperarnos cada vez que lo hacemos".
> —Confucio

La gente de éxito no se queda inmóvil ante el fracaso. Ven los errores como oportunidades de aprender y de desarrollar nuevas estrategias. Cuando los errores se asumen como fracasos, ocurre un gran desperdicio. No se obtiene nada de valor. No obstante, la gente puede aprender mucho de los errores y de los reveses a lo largo del camino, los cuales son inevitables y en ocasiones hasta esenciales. También son la evidencia de la acción -Estás haciendo algo. Entre más errores cometas, más grandes serán tus posibilidades de éxito. Los errores indican disposición a experimentar y asumir riesgos. Las personas de éxito saben que cada desacierto implica un paso adelante para alcanzar los sueños.

> "Muchas personas sueñan con el éxito. Para mí el éxito se alcanza únicamente a través de la introspección y mediante cometer errores una y otra vez. De hecho, el éxito está representado en un noventa y nueve por ciento de intentos fallidos y en un uno por ciento de logros".
> —Soichiro Honda

Honda ha vuelto a corroborar lo que cientos de otros triunfadores dijeron antes de él. Tal vez recuerdes lo que Edison dijo anteriormente, que nunca hubiera logrado inventar la bombilla sin antes haber fallado en 4,000 experimentos. El biólogo Thomas Huxley dijo que el fracaso le había sido de gran beneficio. Susan B. Anthony dijo simplemente que el fracaso es "imposible." Anton Chekhov dijo que uno tendría que ser un dios para poder decir la diferencia entre el fracaso y el éxito.

La Historia está llena de eventos que apoyan la opinión de Chekhov. Cuando Cristóbal Colón cometió un error de cálculo y se tropezó con el nuevo mundo en vez de llegar a Asia, ¿eso fue un fracaso o un triunfo?

Un viejo adagio dice: "La flecha que da en el blanco es el resultado de cientos de intentos fallidos." Estoy segura que todas las personas de las cuales se habla en este libro concordarían con ello. Es a través de la adversidad y de las situaciones que en últimas ganamos. Para lograr el éxito y volvernos imparables es imprescindible que veamos el fracaso como una oportunidad para aprender y mejorar. Quienes no pueden soportar un momento de fracaso se condenan a sí mismos a la mediocridad, no logran pasar hacia delante en una situación que les resulta incómoda o poco conocida. Sin embargo, es justo allá, más allá de esa situación que se logra alcanzar el éxito.

Jim Rohn, autor y conferencista profesional, dijo: "Si no estás dispuesto a arriesgarte a lo inusual, tendrás que acostumbrarse a lo ordinario. No te acostumbres".

> "Es mucho mejor atreverse a hacer cosas grandiosas, obtener triunfos a pesar de los fracasos, que quedarse con los pobres de espíritu que ni disfrutan ni sufren
> mucho porque viven en la penumbra gris que no
> conoce la victoria ni la derrota".
> —Theodore Roosevelt

ALGUNOS "FRACASOS" DE LÍDERES IMPARABLES

Brooks Robinson, considerado el mejor tercer base de todos los tiempos, fue enviado a las ligas menores luego de un año difícil en las ligas mayores.

Howard Head, el inventor que revolucionó los deportes de esquí y tenis, invirtió 18 meses para construir seis pares de esquís de metal, solo para ver a un escéptico romperlos en 30 minutos. A continuación le tomó cuatro años y otros cuarenta pares de esquís hechos a mano hasta producir un par irrompible.

Luego de lanzar su primer álbum en 1978, **Amy Grant**, salió de gira en su primer tour promocional. Una de sus apariciones en una tienda de libros y de discos incluía firmar autógrafos y cantar durante noventa minutos. El manager del artista había enviado 1,200 invitaciones para promover la presentación, la cual se esperaba iba a estar abarrotada de gente. Nadie se presentó. Ni siquiera los clientes de la tienda . Durante noventa minutos, Amy, cantó a la única persona en la audiencia, el administrador de la tienda.

Después de solo una temporada al aire, *Guardianes de la bahía* se unió a otros cientos de shows televisivos que se cancelan luego de haber salido al aire por primera vez. No obstante, *Guardianes de la bahía* tenía algo que los de más shows no tenían: David Hasselfoff. De modo que él y unos cuantos amigos consideraron que él show era comercializable y compraron los derechos ellos mismos. Ellos vendieron *Guardianes de la bahía* a un distribuidor americano y a un consorcio europeo. La serie ahora se transmite en 140 países.

Ted Koppel dijo una vez que pudiera haber recubierto todas las paredes de su apartamento con las cartas de rechazo que recibió cuando aplicaba como corresponsal extranjero. En cierto momento estaba tan desesperado por tener un empleo que envió su solicitud de trabajo a diversas firmas de publicidad porque sabía que al menos podía escribir, pero ni siquiera las firmas de publicidad lo contrataron.

Randy Travis fue rechazado más de una vez por todas las compañías de discos en Nashville.

Después de algunas presentaciones iniciales de **Katie Couri** como presentadora de noticias, el presidente de CNN le dijo que no quería verla de nuevo frente a las cámaras.

PASO 3. SE PACIENTE – CULTIVA UNA MENTALIDAD PACIENTE A LARGO PLAZO

Vivimos en una sociedad que ha crecido acostumbrada a la gratificación inmediata. La mayoría de las personas no tienen la paciencia necesaria para luchar por sus metas. Desafortunadamente, no existen puntos de distribución rápida donde podamos comprar de inmediato el logro de un sueño. Alcanzar los sueños exige tiempo. Aún así, cada momento trabajado uno puede derivar ánimo de saber que está avanzando más y más cerca hacia la realización de su sueño. El trabajo, es decir, el viaje en sí y su aventura, constituye la mitad de la recompensa. Aprovéchalo al máximo.

> "No me permitan escuchar de parte suya la palabra "imposible." Si hay algo que he aprendido durante el curso de mi carrera, es que no existen las cosas imposibles.
> A veces lo imposible parece no ser posible. Pero con el tiempo, lo imposible ciertamente se hace posible".
> —Earl Graves

PASO 4: NUNCA TE RINDAS

Ann Landers nos recuerda que debemos "esperar los problemas como parte inevitable de la vida. Cuando se presenten, mantén tu cabeza erguida, míralos de frente y díles: "Yo seré más grande que ustedes, no podrán derrotarme"".

El mensaje consistente de cada uno de los personajes de los cuales se habla en este libro es persigue tus sueños con convicción y nunca, nunca, nunca te rindas. Si no te rindes, no verás el fracaso. Y no solo alcanzarás tus sueños, sino que la combinación de tu compromiso, tu valor y tu fe, se constituirán en el mayor triunfo de todos.

> "Me tomó 15 años descubrir que no tenía talento para la escritura, pero no me pude dar por vencido porque para ese tiempo ya era muy famoso."
> —Robert Benchley

CONCLUSIÓN

Tu legado: un potencial ilimitado e imparable

A pesar que tú y yo nunca nos hemos conocido pienso que somos espíritus afines. Tu deseo de crecer y de crear una vida abundante y significativa ha hecho que nos hayamos encontrado. Sin importar en qué situación te halles en la vida, tú deseas más. Y sin importar el éxito que estés experimentando en la actualidad, crees muy dentro de tí que estás destinado para cosas aún mayores.

Es importante que comprendas que posees todo lo que necesitas para alcanzar tu propia forma singular de grandeza. No importa si lo que deseas es convertirte en un profesional sobresaliente, en empresario, en ciudadano, en padre. Al igual que las personas de las cuales se habla en este libro, también te puedes hacer un líder imparable. Al asumir el control, la responsabilidad de tu vida y de tu futuro y al rehusar permitir que cualquier circunstancia, no importa cuán enorme sea, cuan tentadora sea la excusa para el fracaso; tú puedes construir su propio legado.

Todas las cosas, aún las que parecen imposibles pueden ser conquistadas. Pero eso será posible solo si tú...

- Te dedicas a adelantar tu propio propósito.
- Sigues la pasión de tu corazón.
- Crees en ti y en tus ideas.
- Te preparas para enfrentar los desafíos.
- Solicitas la ayuda y el apoyo de otros.
- Utilizas tu creatividad para buscar soluciones.
- Perseveras, sin importar los desafíos que encuentres.

Ahora que has identificado a mentores de la vida real, ejemplos que no solo inspiran sino que te muestran cómo volverte imparable, y ahora que has completado "Tu plan personal de acción", diseñado para ayudarte a alcanzar tu meta, es el tiempo de emprender la acción. Nunca habrá un mejor momento para hacerlo que este mismo momento. ¡Hazlo ahora mismo! No pospongas las cosas. Recuerda la ley de la inercia: un cuerpo en descanso tiende a permanecer en descanso; un cuerpo en movimiento tiende a mantenerse en movimiento. Una ley de la física básica a tu favor. Aún hasta la acción más pequeña, puede multiplicarse y convertirse en una fuerza poderosa.

En este libro has conocido a algunas personas que han logrado cosas sobresalientes. Un joven caminó miles de millas a través de África. Todas las personas mencionadas fueron más allá de su dolor y de sus fracasos. Una mujer se sobrepuso al prejuicio contra su propia apariencia física. Todos ellos superaron la esclavitud a la seguridad y la aprobación. Una mujer desafió a los gigantes de la industria del buen aspecto. Todos ellos conquistaron a los tiranos del escepticismo y la duda. Dos de estas mujeres atravesaron las barreras del género e incursionaron en campos anteriormente dominados por los hombres. Todos ellos rompieron las barreras de sus propios temores y excusas. Un hombre resolvió un enigma "sin resolver." Todos ellos construyeron puentes del mundo de lo imposible al mundo de lo posible.

Todos ellos se convirtieron en líderes imparables. Y tú puedes ser uno de ellos. Mi esperanza es que este libro hayas encontrado un sueño perdido, hayas revitalizado un sueño latente y te hayas inspirado a ir tras tus metas con mayor energía y resolución profunda. Deriva fuerza de las historias de nuestros líderes imparables. Sigue la senda que las personas de este libro han marcado para ti. Ve convertir tu visión en realidad. Se valeroso. ¡Hazte un líder imparable!

Los líderes imparables

Parecen gigantes, listos para triunfar.
No parecen estar hechos de la tela común.
Cuando enfrentan la adversidad y los obstáculos,
Se rehúsan a detenerse, continúan sin detenerse.

¿Qué los hace continuar? ¿Qué hace que se mantengan en su camino?
¿Cuándo otros están dispuestos a claudicar?
¿En qué difieren ellos? ¿Qué los hace especiales?
¿Puedo yo también ser como ellos, con tal firmeza de corazón?

La verdad es simple, y es difícil de admitir.
Ellos no son afortunados o bendecidos con un don especial.
Como todos los demás, enfrentan dudas y temores,
Pero lo que hace la diferencia es la forma como viven sus vidas.

Viven una vida con propósito, su búsqueda los lleva más alto
Van tras lo que vale la pena y no transigen en su ideal.
Arden con la pasión del entusiasmo y transforman el trabajo en amor,
Buscan apoyo desde lo alto y a su alrededor.

Logran ver el total de las cosas su fin siempre está presente en su mente,
Planean cuidadosamente, se refinan continuamente.
Cuando los desafíos surgen y parecen prevalecer
Diseñan una nueva ruta, cambian la dirección de las velas.

Se aferran a su fe, su visión se afianza
Simplemente no desisten ni cesan.
Llámalos obstinados, ellos no se darán por vencidos
Persisten, perseveran, y sí, al final obtienen la victoria.

Si tú persigues el sueño de tu corazón
Y sigues su ejemplo, no esperes para comenzar
Lograrás tus sueños, ¡vencerás los obstáculos!
Serás triunfante como ellos y te volverás –¡imparable!

—Cynthia Kersey

APÉNDICE

Sugerencias para conformar tu propio grupo de mente maestra

Sherry Phelan ha desarrollado seis pasos para conformar un grupo de mente maestra que te pueda ayudar a alcanzar sus metas.

PASO 1. SELECCIONA CUIDADOSAMENTE A LOS MIEMBROS DE TU EQUIPO

El número de miembros ideal óptimo para un grupo de mente maestra es entre seis y ocho personas. Busca individuos que puedan comprometerse con el grupo por al menos un año y que sean asiduos para asistir a sus reuniones. Se necesita tiempo para desarrollar confianza y afinidad. Los resultados se logran a través del tiempo.

Determina la mezcla de habilidades y el nivel de experiencia que te gustaría tener en el grupo. Busca individuos que cumplan con tus expectativas y que demuestren sentido de compromiso. Los miembros ideales del grupo son personas que no se conviertan en competidores, personas abiertas y honestas respecto de sus propias fortalezas y necesidades, dispuestas a compartir liberalmente su experiencia, dispuestas a mantener la confidencialidad. Los nuevos miembros deben ser aprobados por el grupo.

PASO 2. FIJEN UN HORARIO DE REUNIONES REGULAR

Si es posible, las reuniones deben poder conducirse el mismo día de la semana, dos veces al mes. Por ejemplo, las reuniones pueden ser celebradas el primer y el tercer sábado del mes. La regularidad en las reuniones estimula el progreso constante. Las dos semanas entre las reuniones permite a los miembros del grupo desarrollar e implementar ideas e identificar asuntos y preguntas que se quieran mencionar en la próxima reunión.

Lo ideal es que las reuniones duren entre dos horas y dos horas y media. Muchas personas prefieren las reuniones en horas de la mañana. En ese horario las personas suelen estar más alerta y se cuenta con más disposición para involucrar a cada miembro. Sin embargo, con el fin de sacarle el mejor provecho al tiempo, es importante que cada miembro mantenga sus intervenciones breves y que escuche a los demás miembros con receptividad.

PASO 3. HAGAN UN ACUERDO

En la primera reunión establezcan las reglas del equipo. Definan asuntos como la confidencialidad, la puntualidad y la asistencia regular a las reuniones. Seguramente también querrán considerar asuntos como la comunicación y la participación. Escriban un acuerdo para que todos los miembros lo firmen, incluso quienes más adelante lleguen a ser nuevos miembros del grupo.

PASO 4. DESARROLLEN PLANES DE ACCIÓN TRIMESTRALES

Cada trimestre los miembros del grupo deben establecer metas y desarrollar planes de acción. Estas reuniones trimestrales se concentrarán en el progreso del grupo y atenderán cuestiones relacionadas durante las otras reuniones. También se considerarán temas sobre lo que se debe tratar en las reuniones trimestrales. Escojan uno o dos proyectos prioritarios sobre los que quieran trabajar cada trimestre y emprendan las acciones necesarias para llevarlas a cabo.

PASO 5. DETERMINEN LA AGENDA DE LA REUNIÓN

Dentro de la agenda de la reunión se debe incluir una sesión de celebración por los logros alcanzados, otra de solución de problemas y otra donde se definen las funciones y responsabilidades de cada miembro. Cada miembro del grupo debe prepararse para la reunión y debe presentar preguntas, sugerencia o soluciones ante los demás miembros del grupo.

Durante cada reunión, cada miembro del grupo se sienta en la "silla caliente." A cada miembro se le asigna la misma cantidad de tiempo. Una vez en la "silla caliente" el miembro:

1. Informa sobre una victoria reciente que se haya tenido.
2. Analiza los progresos y los obstáculos que se han presentado desde la reunión anterior.
3. Formula al grupo una pregunta concisa, dando contexto al problema presentado.
4. Recibe y escribe las ideas de los demás miembros del grupo a medida que ellos presentan posibles soluciones. La intención en esta parte de la reunión es la de absorber la máxima sabiduría posible de los demás miembros del grupo. Las soluciones pueden ser revisadas y evaluadas una vez terminada la reunión.
5. Comprométanse a lograr resultados para la próxima reunión.

PASO 6: ESTABLEZCAN PAPELES CLAVE PARA LOS MIEMBROS DEL EQUIPO

Todos los participantes desempeñan un papel importante en conformar un equipo efectivo. El papel más crítico es el de facilitador, el cual debe ser asumido por la misma persona en todas las reuniones. El facilitador mantiene el proceso organizado, enfocado y orientado hacia lograr soluciones. Esto estimula la participación de todos. Otra función dentro del grupo puede ser la de controlar el tiempo. La persona encargada de esta función anuncia cuando el tiempo de "la silla caliente" se ha completado.

LA OPORTUNIDAD DE DAR

Ayuda a crear una historia de éxito imparable para otra persona

Por cada historia de éxito que se registra en este libro hay miles de otras historias esperando por ser escritas. Con frecuencia un familiar o un niño necesita de una mano amiga para mejorar su situación, sus circunstancias o su perspectiva.

Una organización que participa en esto es *Habitat for Humanity International* (*HFHI*). Durante los pasados veinte años, *Habitat for Humanity* ha construido –con la ayuda económica dada por donantes generosos y el trabajo incansable de personas de todo tipo de circunstancias en la vida– más de 60,000 hogares para familias que viven en lugares peligrosos o por debajo de los estándares básicos de vida. Esta poderosa demostración de amor en acción se ha convertido en el punto de viraje en la vida de incontables hombres, mujeres y niños alrededor del mundo.

> Un veterano de Vietnam que estaba sin trabajo, sin hogar, y en condiciones de analfabetismo, transformó su vida y la de su familia en solo tres años, después de haberse mudado a una casa construída por *Habitat.* Sus hijos que tenían malas calificaciones en el colegio, empezaron a tener solo A´s con certificados de logro académico. Una de sus hijas dice que quiere ir a la escuela de Medicina, todo gracias al cambio que *Habitat* logro en su vida y la de su familia.
>
> La primera casa que *Habitat* construyó fue para una familia cuyo padre era tan iletrado que no pudo siquiera firmar el documento de la hipoteca. Pero todos los cinco niños que se criaron en esa casa en la actualidad son personas exitosas y son profesionales activos en actividades como Enfermería, Derecho y Consejería.
>
> Una mujer descubrió a *Habitat* a través de un pedazo de periódico mientras lo acuñaba en el hueco de una ventana destartalada en su casa tráiler. Ella creó una nueva vida para sus hijos y para su esposo. Los niños empezaron a interesarse por mejorar su situación a través de la escuela, la condición del corazón de su esposo –que había agravado debido a las

deficientes condiciones de vida y horas de trabajo arduo en un empleo mal remunerado– empezó a mejorar considerablemente a causa del nuevo hogar, y la mujer ahora tiene sus propios ingresos, todo gracias a la nueva casa construida por *Habitat.*

Con más de dos millones de familias pobre en los Estados Unidos, que deben sobrevivir con sus hijos en condiciones de vivienda subnormales (y muchas veces sin vivienda alguna), la meta de *Habitat for Humanity* es construir un refugio decente; un asunto que debería permear la conciencia de todas las familias que se van a dormir en un lugar seguro, cómodo y limpio en un entorno agradable. La formula de *Habitat* como organización sin ánimo de lucro, una organización que no cobra intereses en sus préstamos y donde los nuevos propietarios participan en la construcción de sus viviendas, ha representado para sus beneficiarios, personas que se hallaban sin esperanza de tener una casa digna, un sólido fundamento sobre el cual edificar su vida, su familia y un futuro estable.

La autora Cynthia Kersey ha escogido a *Habitat for Humanity International* como la organización a la cual contribuir a través de su libro , y de igual forma participa dando apoyo a esta organización contribuyendo con su tiempo, experiencia y energías para cumplir su misión.

Hasta la fecha, la fundación de Cynthia conocida como *Unstoppable Foundation*, ha encabezado la conducción de tres proyectos con *HFHI* para construir hogares para familias alrededor del mundo. La fundación disfruta de realizar operaciones conjuntas con *HFHI* y recauda fondos y despierta conciencia para esta causa tan urgente. Si deseas más información sobre la fundación y su más reciente proyecto con *Habitat for Humanity International* o sobre cómo convertirte en parte del equipo imparable de Cynthia, dando una dadiva de esperanza a una familia en necesidad visita el sitio www.unstoppablefoundation.org.

Nunca olvides que un pequeño grupo de personas amables y comprometidas pueden cambiar el mundo. De hecho es la única forma como ha funcionado.

—MARGARET MEAD

Sobre la autora

Nadie más que yo estaría sorprendida si tú me hubieras dicho, hace algunos años, que yo iba a escribir un libro. Hace tiempo no tenía la más mínima aspiración de convertirme en una escritora. Sin embargo, hace tres años descubrí algo que cambió mi vida para siempre y a partir de ese descubrimiento nació este libro.

Mis inicios en los negocios fueron menos que prometedores. Mi carrera comenzó siendo muy joven en Cincinnati, haciendo trabajo de secretaria. Con el paso de los años, ascendí a la cumbre de mi trabajo y logré tener un salario de seis dígitos en Sprint. Sin embargo, no me sentía satisfecha con la vida que estaba llevando. A pesar de ser una mujer "exitosa" vendiendo productos de telecomunicaciones, no encontraba la satisfacción personal que anhelaba.

Como muy probablemente algunos de ustedes lo han experimentado, me sentía profundamente preocupada por mis años posteriores, sentía que llegaría el momento cuando mirara mi vida en retrospectiva y la viera llena de actividades, pero sin un verdadero sentido de propósito. Cada día que pasaba me sentía más y más impulsada a encontrar mi misión en la vida y a participar en un trabajo que fuera significativo. Así fue como mediante un proceso de auto-reflexión y descubrimiento, identifiqué algo que me daba el mayor deleite en la vida –animar a otros. Siendo un poco más especifica animar a otros a creer en sí mismos con total convicción y a perseguir sus sueños con valentía y pasión.

Cuando empecé a pensar en mi primer proyecto, consideré las áreas que me proporcionaban mayor motivación. Yo amo la lectura y los libros y me di cuenta que derivaba enorme inspiración de leer acerca de personas que habían sido líderes imparables que habían tenido un sueño y a pesar de haber sufrido un rechazo tras otro y tras otro, y a pesar de haber experimentado un revés tras otro, lograron alcanzar sus metas. Las historias que leí me dieron muchísima esperanza sobre lo que yo misma podía llegar a hacer con mi propia vida. Al reflexionar sobre el impacto que estas experiencias tenían en mi personalidad y en el ánimo que me proporcionaban para perseguir mi sueño, me sentí impulsada a compartir sus historias con otras personas.

¡De modo que me resolví a escribir un libro! Ahora, imagine lo siguiente. En mi vida nunca había escrito nada más largo que un ensayo para mi universidad. Tampoco tenía contactos en la industria editorial, mucho menos tenía idea de lo que era un agente literario. Cuando procedí a compartir mis planes con entusiasmo con algunos de mis amigos y colegas, muchos pensaron que yo había perdido el juicio. Algunos de ellos con buenas intenciones me recordaban lo difícil que era cambiar de una industria a otra y me animaron a permanecer en el campo que conocía bien, las telecomunicaciones.

Aunque era evidente que no tenía grandes antecedentes en el terreno literario y ninguna experiencia en escribir un libro, si poseía una pasión asombrosa por mi nuevo proyecto. Convencida de que este entusiasmo alimentaría mis esfuerzos para hacer lo que fuera necesario para cumplir mi meta, renuncié a mi trabajo diario, me apoyé en mi esposo y en los ahorros de toda la vida y dediqué 16 meses a investigar y a entrevistar a cientos de personas exitosas e imparables.

Ahora bien, no voy a decir que todo esto fue fácil. No obstante, puedo decir que mediante este proyecto experimenté una pasión y una alegría que nunca antes había experimentado en ningún otro "trabajo." Y ahora, dos años después, me siento muy afortunada y agradecida de estar viviendo de acuerdo a mi misión y a mi vocación y compartiendo este maravilloso mensaje con usted.

Mi más sincero deseo es que este libro y las personas que vas a conocer a través de él produzcan un impacto significativo en tu vida así como lo lograron hacer con la mía. Permite que estas historias te abran nuevas posibilidades y que inspiren en ti una convicción arrolladora con la cual puedas vencer los obstáculos y lograr alcanzar todo lo que desees.

Que Dios te bendiga a medida que descubres tu potencial ilimitado.

Cynthia

Herramientas para Triunfadores

Atrévete a ser quien quieres ser
Brian Souza
ISBN: 1-607380-08-0
264 páginas

¿Te has sentido desgastado, abatido o simplemente aburrido, preguntándote: "¿Es esto todo cuanto hay en la vida?" ¿Te sientes atrapado en un trabajo estresante que te deja insatisfecho e inconforme? ¿Alguna vez te has preguntado si realmente estás haciendo lo que deberías estar haciendo, es decir, si estás cumpliendo con el propósito de tu vida? Si así es, no estás solo.

Hace unos años, Brian Souza, también se encontró en esa precaria situación. A pesar de haber asistido a docenas de seminarios sobre motivación y de haber devorado los mejores libros de autoayuda que existen en la industria, Souza se sentía insatisfecho. No obstante, su vida tuvo un punto de viraje cuando descubrió que su vida estaba yendo tras un tipo de motivación "artificial". Lo que él realmente buscaba eran razones legítimas para estar motivado. Fue así como Souza, después de miles de horas de investigación y de incontables entrevistas, descubrió los secretos que había estado intentando encontrar:

Con el propósito de ilustrar su filosofía reveladora Brian Souza relata historias de personas comunes, así como de celebridades entre ellas, Lance Armstrong, Amy Tan, Sylvester Stallone, Garth Brooks y Oprah Winfrey, quienes lograron convertirse en héroes sobreponiéndose a la adversidad y sacándole provecho a cada onza de oportunidad proveniente de sus dones.

Herramientas para Triunfadores

Si el éxito es un juego, éstas son las reglas
Chérie Carter-Scott, Ph.D.
240 páginas

Contrario a la creencia popular, el éxito no consiste simplemente en hacerse rico y famoso. Chérie Carter-Scott, Ph.D., afirma que todo el mundo tiene su propia definición personal de éxito y esto puede implicar, en algunos casos, tener su propio negocio, criar hijos felices y saludables, tener más tiempo libre, conseguir buenas calificaciones en los estudios o llegar a ser presidente.

En este libro, "Si el éxito es un juego, éstas son las reglas", Chérie aborda los temas que conducen a llevar una vida plena. Ella le ayudará a definir lo que el éxito significa para usted, y luego, en diez reglas simples, le indicará cómo alcanzarlo. Ilustrado con historias motivadoras y escrito con el tono cálido y atrayente de Chérie, el libro "Si el éxito es un juego, éstas son las reglas", es la guía perfecta para su viaje en la búsqueda de la realización de sus sueños.

Chérie Carter-Scott, Ph.D., es autora del libro número uno en ventas del New York Times, "Si la vida es un juego, éstas son las reglas", es conferencista en temas de motivación, agente de cambios organizacionales, consultora, y autora de otros siete libros. La doctora Carter-Scott vive en Nevada con su esposo Michael.

Herramientas para Triunfadores

La Vaca
Dr. Camilo Cruz
ISBN: 1-931059-63-2
192 páginas

En el libro La Vaca del Dr. Camilo Cruz, la vaca representa toda excusa, miedo, justificación o pretexto que no les permite a las personas desarrollar su potencial al máximo y les impide utilizar el máximo de su potencial para construir empresas exitosas. De acuerdo al Dr. Cruz "El verdadero enemigo del éxito no es el fracaso, como muchos piensan, sino el conformismo y la mediocridad. Todos cargamos con más vacas de las que estamos dispuestos a admitir; ideas con las cuales tratamos de convencernos a nosotros mismos y a los demás que la situación no está tan mal como parece; excusas que ni nosotros mismos creemos, con las que pretendemos explicar por qué no hemos hecho lo que sabemos que tenemos que hacer".

El doctor Camilo Cruz, es considerado como uno de los escritores de mayor trascendencia en nuestro continente en el campo del desarrollo personal y el liderazgo. Sus más de 30 obras, con ventas de más de un millón de ejemplares, lo han convertido en uno de los escritores latinos más prolíficos en los Estados Unidos. Su libro La Vaca recibió el Latino Book Award, como el mejor libro de desarrollo personal en español en los Estados Unidos.